U0154493

事件百選與法律史研究

追尋臺灣法律的足跡

王泰升、薛化元、黃世杰—編著

再版序

　　本書自 2006 年問世，迄今歷八個年頭。其間台灣史研究不斷推陳出新，原先對百選事件的描述，似有些落伍，例如關於原住民族法律史的部分。是以再版之際，分別由筆者針對與黃世杰等合寫的八十件，及薛化元教授針對其所主筆的二十件，進行修正。新版在整體的編排，尤其是圖像的呈現上，已做大幅調整；不過在文字的內容上，仍維持本書既定之簡明扼要原則。

　　台灣法律史向來較多嚴肅的文字敍述，但一張照片或一紙文件，經常能對枯燥而難以瞭解的法制變遷，給予一目了然或如親臨其境的效果。本書即以此為目標，而為圖片的蒐集，但願能作為法律史學術論著的最佳輔佐。且串連這一百則事件，即足以呈現台灣法律發展簡史。因此各事件的文字解說，力求精準，但疏漏或錯誤之處恐難全免，敬請各方先進不吝指教，以供將來再修訂時參考。

　　在本書第 2 部「法律史的研究方法」，則一方面增補新的史料或研究資源，例如各類檔案或數位化資料庫，另一方面也就論述內容略做更新。藉此希望能夠讓欲搜尋台灣法律史相關文獻者，獲得較新的資訊。但筆者對台灣法律史更深入的論述，仍有待另以專書發表，故並未反映在本次的修改中，敬請諒解並繼續惠予賜教。

王泰升

2014 年 9 月
於台北自宅

王序

　　在 1990 年代，伴隨著台灣民主化與自由化的腳步，過去由中國國民黨定於一尊的歷史論述漸受挑戰，一股為台灣社會尋根的聲浪已勢不可擋。正由於「歷史的場域」由中國轉向台灣，作為新興的台灣法學期刊的《月旦法學》，擬將其之發行一百期與台灣歷史做連結，規劃了「台灣法律事件百選」。筆者即受託與劉恆妏、沈靜萍、曾文亮、林佳陵、陳韻如、陳宛妤、吳欣陽、郭威廷、劉晏齊、李燕俐、黃世杰等十一位臺大法研所專攻台灣法律史的博碩士生，一起研商出對台灣法律發展最具有意義的一百件事，並希望在每則約五百字的篇幅限制下，能夠簡潔又清晰地描述各事件的由來、發生經過，及其在法律史上的意義。接著，由這群臺大法研所學生依其專長或興趣，與筆者共同負責八十件的文稿，另二十件則由對台灣戰後法律史素有研究的薛化元教授，在政大史研所博士生楊秀菁協助下，進行撰寫。就事件之選取，遺珠之憾實在所難免；而就事件之詮釋，亦容有見仁見智。

　　對於推廣台灣史不遺餘力的五南出版社，有鑑於此一法律事件百選頗適合一般人閱讀，乃決定出版之，並就每則事件配以相關的圖片。為此，原由筆者等撰寫文稿的八十件，即由黃世杰律師上窮碧落下黃泉地搜尋相關圖片，再與筆者做最後的確認；另外二十件，亦由薛化元教授提供其辛苦蒐集所得的珍貴圖片，一併呈現在本書中。

　　同時，我們也考慮到，閱讀上述百選後的讀者，對於這些過去在政治因素底下被埋沒的歷史，可能有進一步了解的渴望，或對於其如何被書寫出來的有所好奇，因此再添加了第 2 部「法律史的研究方法」。在此收錄筆者於《月旦法學教室》所發表的台灣法律史三講。其先提綱挈領地說明「台灣法律史」，作為一個新的研究領域與研究取徑，是出於什麼樣的理由而被提出，其具體的內涵又是什麼（與上述百選結合）。接著扼要簡介從事台灣法律史研究時，可至何處、尋得何種資料。最後則以台灣法律史在學術論述，以及法律實務上的運用，闡釋此學

科的重要 。雖然這三講的讀者群原設定在法律人，但仍可供一般的研究者使用，特別是關於台灣法律史在研究上的基本設定及其參考文獻。例如，本書將所有的事件分置於三個時期，而以「傳統法時期」涵蓋原住民族自治時期至清朝統治時期所發生者，即因以台灣社會為觀察主軸的法律史，「傳統法」一詞應包括原住民族和華人移民的固有法律傳統，不應僅以華人法律傳統（或稱「傳統中國法」）當作唯一。亦在同樣的考量下，區分為「日治法時期」、「中華民國法時期」。

　　向來是以台灣法律史拓荒園丁自我定位，本書幸好有薛化元教授及黃世杰等十幾位博碩士生鼎力相助，始有可觀者，但不盡理想、有待更加精耕之處仍不少，祈請各方不吝指教。

王泰升

2006 年 3 月 18 日

於台北自宅

作者簡介

王泰升

| 現任 |

臺灣大學法律學院臺大講座教授、歷史系兼課
中央研究院臺灣史研究所暨法律學研究所合聘研究員
臺北大學法律系兼任教授
臺師大臺灣史研究所兼任教授
台灣法律史學會理事長

| 學歷 |

西雅圖華盛頓大學法學博士

| 經歷 |

西雅圖華盛頓大學法學院校友終身成就獎
台灣法學會理事長
教育部第四十八屆學術獎
國科會傑出研究獎三次
國史館臺灣文獻館第一屆傑出文獻研究獎
執業律師

| 主要著作 |

台灣人的國籍初體驗：日治台灣與中國跨界人的流動及其法律生活（合著，五南，2015）
臺灣法律現代化歷程：從「內地延長」到「自主繼受」（臺大出版中心，2015）
台灣日治時期的法律改革（聯經，二版，2014；英文版，2000；日文版，2010）
台湾法における日本の要素（臺大出版中心，2014）
台灣法律史概論（元照，四版，2012）
台灣法學會四十年史：自由民主法治的推手（合著，台灣法學會，2011）
具有歷史思維的法學：結合台灣法律社會史與法律論證（自刊，元照總經銷，2010）
臺灣檢察史：制度變遷史與運作實況（法務部，2008）
台灣法律史的建立（自刊，二版，2006）
二十世紀台北律師公會會史（合著，台北律師公會，2005）
台灣法的世紀變革（元照，2005）
台灣法的斷裂與連續（元照，2002）

作者簡介

薛化元

| 現任 |
政治大學臺灣史研究所教授

| 學歷 |
臺灣大學歷史學博士

| 經歷 |
政治大學歷史系教授兼主任
台灣歷史學會理事長
國策中心政策研究員

| 主要著作 |
戰後台灣歷史閱覽（五南，2010）
台灣地位關係文書（日創社文化，2007）
戰後台灣人權史（合著，國家人權博物館籌備處，2003）
《自由中國》與民主憲政（1949_1960）（稻鄉，1996）
民主憲政與民族主義的辯證發展──張君勱思想研究（稻禾，1993）
〈国家定位と政治改革──李登輝と蒋経国執政時期の比較から〉
（現代台湾研究第 41 號）
總統府臨時行政改革委員會與 1950 年代官方「政治改革」主張
（臺灣風物第 56 卷第 1 期）
台灣歷史年表五冊（主編，業強，1990-1998）

作者簡介

黃世杰

| 現任 |
桃園市政府參議

| 學歷 |
臺灣大學法學碩士
哥倫比亞大學法學碩士

| 經歷 |
國際通商法律事務所律師

| 主要著作 |
對傳統中國法制的反思：以刑法論述為出發點
明清的律典編纂、官僚行政與刑案審判

目錄
Contents

第壹部 法律事件百選

Chapter ❶ 傳統法時期 19

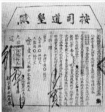

Chapter ❷ 日治法時期　87

目錄
Contents

Chapter ③ 中華民國法時期 169

目錄
Contents

第貳部 法律史的研究方法

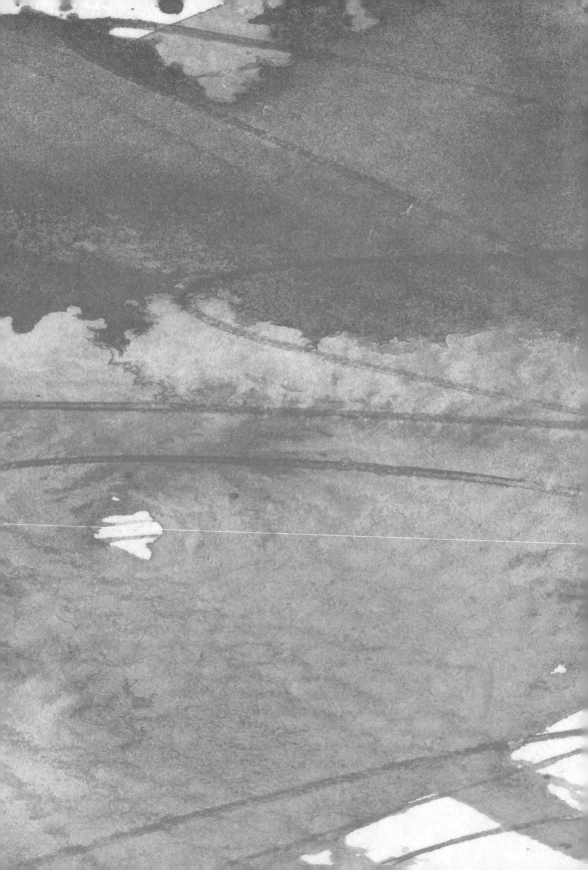

第 壹 部

法律事件百選

Chapter **1** 傳統法時期

01 臺灣的「原住民族」

■ 王泰升・曾文亮

　　在 17 世紀之前，臺灣本島上的住民是「南島民族」的一支。南島民族的分布甚廣，主要位於大洋洲，東至太平洋上的復活島，南至紐西蘭，西至非洲大陸東側的馬達加斯加群島，北至臺灣、夏威夷群島。居住於臺灣本島上的這群南島民族，曾先後被歐洲人稱為「福爾摩沙人」，被漢人（華人）稱為「番人」或「熟番、生番」「平埔族、高山族」，被日本人稱為「蕃族」、「高砂族」，並分為「蕃地蕃人」、「平地蕃人」，戰後被續稱「山地山胞」、「平地山胞」。但於今應稱之為「原住民族」，意指在現今主流民族（在臺灣即係漢族）遷入之前，原本已居住於當地的民族，在概念上有別於「少數民族」。從 1990 年代起，臺灣法即採此稱呼。原住民族自古以部落（村社）自治的形態為主，少有跨族或跨部落的統治者，但平埔族中曾出現一位統治著十八個村社的「大肚番王」。

　　原住民族的法律觀念，以崇敬祖靈、遵從慣例為核心，具體規範內容不形諸文字，僅賴口耳相傳。重大事務係由族人公決，但長老具有較大影響力。對於「不法」行為，大多課以驅離、體刑、贖金等制裁，極少處以死刑。關於自然資源的利用，自有一套規矩。家系及財產有由父子，也有由母女相承。紛爭僵持不下時，認為祖靈可透過獵首級、狩獵、角力等活動的勝負，指出誰是誰非。

　　原住民族的法律觀念，是臺灣「固有法」的一部分。

參考資料
周婉窈，《台灣歷史圖說》；王泰升，《台灣法律史概論》；翁佳音，〈被遺忘的台灣原住民史——Quata（大肚番王）初考〉。

曹族集會所
臺灣蕃界展望，鈴木秀夫編，理蕃之友發行所，昭和十年（1935），頁48

排灣族蕃社會議
臺灣蕃界展望，鈴木秀夫編，理蕃之友發行所，昭和十年（1935），頁48

02 荷蘭人向新港社人購地築城

■ 王泰升‧曾文亮

　　1602 年成立的荷蘭東印度公司，簡稱「VOC」，由荷蘭政府授與特許狀經營亞洲貿易，並得代表荷蘭國與各國簽訂條約。東印度公司在荷蘭以十七人董事會為最高權力機構，1619 年設立的巴達維亞城則為亞洲總部，設有總督及評議會。

　　當時的東印度公司為了結合在亞洲各地之間的貿易，並因應葡萄牙與西班牙勢力的競爭，亟需在中國大陸沿海一帶設立商館。1622 年，該公司攻打澳門失敗，乃向北航往澎湖群島，在比較過澎湖與大員兩個港口之後，決定在澎湖築城。惟當時的澎湖仍屬中國明朝政府管轄，在福建巡撫的強硬態度與軍隊施壓下，荷蘭人於 1624 年被迫遷離澎湖群島，轉往當時不在明朝政府轄區內的臺灣本島（相對於今稱澎湖為「離島」而言）。

　　荷蘭人先在大員島上建築城堡（即熱蘭遮城：Zeelandia）供作商館之用，並作為大員長官駐紮之地。1625 年初，由於自中國大陸沿海移入的漢人遽增，大員當局乃以 Cangan 布十五疋為代價，向新港社（今新市）原住民購得臺江對岸稱為「赤崁」的土地，興建新的商館，安置漢人移民，並設置荷蘭人的宿舍、倉庫、醫院等，逐步發展出一個商業市街。荷蘭人之統治臺灣，即以這兩個據點為中心而展開。

　　荷蘭東印度公司向新港社購地的行為，顯示當時的荷蘭人認為大員島屬「無主地」可先佔，但其對岸的臺灣本土則有些係原住民族村社所擁有之地，也揭開了臺灣第一次與西方法（當時尚屬前近代的法律）接觸的序幕。

參考資料
王泰升，《台灣法律史概論》；郭輝中譯，《巴達維亞城日記》第一冊；彭明敏、黃昭堂，《臺灣在國際法上的地位》；湯錦台，《前進福爾摩沙——十七世紀大航海時代的臺灣》。

熱蘭遮城遺趾
（照片攝於日治時期）
《臺灣史料集成》，
臺灣文化三百年紀念會編，
臺灣文化三百年紀念會，
昭和六年（1931）

赤崁樓（臺南驛西十六町）
《大日本外地寫真帖》，臺灣史料中心提供

03 征服與讓渡主權

■ 王泰升・曾文亮

　　荷蘭人佔領大員之初，牧師曾建議將新港社納入公司統治範圍內，但並未得到大員當局之同意，因此在荷治初期只有傳教士駐在新港社從事宣教事業。

　　1629 年 6 月，麻豆社原住民於荷蘭人渡河時殺害六十名荷蘭人，從荷蘭人的觀點，此事件已足以構成對麻豆社宣戰之正當性，惟當時大員政府一方面忙於鞏固商館地位，另一方面駐紮的兵力也不足，故即使此後荷蘭東印度公司與原住民族之間仍然衝突不斷，但公司始終未採取行動。直到 1635 年，大員當局在對中國貿易已趨穩定後，開始考慮進一步在臺灣本島發展事業，加上公司已有足夠的軍隊，終於決定於同年 11 月攻打麻豆社，並很快攻陷全社。12 月 3 日，雙方簽訂和平條約（treaty），麻豆社同意對之前殺害荷蘭人的行為作出賠償，並將麻豆社的領土主權讓與荷蘭國，服從大員政府所指派的村社長老統治。

　　荷蘭人接著又對其他與大員政府為敵的原住民族村社發動戰爭，並同樣迫使這些村社簽訂讓渡主權的和約。由於荷蘭人勢力強大，其他未與之直接發生衝突的村社也表達與公司友好之意，而同意歸順公司，形成所謂「荷蘭和平」的局面。

　　荷蘭人經由征討與締約取得原住民族村社主權的方式，就像荷蘭人向新港社購地以開發市街一樣，反映出當時荷蘭人眼中的「國際法」是什麼；然而跟購地一事不同的是，在這裡所凸顯的是國際法上的「戰爭」與主權讓渡問題。

參考資料
江樹生譯註，《熱蘭遮城日誌》第一冊；程紹剛譯註，《荷蘭人在福爾摩莎》；郭輝中譯，《巴達維亞城日記》第一冊；韓家寶，《荷蘭時代臺灣的經濟、土地與稅務》。

荷屬東印度公司（VOC）之旗幟

04 荷西條約

■ 王泰升・曾文亮

　　荷蘭東印度公司佔領大員後，西班牙人的商業利益明顯受到損害。為了對抗荷蘭人，誘使中、日商賈到臺灣北部貿易，重開已經斷絕的對日貿易，並向中日兩國傳布教義，西班牙菲律賓總督於 1626 年派遣軍隊來到臺灣，5 月 12 日登上和平島。當時島上雖然已有原住民族村社存在，但西班牙人仍於四天後舉行彌撒佔領儀式，在隨行神父的見證下，宣布「以陛下之名佔領此島與當地人民」。不久更逐漸深入基隆一帶，並於 1628 年在淡水築城。

　　西班牙雖然佔領北臺灣，但是除了傳教事業外，經濟方面因為與日本交惡，加上到來的中國商船也遠比估計者少，故並沒有多少進展。此外，其對於當地原住民族，也沒有積極的統治行為。

　　儘管西班牙對臺灣的經營並不積極，但是對於當時在臺灣南部的荷蘭人而言，仍然構成重大威脅。1641 年在大員的荷蘭當局偵知西班牙減少駐軍，即曾派軍前往招降，表示對西班牙駐地「可依協定或敵對行為以佔領之」，但為西班牙人所拒。隔年 8 月荷蘭人向基隆發動攻擊，西班牙人於短暫抵抗後，終於在 8 月 26 日與荷蘭軍隊簽訂投降書，繳械投降，結束北臺灣十六年的統治。

　　西班牙之佔領臺灣北部，顯示臺灣在國際貿易上確有其關鍵性地位。而荷蘭人在依據荷西和約，將西班牙人勢力逐出臺灣後，已成為在島上經營殖民地的唯一的西方政權。

參考資料
王泰升，《台灣法律史概論》；林盛彬，〈一六二六年西班牙進佔臺灣北部及其相關史料研究〉；程紹剛，《荷蘭人在福爾摩莎》；李筱峰，《臺灣史100件大事（上）》。

淡水紅毛城（聖多明哥城）
《臺灣史料集成》，臺灣文化三百年紀念會編，臺灣文化三百年紀念會，昭和六年（1931）

05 頒行臺灣告令集

■ 王泰升 · 曾文亮

　　荷蘭東印度公司的法律，主要來自東印度總督所頒布的規定，而該總督又必須受命於荷蘭母國的十七人董事會。巴達維亞城設立之初，十七人董事會即決定盡可能適用荷蘭法律，因此東印度總督所頒布的法律，乃在公司特許狀、指令的規範下，一方面以荷蘭母國的荷蘭─羅馬法為主體，另一方面按照各地實際需要，以「告令」的形式頒布。

　　自 1624 年起駐在熱蘭遮城的大員長官與評議會，其權力主要來自十七人董事會與東印度總督的授權，對於在臺灣的公司員工與漢人移民，也是以頒布告令的方式管理之。其方式是由大員長官與評議會，針對特定事項進行決議，然後在適當的地方以荷蘭文與漢文張貼。隨著時間推移，大員統治當局所頒布的告令，開始出現混亂與模糊不清的情形，易使受規範者無所適從；或許是受到前一年巴達維亞當局整理頒布巴達維亞法典的影響，臺灣評議會也開始整理之前所頒布的各項告令，並於 1643 年完成「臺灣告令集」。

　　臺灣告令集的內容與巴達維亞城的指令，乃是當時大員當局在荷蘭─羅馬法之外，規範公司員工與當地市民的主要依據。由於這些告令是大員政府針對臺灣的實際需要而制定的，故相當程度反映了當時臺灣所面對的社會問題。

　　對於來自中國農村社會的漢人移民，在大員和赤崁以「市民」身分，遵守臺灣告令集內那些本屬於西方市政經營理念所設的規定，例如不得在指定地點以外其他場所或路上便溺、不得於門前設置豬圈飼養豬隻等等，可能是滿新鮮的經驗。

參考資料
郭輝中譯，《巴達維亞城日記》第三冊；韓家寶，《荷蘭時代臺灣的經濟、土地與稅務》；江樹生譯，《熱蘭遮城日誌》第一冊、第二冊；鄭維中，〈略論荷蘭時代台灣法制史與社會秩序〉；韓家寶、鄭維中譯，《荷蘭時代臺灣告令集．婚姻與洗禮登錄簿》。

臺灣告令集
現藏於荷蘭海牙皇家圖書館

飼養豬隻之相關命令

(Fol. 140v) 1634年11月23日

　　所有人不得於門前設置豬圈飼養豬隻，應設置於其房舍後方。違者沒收飼養於該豬圈內或沿街竄走之豬隻。

Van der Burgh
1639年8月13日

　　所有人不得於市區飼養豬隻，應於第一釣場設置豬圈。所有人均應於8日內遵行本令，忽視者將被宣告沒收其全部豬隻。

Lemaire先生
1643年3月31日

　　重申上述命令，並擴充為：除沒收豬隻外，並加罰25里爾金額。

禁止濫用槍枝命令
Putmas
1639年12月11日
不得濫用火器

禮拜日公休的規定

Putmas
1629年10月20日
所有餐飲業與店面於〔禮拜日〕佈道時不得營業
　　所有人不得於〔禮拜日〕佈道時公開經營餐館、商店，或〔於攤位〕販售食品。違者初犯處以2里爾罰金。再犯處以4里爾罰金。三犯處以8里爾罰金，並沒收店內查獲之所有出售食物與飲料。

1635年1月11日
重申前令。
　　重申前令。每次〔查獲時〕繳付市場管理員1/4里爾罰金。

1631年11月27日
不得於不當場所便溺
　　所有人不得在指定地點以外其他場所或路上便溺。違者處理1/4里爾罰金。

Putmas
1634年11月23日
不得於街道棄置垃圾
　　所有人均應維持〔漢人〕市區街道其門前路段的整潔。違者處以1里爾罰金。

荷蘭時代臺灣告令集・婚姻與洗禮登錄簿
韓家寶、鄭維中，曹永和文教基金會，
頁150、156、159

06 出現西方式法院的雛形

■ 王泰升・曾文亮

東印度公司在大員的政府組織，與公司其他地方的殖民地或商館相同，設有長官與評議會，而以長官為最高首長兼評議會主席。除了長官外，評議會其他成員包括四名高級商務員、部隊指揮官以及公司秘書。

於統治初期，大員的司法事務係由評議會兼理，直到 1636 年始設立大員法院，專門負責處理司法事務，不過當時屬前近代之法制，並無司法獨立於行政之外。又於 1646 年設立治安委員會，協助處理司法事務，但死刑判決還須大員法院同意。在大員及赤崁另設有市政法院，由於涉案者可能為漢人市民，故 1644 年時大員市政法院即由四位荷蘭人和三位漢人組成。這般被殖民者領導階層與殖民統治官員共組法庭，係西方的殖民地法院所常見。大員法院除了審理不服市政法院而提起的上訴案件，主要是審理涉及東印度公司人員或其他重大案件。不服大員法院的裁判，則得上訴至在巴達維亞的法院。在整個東印度公司領土內，東印度總督及評議會仍是位階最高的司法機關。

原住民族村社方面，荷蘭東印度公司自 1635 年起，經由武力與締結和約而取得原住民村社的主權之後，即由村社長老與公司所指派的政務官，負責原住民司法事務，惟重大案件仍須由公司的法律事務官或大員長官處理。公司的政務官人選，因人力與經費考量，一開始即未遵照荷蘭母國的政教分離傳統，而由牧師兼任，並於 1644 年將此作法制度化，直到 1650 年左右，因為教會與大員政府之間的不和，巴達維亞當局才取消兼任，另外派任政務官。

總之，大員政府的司法體系，除受到荷蘭母國的影響外，也根據當地需要而安排原住民長老與漢人頭家參與其間。在荷治司法體系中，可以看到原住民族、漢族與前近代歐陸的三種法律文明並存。

參考資料
王泰升，《台灣法律史概論》；J. L. Oosterhoff著、江樹生譯，〈荷蘭人在臺灣的殖民市鎮——大員市鎮（1624-1662）〉；W. Campell, Formosa Under The Dutch；鄭維中，〈略論荷蘭時代臺灣法制史與社會秩序〉。

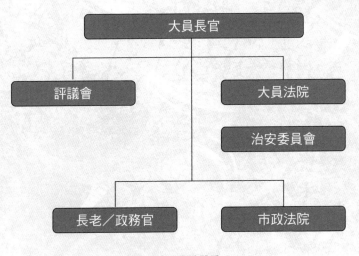

大員司法體系
製圖：曾文亮

07 建立臺灣地方會議制度

■ 王泰升・曾文亮

　　荷治初期，只有傳教士深入原住民族村社。惟 1635 年後，大員當局經由戰爭、締約、獲取主權的方式，將許多原住民族村社納入統治，因而於 1636 年 2 月間在赤崁舉行了一次地方會議。

　　此後又經過幾次大規模的征討，到 1644 年時，全島歸服的原住民族村社已達三百餘社，而大員政府也在同年 3 月 21 日到 23 日，舉行北區村社會議。會中大員統治當局交給每位村社長老一根有荷蘭東印度公司徽章的籐杖，並宣布要根據荷蘭母國的作法，每年由公司重新選擇長老，大社指派四名，中社三名，小社兩名。大員政府也在該次集會中，傳達公司的命令，同時由各村社長老報告各村的統治狀況，確立了透過這種地方會議，遂行對原住民族村社的統治。

　　在隨後不久召開的南區地方會議中，公司亦採取與北區相同的方式。此後大員政府每年均召開原住民族村社會議，並將原住民族村社分為北部（大員以北）、南部（大員以南）、卑南、淡水等四區，分別舉行。平時各區派駐政務員負責區內行政事務，長老有事向其報告，並服從其命令。

　　這項地方會議制度，乃是大員政府在取得原住民族村社主權後，與原住民族之間所建立的統治關係，從地方會議制度的實際運作內容來看，相當程度反映了當時荷蘭母國的政體制度。

參考資料
江樹生譯註，《熱蘭遮城日誌》第一冊、第二冊；程紹剛譯註，《荷蘭人在福爾摩莎》；郭輝中譯，《巴達維亞城日記》第一冊、第二冊；韓家寶，《荷蘭時代臺灣的經濟、土地與稅務》；鄭維中，〈略論荷蘭時代台灣法制史與社會秩序〉；王泰升，《台灣法律史概論》。

赤崁地方議會（荷蘭治下的原住民村社長老集會）
《1642至1652年，東西印度旅行記》，卡斯巴‧史馬卡爾頓，德國歌德大學圖書館提供
（Forschungsbibliothek Gothek Gotha , Chart . B 553 , Bl.288v-289r）

08 荷鄭和約

■ 王泰升、劉晏齊

　　1624 年荷蘭人佔領臺灣，數十年過後，臺灣的命運又再一次發生改變。1661 年時，臺灣海峽上雄霸一方的鄭成功，在確立以臺灣作為「生聚教訓」的反清復明基地後，決定奪取荷蘭人統治下的臺灣。1661 年 4 月，鄭成功的部隊先進佔澎湖，再抵鹿耳門、入臺江，船隊包圍了熱蘭遮城與普羅文西城。這場在臺江的攻防，總共鏖戰了八個多月，直到 1662 年 2 月才迫使荷蘭在臺統治當局投降。

　　荷、鄭雙方為此互換和平條約，分別是荷蘭人的十八條與鄭氏的十六條約款。主要內容是：雙方都要把一切仇恨遺忘，熱蘭遮城內的一切物品，凡屬公司的都要交給國姓爺；在福爾摩沙的漢人因贌或其他緣故，還向公司負有債務者，應將其資料從公司的簿記中抄錄給國姓爺；所有公司的職員、自由民、婦女、男女奴隸等，在這場戰爭落入國姓爺手中且尚在福爾摩沙者，國姓爺要盡快送來船隻，進行交換俘虜事宜；若有未盡之事宜，雙方在可接受的基礎上得修正條約內容。

　　荷蘭東印度公司隨即撤離臺灣，但 1663 年曾幫清軍攻擊鄭軍，且派遣約兩百人登陸基隆，直到 1668 年才因欠缺商機而離開。不過，鄭氏政府也沒有嚴格履行和約所約定的事項。

　　荷鄭和約為臺灣史上第一個由漢人政權所簽訂的國際條約。

參考資料
江樹生譯，〈鄭成功和荷蘭人在臺灣的最後一戰及換文締和〉，載於《漢聲雜誌》；李筱峰，《台灣史 100件大事（上）》；黃秀政、張勝彥、吳文星等，《臺灣史》。

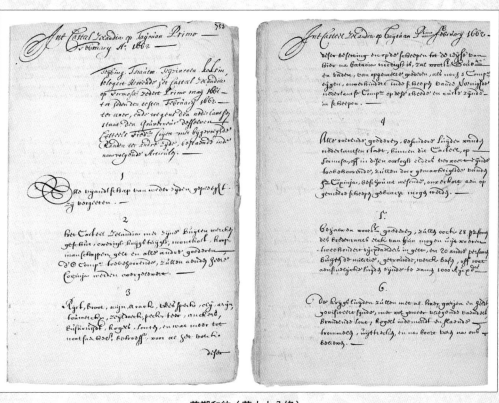

荷鄭和約（荷人十八條）
荷蘭海牙國家檔案館提供

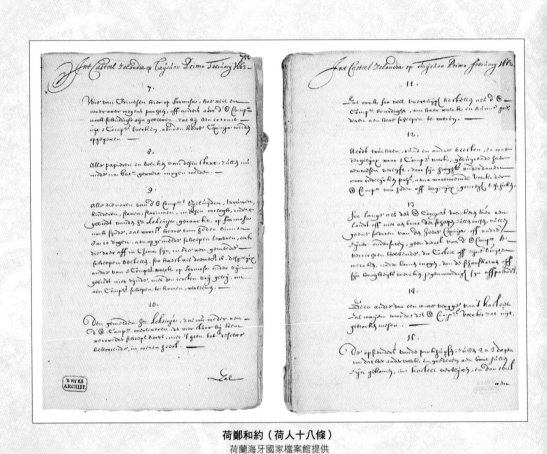

荷鄭和約（荷人十八條）
荷蘭海牙國家檔案館提供

荷鄭和約（荷人十八條）
荷蘭海牙國家檔案館提供

09 陳永華推展傳統中國法政制度

■ 王泰升、劉晏齊

　　鄭成功於 1661 年攻下赤崁，即設東都明京，宣示在此地「開國立家」，建立臺灣史上第一個漢人王國。不過，對於原住民族以及荷治時已移居臺灣的漢人而言，其仍屬「外來政權」。鄭成功將傳統中國的郡縣制施行於臺灣，設承天府與天興、萬年兩縣，在中央政府亦置有吏戶禮兵刑工六官。鄭成功領臺不及一年便猝逝，其子鄭經即位後，將更多傳統中國法政制度引進臺灣，而主要推手實為陳永華。

　　陳永華先後輔佐鄭經與鄭克塽，主持臺政十數年。除了積極推動文教建設、興孔廟、振興國際貿易與當地農作外，關於法政體制，他也就鄭成功當初的規劃略加改變：改東都為東寧（故有「東寧王國」之稱呼），同時將天興與萬年兩縣改為州。地方官制方面，於承天府與兩州之下設置坊、里和原住民的社，並各設負責之人處理戶籍等事項。至於中央官制，除再設置諮議參軍外，又置察言司、承宣司、中書科等職員。

　　鄭氏王國雖將傳統中國法政體制第一次施行於臺灣，但因享祚甚短，其制還來不及深耕於臺灣斯土。整個臺灣的漢化或中國化，要待下一個清朝統治時代始形成。

參考資料
王泰升，《台灣法律史概論》；黃秀政、張勝彥、吳文星等，《臺灣史》。

陳永華像
《臺灣史料集成》，臺灣文化三 年紀念會編，
臺灣文化三年紀念會，昭和6年（1931）

10 「王田制」的出現

■ 王泰升・曾文亮

　　荷蘭人對臺灣土地的開發，大致上採取兩種形態：其一為，由漢人開發原住民族村社之土地，而向大員商館繳納地租，大員商館再將地租補償給原住民族村社。其二為，大員商館將不屬於任何原住民族村社的土地，以頒授土地所有權狀的方式，授與漢人或公司職員來開墾，並收取米作什一稅。這種做法，基本上是調和荷蘭東印度公司、漢人與原住民族利害關係的母國土地利用形態。

　　鄭成功在登陸臺灣、攻佔赤崁城後，一面圍攻熱蘭遮城，一面即著手了解當時的土地利用情況。除獎勵官兵開墾外，同時禁止混圈土民及百姓現耕之地。這些不准混圈之地，即被認為係荷治時期已為人民開墾而向荷蘭統治當局繳稅之土地，因而稱為「王田」，依荷鄭和約係由鄭氏家族接收，其原「耕田之人，皆為官佃。輸租之法，一如其舊。」

　　鄭氏降清後，既有的「王田」舊額，即被清朝政府延續下來。換句話說，荷蘭時代的大員政府，被理解為如同傳統中國天朝體制下的朝廷，而在臺灣耕作的漢人所繳納的租稅，則是如同天朝體制下農民對朝廷所繳納的正供，該農民成為大清律例所稱的業戶。因此所謂「王田制」，實係從傳統中國法的觀點，對於荷蘭時代前近代西方法底下土地利用形態所為之解釋。

參考資料
王泰升，《台灣法律史概論》；韓家寶，《臺灣的經濟、土地與稅務》；翁佳音，《異論臺灣史》；曹永和，《臺灣早期歷史研究》；李筱峰、劉峰松，《臺灣歷史閱覽》。

赤崁附近農地分布圖
《熱蘭遮城日誌》，江樹生譯註，臺南市政府，民國89（2000）

11 鄭英友好通商條約

■ 王泰升、劉晏齊

　　鄭氏王國第二代領導人鄭經放棄了中國大陸東南沿海諸島，而立足於臺灣、澎湖。此時鄭氏王國的國際貿易頗有斷絕之勢，鄭經乃行函各國，鼓勵其來臺通商，當時的英國則正亟欲展開在東亞的貿易。

　　於 1670 年，英國東印度公司派人到臺灣洽談通商事宜，受到鄭氏王國的熱烈歡迎，鄭方擬藉此輸入火藥兵器等，雙方便於同年 7 月達成初步的通商協議。翌年，英國東印度公司批准這些協議，並於 1672 年在安平設立商館，且正式與鄭氏王國簽訂鄭英通商條約，共計十三條。其主要內容為：英國人可在臺灣自由交易，為貿易之安全及順利，英國東印度公司得視需要，隨時提出約款，臺灣國王應盡量承認上述要求，公司應繳納所輸入售出之貨物款項百分之三的關稅等。此約復於 1675 年訂有補充條款十項。臺灣與英國東印度公司雖三訂通商約款，但雙方貿易一直進行得不太順利。終於在 1680 年，英國撤回在臺灣的商館，結束兩者間的貿易關係。

　　鄭英通商條約之簽訂及其所使用的文字，顯示當時歐洲人從源自西方的國際法觀點，視臺灣為一個主權國家，而鄭經為臺灣國王（King of Tywan）。這也是臺灣史上第一份國際通商條約。

參考資料
彭明敏、黃昭堂，《臺灣在國際法上的地位》；盛清沂、王詩琅、高樹藩等，《臺灣史》；黃秀政、張勝彥、吳文星等，《臺灣史》。

10th September 1670.

A Copy of the Contract made with the King of Tywan, for the settling of a Factory; viz.

1. That the King's Junkes shall not molest or hinder any English Ship they meet with in the Sea, (She putting forth her flag) being either bound hither, or any other place.
2. That we may sell or truck our Goods with whom we please; and likewise, all persons may have the same free trade with us.
3. That we may load from hence Deer-Skins, Sugar, with all other Commodities of this Island, for Japan, Manilla or Any other place.
4. That for all injuries or wrongs that shall be done us by the people here, that the King shall right us, and on the other hand, that what injuries or wrongs the English shall do; application being made to the Chief, satisfaction shall be made them.
5. That upon all occasions, we may have access to the King's person.
6. That we may have the choosing of our own Interpreter, Escrevan; and no soldiers to be put upon us; and also to be free to walk, without Chinamen along with us.
7. That China-men may have leave to sail with us, in Case of mortality of our men.
8. That we may have Pilots to bring in and carry out our Ships; and also Boats, for the putting some of the Goods out, for the lightening her before coming over the Bar.
9. That we may have a Dachin, both small and great; with an Ell from the King, by which we are to buy and sell by.
10. That what Goods the King, or his Merchants shall sell to the Honble Company; that they be at the price then governing; if not, to refuse them.
11. That we may freely transport and export, Gold and Silver.
12. That upon all occasions, when the Honble Company shall think fitting, they may withdraw the Factory, carring away with them all their Good &c.
13. That we may be permitted to put up a Standard & Flag.
14. That all the persons that shall refuse to pay in their debts, to have the Law of the Country against them.
15. That all sorts of Goods may be brought here; none to be Contraband.
16. That not any Seaman or others shall leave their Ships to go and sail in China Vessels, Without leave of the Chief.
17. That we may kill one Beef a week and no more; but other provisions what we please.
18. That what Goods the King buys, to pay no Custom.
19. That rice imported, to pay no Custom.
20. That the Honble Company may not be tied up to only these Articles, but may have liberty to demand more what they shall see requisite.

鄭英通商條約內容（一）

Here followeth what the King requires to be performed on the Hono^{ble} Company's part, viz.

1. That for the House formerly the Dutchstate (with a Godowne which is to be built more to it), to pay yearly 500 Pezos.
2. That all Goods imported, to pay 3 per cents to after sale, and all Goods exported Custom free.
3. That at our Coming into harbour, to deliver all the Guns, Powder, or any other Arms belonging to the Ship, to the King's hands, till her going away, then to be returned.
4. That the Honble Company is always to keep here 2 Gunners for the King's Service, for Grenadoes and other Fireworks.
5. That the Honble Company is always to keep here, one Smith for making the King's Guns.

鄭英通商條約內容（二）

These following Goods, the King requires to be brought him on every Ship at the under mentioned prices

6. Gunpowder   200 barr^{ls} at 15 Pezos per pecull.
7. Guns with match Locks   200 ...... at 4 Pezos per piece.
8. Iron, English   100 pecull at 5 Pezos per pecull.
9. Black pepper   300 pecull at 7 Pezos per pecull.
10. Scarlet Cloth, five   20 pices at 5 Pezos per d. Ell.
11. D° Black cloth   10 pices at 4 Pezos per
12. D° Blue cloth   10 pices at 4 Pezos per
13. Carat in branches and beads, what you please.
14. Perpetuans Colors   at 18 Pezos per piece.
15. Amber, great and small.
16. Sandal Wood, large, pecull 100.
17. Sallampores, and Moarees fine..........200 pieces.

鄭英通商條約內容（三）

12 清鄭和談及最終的降服

■ 王泰升、郭威廷

　　滿清入關，進佔中原，不久之後即與中國東南海上霸主鄭氏家族有所衝突。鄭芝龍選擇降清後被殺，其子鄭成功則承接鄭氏海商武力，持續與清軍對抗。清朝政府為斷絕鄭氏之物資來源，曾頒布海禁令，封鎖沿海地區。

　　由於清朝在中國的統治尚未穩定，鄭氏集團所用之海戰又為習於陸戰的滿人所不熟悉，且清朝對漢人向有招撫政策，所以清朝順治皇帝自 1652 年起，即一再企圖招撫鄭成功。對鄭氏而言，清軍之陸戰實力遠在鄭軍之上，加上糧食供應不足、經濟來源有限，若與清軍和談，除可緩和其攻勢，尚可鞏固實力。雙方遂自該年年底起陸續展開談判，然而彼此欠缺互信，交戰始終不斷，加上剃髮與否的立場不同，前後談判八年仍告失敗。1661 年，鄭成功只得率兵攻打臺灣，以取代原先過於狹小的金廈根據地。

　　鄭成功死後，清朝與其子鄭經重開談判，鄭經要求清朝視臺灣如同朝鮮之例，臺民不需剃髮，但為其所拒，雙方依舊隔海分治。1673 年鄭經趁清朝發生三藩之亂，進取福建，與清軍對峙。於 1679 年，鄭清雙方再進行和談，清朝表示願視臺灣如同朝鮮、日本，朝貢與否悉聽尊便，但鄭軍必須撤離中國大陸且不再攻擊清朝；然鄭方堅持在中國大陸沿海保有一個港口，和談又告破裂。於是清朝起用前鄭軍將領施琅率船攻臺，趁鄭氏於中國大陸用兵數年後國力已極度耗損，又有內訌，於 1683 年逼迫鄭氏王國第三代領導人鄭克塽向清朝上奏投降。

　　不同於原住民族與荷蘭人或荷鄭之間係以西方「國際法」上條約，來處理「主權」移轉的問題，鄭清之間一直依循傳統中國的「天朝體制」觀念，來談判雙方的政治地位，不論是先前的「朝鮮模式」，或最後的「完全臣服模式」皆然。

參考資料

Hung Chien-chao，〈Taiwan under the Cheng Family 1662-1683〉；王育德，《台灣：苦悶的歷史》；吳正龍，《鄭成功與清政府間的談判》。

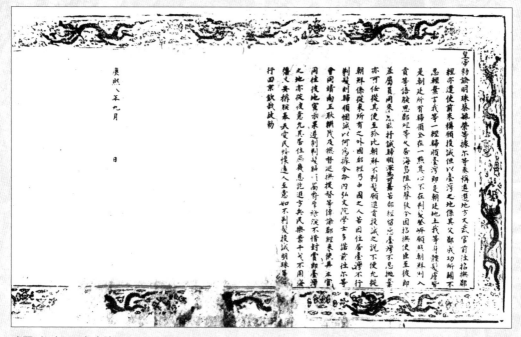

康熙8年（1669）上諭
《明清檔案存真選輯 初集》，李光濤編，
中央研究院歷史語言研究所，民國48年（1959），頁152

13 棄臺留澎爭議與為防臺而治臺政策

■ 王泰升、郭威廷

清朝原是為了解除鄭軍對於其中國統治權之威脅,而出兵臺灣,故 1683 年(康熙 22 年)年降服鄭氏王國之後,究竟應否接續治理臺灣,朝中官員有不同意見。有認為臺灣孤懸海外,且容易引來盜賊,不如採明朝成例,放棄臺灣本島,專守澎湖即可。降臺首功者施琅則於該年 12 月向清朝康熙皇帝提出〈臺灣棄留疏〉,除了認為臺灣物產豐饒、而放棄臺灣將臺灣漢人遷回中國大陸將造成人民流離失所之外,並認為臺灣在海防上具有重要的戰略地位,若仍堅守臺灣尚不至於增加政府財政負擔,反而是棄守臺灣將使海盜或敵人佔據之,如此將嚴重威脅中國沿海之安全。

清朝皇帝最後接受施琅的建議,於 1684 年(康熙 23 年)將臺灣本島納入版圖,設置臺灣府,下轄諸羅縣、臺灣縣與鳳山縣,澎湖則隸屬臺灣縣,並將中國內地的律典施行於斯地。這種「為防臺而治臺」的政策上思考,深深影響清朝在臺灣所施行的法律規範內容。例如,嚴格管制漢人移居臺灣,以免臺灣漢人移民社會壯大;禁止在臺漢人與原住民族接觸,以免激發原住民族生亂或形成原漢合作之局;禁止臺灣漢人擁有槍械,以免發生武裝抗清;嚴密監視派駐臺灣之官兵,以免其據地為王。

中原政權(或稱「中華帝國」)雖然於元朝時即於澎湖群島設官治理,但至清朝時才第一次將臺灣本島納入版圖,使之成為帝國邊陲地區。

參考資料
王泰升,《台灣法律史概論》;張勝彥等,《臺灣開發史》。

太子少保靖海將軍靖海侯兼管福建水

師提督事務　臣施琅謹

題爲恭陳臺灣棄留之利害仰祈

睿裁事竊照臺灣地方比連吳會南接粵嶠延

袤數千里山川峻峭港道紆廻乃江浙閩

粵四省之左護隔離澎湖一大洋水道三

更餘遙查明季設水澎標於金門所出泥

至澎湖而止水道亦有七更餘遙臺灣一

靖海記

三

康熙23年（1684）施琅所上之〈恭陳臺灣棄留之利害〉《疏靖海紀》
施琅，清刊本

14 渡臺禁令的發布

■ 王泰升、郭威廷

臺灣於 1684 年（康熙 23 年）被納入清朝版圖後，清朝為免其再度成為威脅帝國之根據地，除了清查原居臺灣之漢人外，並於同年頒布一般所稱的「渡臺禁令」。據此，欲前往臺灣者須先向原籍官府申請，由官府轉知分巡臺廈兵備道、臺灣海防同知，獲得批准後始能來臺；然不准攜帶家眷，抵臺後亦不得接家屬來臺同居；甚至禁止粵民來臺。對粵民之禁令於施琅去世（1696 年）後即告鬆弛。關於搬眷一事則解禁與再禁一再反覆，終於在 1760 年（乾隆 25 年）改例准許眷屬渡臺，但隻身無業並無親屬相依者，仍舊禁止來臺。至 1790 年（乾隆 55 年），進一步放寬為單身的良民，於取得官府許可後亦可渡臺。至於完全解禁，已是一百九十年後，亦即 1875 年（光緒元年）的事了。

這項禁令的不合情理，加深了一般人民對於官府法律的漠視態度。於渡臺禁令仍不時被重申的 18 世紀，中國福建、廣東沿海居民生活條件困窘，自然想前往當時尚稱地廣人稀的臺灣，結果確也導致在臺漢人數目激增數倍，使漢人移民在臺灣總人口中成為多數，但從官府法律而言，渡臺者大多數屬於「非法移民」。既已非法渡臺，其對於官府其他禁令，更易傾向於不予遵守。復以禁止攜帶家眷，無家室之男性單身漢眾多，社會秩序不穩定。漢族單身漢之樂於與平埔族原住民女性結婚，以取得土地耕作，亦使得清朝官方所頒行的原漢禁婚，成為具文。

清治時期臺灣漢人移民社會「目無國法」的法律文化，其實部分起因於「國法」之不符合社會所需。

參考資料
王泰升，《台灣日治時期的法律改革》；李筱峰，《台灣史100件大事》；莊金德，〈清初嚴禁沿海人民偷渡來臺始末〉；李祖基，〈施琅與清初的大陸移民渡臺政策〉。

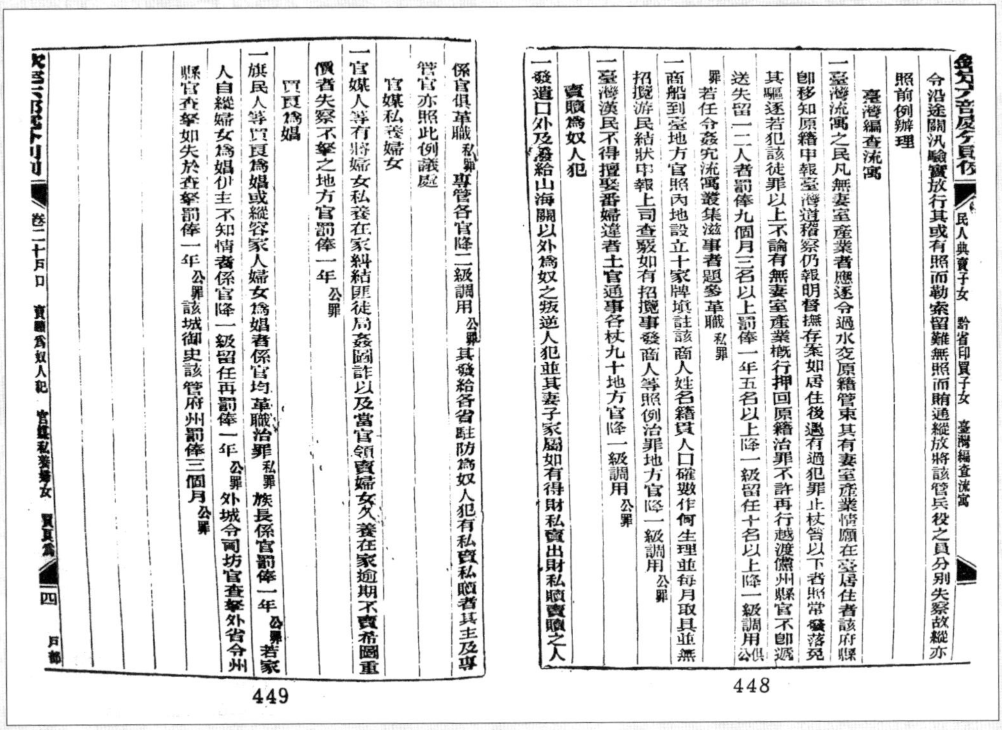
欽定六部處分則例　民人典賣子女　黔省印買子女　臺灣編查流寓

令沿途關汛驗實放行其或有照而勒索留難無照而賄通縱放將該管兵役之員分別失察故縱亦
照前例辦理
臺灣編查流寓
一臺灣流寓之民凡無妻室產業者應逐令過水交原籍管束其有妻室產業情願在臺居住者該府縣
即移知原籍申報臺灣道稽察仍報明督撫存案如居住後過有過犯罪止杖笞以下者照常發落免
其驅逐若犯該徒罪以上不論有無妻室產業概行押回原籍治罪不許再行越渡儻州縣官不即遞
送失留一二人者罰俸九個月三名以上罰俸一年五名以上降一級留任十名以上降一級調用公俱
罪若任令姦宄流寓叢集滋事者題參革職私罪
一商船到臺地方官照內地設立十家牌塡註該商人姓名籍貫人口確數作何生理並每月取具並無
招攬游民結狀申報上司查覈如有招攬事發商人等照例治罪地方官降一級調用公罪
一臺灣漢民不得擅娶番婦違者土官通事各杖九十地方官降一級調用公罪
賣贖爲奴人犯
一發遣口外及發給山海關以外爲奴之叛逆人犯並其妻子家屬如有得財私賣出財私贖賣贖之人

448

係官俱革職私罪專管各官降二級調用公罪其發給各省駐防爲奴人犯有私賣私贖者其主及專
管官亦照此例議處
官媒私養婦女
一官媒人等有將婦女私養在家糾結匪徒局姦圖詐以及當官領賣婦女久養在家逾期不賣希圖重
價者失察不拏之地方官罰俸一年公罪
買良爲娼
一旗民人等買良爲娼或縱容家人婦女爲娼者係官均革職治罪私罪族長係官罰俸一年公罪若家
人自縱婦女爲娼伊主不知情者係官降一級留任再罰俸一年公罪外城令司坊官查拏外省令州
縣官查拏如失於查拏罰俸一年公罪該城御史該管府州罰俸三個月公罪

欽定六部處分則例　卷二十戶口　賣贖爲奴人犯　官媒私養婦女　買良爲娼　四　戶部

449

臺灣編查流寓例

《六部處分則例》卷二十，（清）文孚纂修

15 土地開墾與大小租關係

■ 王泰升、陳宛妤

　　臺灣的土地開發是由南向北拓展開來的，而在清治時期，土地開墾基本上以人民為主。有力者可就無主地向官府取得墾照，由於待墾的土地相當龐大，這些墾戶經常會招徠佃戶，訂定今可歸納為「給墾契約」者，大致上約定：由佃戶自備工本開發，墾成後由其「永為己業」，對價則是須向墾戶繳納一定租穀。

　　當墾成時，由墾戶向官府繳納錢糧，墾戶即成為官府眼中的「業主」。按大清律例係採一業一主，然「業」在漢人的詞彙中，所指的是有秩序的經營，依臺灣漢人社會的民間習慣，有資格經營特定土地或房屋者，就稱之為業主。因此，有些佃戶會再將已墾成的田園，「贌」（類似今日「租」之意）給「現耕佃人」耕種，這些佃戶在社會中也被認為是「業主」。亦即，原佃戶仍須向原墾戶繳納租穀，稱為「大租」，而現耕佃人向原佃戶所納者，稱為「小租」，此即所謂的「大小租關係」。也因此，原墾戶被稱為「大租戶」，原佃戶被稱為「小租戶」，均被社會認為是業主。這就是所謂的「一田二主」，與近代歐陸法「所有權單一且絕對」的觀念相當不同。

　　由於開墾土地面積廣大，通常不是個人財力所能負擔，因此常由幾個人合資以合股方式進行開墾。最著名的就是 1707 年（康熙 46 年），由五個泉州人所組成的「陳賴章」墾號，其開墾的範圍相當於臺北盆地淡水河兩岸的大部分地區，這是臺北地區年代最早的墾照。

　　今天臺灣有關土地所有人的各項資料，係承襲自日治時期，而日治時期的資料即是將清治時期大小租關係加以整理後的成果。

參考資料
王泰升，《台灣法律史概論》；李筱峰，《台灣史100件大事上》；吳密察監修，《台灣史小事典》。

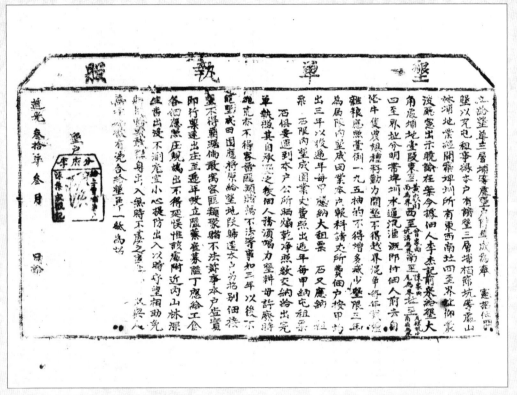

道光30年（1850）3月三層埔等處墾戶陳集成給立墾單

《楊雲萍藏臺灣古文書》，張炎憲、曾品滄主編，國史館，民國92年（2003），頁381

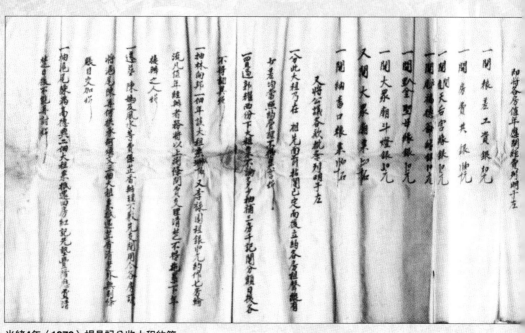

光緒4年（1878）楊是記分收大租約簿

《楊雲萍藏臺灣古文書》，張炎憲、曾品滄主編，國史館，民國92年（2003），頁72

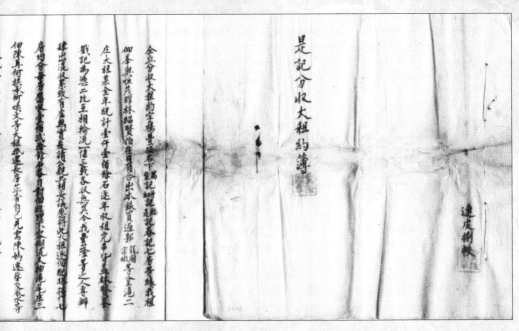

是記分收大租約簿

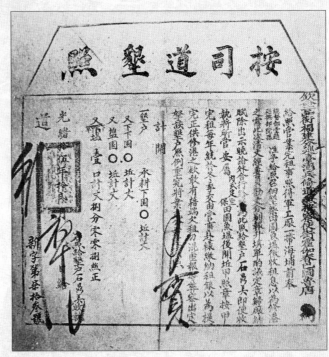

按司道墾照
《臺灣史料集成》，
臺灣文化三年紀念會編，
臺灣文化三年紀念會，
昭和6年（1931）

16 番界的演變

■ 王泰升、林佳陵

清朝採三層制族群分布制度,劃分番界,以區隔漢人、熟番（已服教化及納番餉之原住民族）與生番（未服教化及未納番餉之原住民族）。

清治時期關於番界之劃定,始於 1722 年（康熙 61 年）對朱一貴事件的善後,僅於某些入山之重要路口,豎立些許界石。番界之外即屬生番地,不在清朝版圖內,故依兵律關津門「私出外境及違禁下海」條,漢人不得進入界外的生番地開墾,但執行成效不彰,而於 1750 年（乾隆 15 年）重新定番界。於 1760 年（乾隆 25 年）,再次劃定番界。嗣因林爽文之變,清朝政府認為賊匪聚於界外番地,而於 1790 年（乾隆 55 年）在更近山地處劃定新的番界。由於漢人侵墾生番地越來越廣,歷次番界亦一直朝著生番地的方向劃定,故以 1722 年和 1790 年的番界為準分為三區,熟番居中,兩側為漢人與生番。

在版圖內的漢人與熟番,起初亦分而治之。於康熙年間,戶部則例已規定漢人不得越民番界線而私墾熟番地,但成效有限。雍正年間開放熟番地可租予漢人,但嚴禁典賣。乾隆初年清廷要求地方官查明漢民與熟番所耕地界,若越墾強占熟番地應返還。今臺北之石牌地名所由來的石碑,載有「奉憲分府曾批斷東勢田南勢園歸番管業界」,即為一例。熟番地因而常有「番業漢佃」現象,至清治末期劉銘傳清丈時,視熟番所收番租為大租,由屬漢人的佃戶／小租戶為律例上業戶,則該等熟番地幾已等同漢人之地。至於生番地,則清朝的統治力量並未伸入。

清朝經由番界劃定而區分出三個「法域」。「熟番法域」最終與「漢人法域」混同,反映出平埔族被漢化的事實,而「生番法域」的漸縮,則代表漢人以及已漢化的熟番之勢力日愈擴張。

參考資料
吳密察監修,《台灣史小事典》；柯志明,《番頭家:清代臺灣族群政治與熟番地權》；王泰升,《台灣法律史概論》。

乾隆33年（1768）諸羅縣嚴禁匠民越界私墾碑記
《臺灣碑碣與生活特展圖錄》，臺南市文化資產保護協
會，民國90年（2001）

17 張達京與岸裡社割地換水

■ 王泰升、林佳陵

　　漢人與熟番的關係，可以張達京與岸裡社熟番（位臺中盆地北部）割地換水為一例了解之。按岸裡社熟番以水田從事農業生產，因其無資力開鑿埤圳，乃與漢人簽訂割地換水合約字，亦即 1723 年（雍正元年）與漢通事張達京簽訂割地換水合約、1732 年（雍正 10 年）與張達京等人簽訂六館割地換水合約。依約由熟番割地與漢人，漢人請墾報陞該地，而漢人則開築水利（如貓霧悚圳及大埤公圳），以助熟番灌溉。

　　割地換水合約字表面上雖似為漢人與熟番交換利益，實則係漢人利用熟番之不知，而獲取大批土地利益（如收取墾批銀等）以及水利租谷，漢人同時兼有墾戶與水利圳主之身分。

　　清治時期熟番與漢人的關係，仍須考量清朝官府之憚忌漢人豪強的態度，始能有較深入的了解。如內凹庄命案之清查，清朝政府差遣張達京等人確認案情，卻認為張達京提供的意見，屬矇騙官府。隨著清朝官府陸續整肅漢人豪強，張達京終於在 1758 年（乾隆 23 年）被革除通事職務，並被遣送回籍，改由岸裡社土官潘敦仔充任通事。

　　原住的平埔族與移居的漢人，在法律生活上的「合作」關係，實是向漢人利益傾斜的，而清政府在不易以法律力量介入土地交易的情形下，乃採直接打擊漢人豪強的方式，防止其勢力坐大。

參考資料
吳密察監修，《台灣史小事典》；陳秋坤，《清代台灣土著地權》；柯志明，《番頭家：清代臺灣族群政治與熟番地權》。

第五例 （支那人が蕃地に對し開圳分水せる代價として土地を給出し更に之により蕃大租を納めるを約するもの）

公仝立合約字人、岸裡搜揀烏牛欄舊社等社土官潘敦仔、仕那搭比……

（以下、雍正元年換水契字之漢文契約正文，直行書寫）

代筆人　郡乃蠻格
　　　　按蟄茅格
業戶　　張金聲精
　　　　張振萬　　通事　張達京
　　　　　　　　　土官　潘敦仔
　　　　　　　　　　　　仕那搭比

雍正元年拾月

日公仝立合約字人岸裡搜揀烏牛欄舊社等社土官潘敦仔　仕那搭比

雍正元年（1723）換水契字內容

《臺灣蕃政志》，伊能嘉矩，臺灣總督府民政部殖產局，明治37年（1904），頁438-440

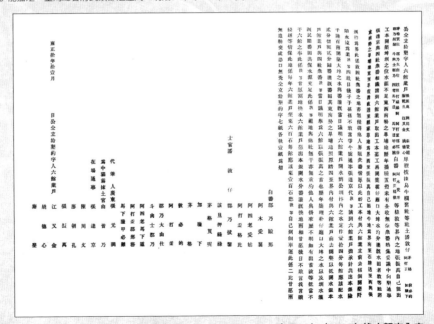

為仝立墾契字人六館業戶……（雍正拾年換水契字漢文契約正文，直行書寫）

代筆人廣東張
為中貓霧捒土官由
在場通事

土官潘敦仔

白番　阿乃毆那

雍正拾年拾壹月

日公仝立墾契字人六館業戶

雍正10年（1732）換水契字內容

《大租取調書附屬參考書上卷》，臨時臺灣土地調查局，明治37年（1904），頁24-26

18 理番同知的設置

■ 王泰升、林佳陵

理番同知為清朝設置以處理熟番事務之專責機構，係閩浙總督蘇昌於 1766 年（乾隆 31 年）奏請清朝而奉准設立者，係仿效廣東省設理徭同知之例。設立緣由有二說，一認係為防範熟番因漢人之欺凌而化為生番，一認係為保護熟番、為「恤番」而設。

理番同知分南北兩路，其屬「直隸廳」，不受府之管轄，亦即漢番分治。北路設於彰化，管轄當時淡水廳、彰化縣及諸羅縣之各番社，南路（由海防同知兼理）設於臺南，管轄當時臺灣、鳳山兩縣之各番社。1875 年（光緒元年），改北路理番同知為中路撫民理番同知，移於新設的埔里社廳，但實際上仍駐鹿港，南路理番同知改為南路撫民理番同知，移於卑南廳，且這兩廳已改為隸屬於臺灣府之下。理番同知之職務，包括任命通事及土目、負責民番交涉事宜、社餉、徵收賦稅、清查土地、鼓勵風俗改良等事。但番人事務與民番交涉事務，理番同知與一般廳、縣之權限劃分有重疊之可能，如淡水廳或新竹縣亦常受理番人事務或民番糾紛。

1888 年（光緒 14 年）再為改制，將番社一切事務歸廳縣辦理，裁撤理番同知，此意味著熟番進一步被納入漢人的政治體制中。

參考資料
吳密察監修，《台灣史小事典》；陳秋坤，《清代台灣土著地權》；柯志明，《番頭家：清代臺灣族群政治與熟番地權》；戴炎輝，《清代臺灣之鄉治》；王泰升，《台灣法律史概論》。

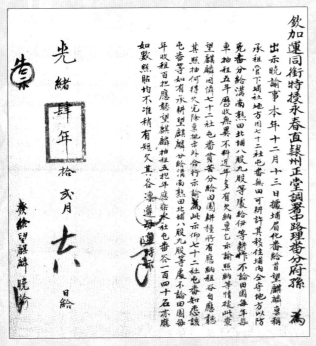

欽加運同銜特授永春直隸州正堂調署中路理番分府孫　為

出示曉諭事　本年十二月十三日據埔眉化番給首望麒麟稟稱

承租官下墘社地方因七十二社屯番無田可耕許其移住埔內全穿地方以防

兇番　分給溝南熟田北埔八股九股等廢給伊等耕作　不論田園每年每

車抽祖五年歷收無異　不料近年多有欠納稟乞示諭照納等情據此查

望麒麟因隔七十二社屯番貧苦分給田園耕種所有應納租谷自應聽

其照額何得欠完陳查批示外合行示諭為此仰七十二社屯番知悉該

屯番等如有承耕望麒麟分給溝南熟田北埔八股九股等廢不論田園每

年收租百担應聽望麒麟抽祖五把年應亦水社屯番谷一百四十石亦應

如數照貼均不准稍有短欠　其各凜遵母違特諭

光緒肆年拾式月　十六日諭

慶給望麒麟　曉諭

光緒4年（1878）理番同知之諭示
《水沙連埔社古文書選輯》，
簡史朗、曾品滄主編，
國史館，民國91年（2002），頁65

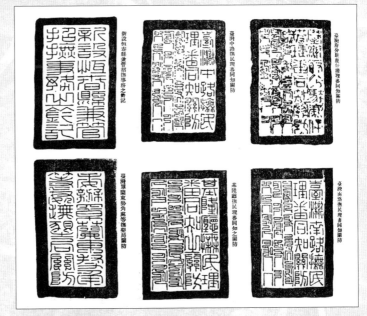

新設恒春縣募墾招撫勞務之鈐記

臺南中路撫民理番同知關防

臺灣府分駐鹿仔港理番同知關防

臺灣彰化縣北勢角廳巡撫墾局關防

北勢撫民理番同知之關防

臺府南路撫民理番同知關防

理番同知的關防
《臺灣蕃政志》，伊能嘉矩，臺灣總督府民政部殖產局，明治37年（1904）

19 新港文書

■ 王泰升・曾文亮

　　1624 年荷蘭人在臺灣建立商館後，基督教傳教士也跟著到來，甚至在荷蘭東印度公司政治力量深入原住民族村社之前，就已進入大員附近幾個主要村社進行傳教，學習當地語言。荷蘭人在 1635 年開始統治原住民族村社之後，更開始透過設立教會學校的方式，教導原住民族讀寫能力，並獲得一定的成效。

　　荷蘭人離開之後，這種用羅馬字母拼音的西拉雅語文字，仍為某些原住民族所使用，並在與漢人的土地買賣等文書中，同時記載漢文和這種語文，漢人稱這類契約為「番仔契」。學界則以這些羅馬字母拼音的西拉雅語文字在新港社最盛行，而統稱此為「新港文書」。新港文書在 1870 年首度被發現後，到目前為止陸續出土的文書總件數已超過一百六十件，其中年代最晚的是在 1813 年（嘉慶 18 年），距離荷蘭人離開臺灣已有一百五十年之久，文書的內容主要是民間關於田房土地典賣的契字。

　　雖目前留存的平埔族原住民與漢人交易的契字並不少，但絕大多數是以漢文書寫，只有這些新港文書是同時記載了漢文與羅馬字母拼音的西拉雅語文字，有些甚至只有羅馬字母拼音的文字。所以，透過對新港文書的研究，或許能發掘出這些交易過程中蘊含的某些原住民族法律觀。

參考資料
李筱峰，《台灣史100件大事》；中村孝志，《荷蘭時代臺灣史研究》下卷；翁佳音，〈新港文書的研究回顧與展望〉。

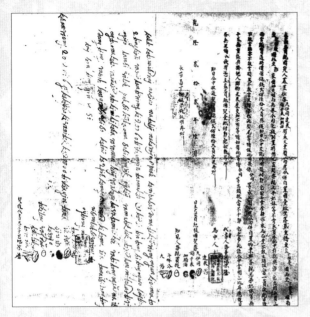

新港文書
《臺灣史料集成》，
臺灣文化三年紀念會編，
臺灣文化三年紀念會，昭和6年（1931）

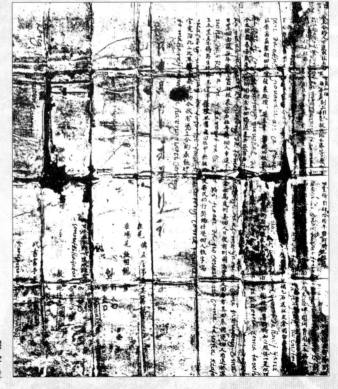

康熙60年（1721）以漢文和新港語對譯
之有關「番業漢佃」的契字
《臺灣慣習記事》1卷3號

20 林爽文事件

■ 王泰升、黃世杰

　　清治初期雖對臺灣採取消極封禁政策，但無法阻擋漢人的移民潮。雍正朝將熟番地開禁，許漢人租用熟番地，並使「民番一例」，卻使競爭上居於不利地位的平埔族生計困難。1731年（雍正9年）「番變」後，雖嚴禁買番業（熟番地），但番業戶轉賣的流失管道未曾杜絕。至1745年（乾隆10年）巡臺御史高山奏准：「使生番在內，漢民在外，熟番間隔於其中……彼此屏跡，斷絕往來，自不致生釁滋事矣」，並撥熟番為隘丁守衛生番界，清朝政府始為了充足隘番口糧而於政策上積極確保熟番之擁有土地，且實行劃界遷民。然而，即使在邊界築起土牛溝，仍然無法阻擋漢人偷越番界至境外私墾，而在邊區形成大規模的武裝力量，隱然可與官府對抗。

　　1786年（乾隆51年）12月，清朝官府派兵近千人前往位於邊界之大里杙捉拿人犯，會黨領袖林爽文遂起事，南北二路均有人響應，一時除府城外全臺城鎮均落入反抗軍手中。次年10月清軍渡臺後，官府開始轉守為攻，林爽文先逃入界外水沙連社處，嗣後率主力北上，先後被泰雅族伏擊兩次，復計劃出海，最終在竹塹海邊被捕。

　　在這個被列入乾隆「十全武功」的清治臺灣最大民變結束後，清朝政府檢討治臺政策，不再禁止單身渡臺，並加開往來口岸，且將漢人於界外設隘開墾之行為納入官府管理。自此，清廷不得不遷就移墾無從禁絕的事實，而對漢人移民採取較為寬容的態度。

參考資料
柯志明，《番頭家：清代臺灣族群政治與熟番地權》。

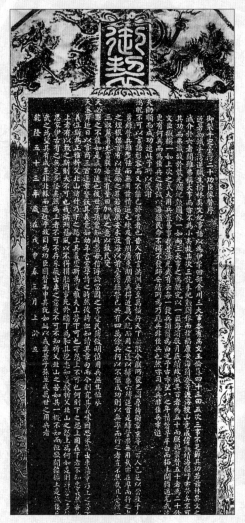

乾隆御製平定臺灣二十功臣像贊序
《臺灣地區現存碑碣圖誌》臺南市，何培夫主編，
孫德彪修，國立中央圖書館臺灣分館編，
國立中央圖書館臺灣分館，民國82年（1993）

福康安生祠（現置於赤崁樓前，
乾隆於福康安平林爽文事件後敕建）
《臺灣史料集成》，臺灣文化三年紀念會編，
臺灣文化三年紀念會，昭和6年（1931）

21 械鬥與民變

■ 王泰升、黃世杰

　　由於荷治及鄭治時期永久性漢人移民人數不多，且清治前期官方採行嚴格限制渡臺的政策，使得在臺漢人尚未形成強大的宗族體系與地方士紳階層。在較為欠缺宗親或士紳為調處等傳統漢人紛爭解決機制的同時，前現代式天朝體制下的官府，又不像現代國家對社會具有強大的控制力，故未能提供有效的紛爭解決管道。直接訴諸武力對抗的「分類械鬥」，因而成為人民自力救濟的另一選擇。

　　「分類」的基準多半依所來自的原鄉，分為「閩」、「粵」，「閩」之中又可分「漳」、「泉」，惟至清治後期亦有依姓氏而分，甚至有依所看的戲曲或職業而分者。分類的基準依地域及時期皆有不同，反映出不同的社會勢力分布狀態。械鬥的起因主要是搶水、爭地及抗租等經濟上的理由，然而當社會分類成為自衛團體時，彼此之間惡劣印象甚至仇恨的逐次累積，也是分類械鬥一直持續的原因之一。

　　由於武力對抗為臺灣漢人自保的必要手段，這些擁有武器的自衛團體通常在平時就已形成，而成為官府的隱憂。官府在介入紛爭解決或推行政策的過程中，若有不慎，特別是在徵賦或欲清丈土地之時，即可能成為武力對抗的對象，此時就轉化成所謂「民變」。

　　清治下臺灣甚至有「三年一小反，五年一大反」之說，此亦反映出若缺少士紳或宗族的中介，官府較難以只靠自己的力量維持安定的社會秩序。

參考資料
林偉盛，《羅漢腳：清代臺灣社會與分類械鬥》；劉妮玲，《清代臺灣民變研究》。

利卿大兄愜麾下項後　秉又為慰　令箭鉛藥進攻萬斗六迺庄等因當經
由營籌撥火藥八桶鉛子四邑交　尊處差弁李有福查收惟　金箭一部
此番並無多帶不數獲送且前既有來移　貴當諸舍頭人堵劉字揆旦賀
彈歷泉心諒頭人如飮推延希即　賜示移知定當照辦也專泐並請
捷安諸惟
凱照不具
　　　　愚弟丁曰健頓首甲子十二月廿六辰

林大人台電
　　愚弟丁曰健頓後來文件已收餉犯洪古等十名足見
軍政勤明辦理還要名欽佩萬斗六傑決連黨與著名妄地人所共知無所
斗六早晚氣難傾覆切思協籍傢今地雖芥
憲台不棄楞標委員會剿若不容請迅泒幹員會政誠恐將來易生嫌隙
嫌疑萬斗六自當乘勢開捧大莊住座焚燬平民被脅者徒寬免究嚴
禁外庄捨捫與名威脅此賀
　　　　　　　十二月廿六申

利卿協台捷要不一

都督府林
為請泒幹員帶隊會擊以杜媒疑事為照舊社庄既欲我軍攻破則萬
斗六者母當乘勢開捧大莊...
憲台不棄楞標委員會剿若不容請迅泒幹員會政誠恐將來易生嫌隙
合亟催請為此備咨
貴臬憲請煩查照即泒撥幹員拔隊合同攻擊以杜媒疑萬斗六者母
打開該應駐禁柳妥焚燬望即賜示遵行寔四恩便望切望切須至
咨者
　右　咨
台澎兵備道丁

2.⑤林文明請示丁曰健派員助攻萬斗六咨文
（松案二，頁17—20）

2.⑥丁曰健覆林文明有關押解洪古與進攻萬斗
六事

戴潮春事件中臺澎兵備道丁曰健與地方士紳林文明就合作進攻萬斗六一事互相連繫之往來信函
《霧峰林家的中挫》，黃富三著，自立晚報，民國81年（1992）

22 總理制度

■ 王泰升、陳韻如

　　對於清帝國底下的州縣地方官而言，臺灣可能不是什麼美缺。直至 19 世紀，競爭激烈的新開墾地的暴力失序，仍然是增添司牧者治理困擾的結構性問題。相對於廣大的轄區，帝國配置給在臺之廳縣的官方資源顯得十分貧弱（在臺並無專為較繁華、重要的地區而設的「州」），故與民間力量的合作，已變得勢在必行。

　　最遲在 1807 年（嘉慶 12 年），總理一職已普設於臺灣西部各廳縣。與地保同屬廳縣衙門在村莊的耳目手足，兩者最大的不同在於其產生過程：總理本即為街庄在地的領導人，地保則為駐鄉的官役。總理經由民間推舉，官府承認並發給諭帖、戳記。這些註記於官方清冊的街庄頭人，進一步取得半官方的地位，與地方上的紳衿、耆老等共同辦理廣泛的事務—約束莊民、懲罰不肖、調處糾紛、興修建設、編造戶口、稟報重案、團練壯丁……等。此外，在廳縣衙門內的差役，通常需要獲得熟悉地方網絡的總理的協助，一同進行傳訊人證、調查案情、調驗契據、追捕人犯等的任務。

　　總理扮演著廳縣衙門對於鄉庄地區深入觸角的必要角色，他們的順服增添了官府的威信，而地方領導人也藉由官府的承認而進一步正當化其領導地位與權力。兩者就在這樣的互利共生的關係，共同維持著地方秩序。

參考資料

戴炎輝，《清代臺灣之鄉治》；Mark A. Allee, Law and Local Society in Late Imperial China: Northern Taiwan in the Nineteenth Century。

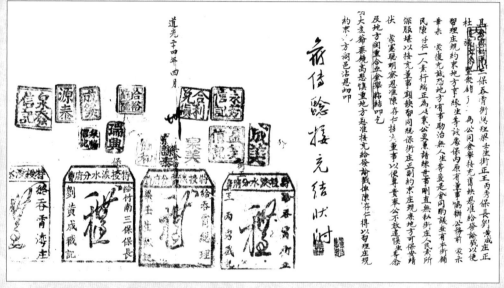

道光24年（1844）總理、街正、保長、庄正暨眾鋪推舉董事稟
淡新檔案12203-28，臺灣大學圖書館提供

23 開港通商

■ 王泰升、陳韻如

　　根據因 1858 年（咸豐 8 年）英法聯軍之役戰敗而簽訂的天津條約，臺灣自 1860 年（咸豐 10 年）起正式開埠。其中陸續開放了淡水、雞籠、打狗與安平通商口岸、設置海關，同時允許外國人進入通商、傳教與遊歷。此乃清治下臺灣首次對東亞、東南亞以外國家開放通商，拓展了原本限縮至中國為主、日本和南洋為輔的貿易範圍，茶、糖與樟腦的出口則遠達澳洲、西歐、北美、南美等地。

　　西方商人在臺灣設置商業據點，亦與臺灣商人合作共組商行。著名的「怡和洋行」在各港口設有辦事處從事貿易，並代理海上保險業務；而「德記洋行」在安平、大稻埕等地所設商行，即由英商與臺商合作組成。臺灣人經由與對岸通商口岸的往來，亦接觸到近代西方商事運作方式。居住於大稻埕、出身寒微的李春生，即先在廈門受雇為洋行買辦，於嫻熟經營與市場行情後，來臺貿易，並擔任怡和洋行總經理。「公司」的用語亦是在此一時期傳入，作為某些資本額較大或從事國際貿易、但實際上仍以傳統合股方式組織經營的「合股」的店號。由臺灣人組成的「和興公司」還使用了「公議章程」作為合股契約的名稱，內容也較為精密細緻。有趣的是，1895 年的臺灣民主國曾經組成「安全公司」，甚至還製作「股份票」，以募集抗日軍餉。來自西歐各國的保險制度，也透過代理商或分支點，與傳統保險制度一起提供了海上、火災保險等服務，適時支應了高風險的海上貿易活動。

　　經過荷治、鄭治時期之後的一百八十餘年，這個島嶼又重新向西方世界開放，臺灣再次進入世界貿易體系。在開港通商後，近代西方商事法律運作經由活躍的國際商業活動出現在人們四周。這樣子的學習機會，積極又靈活的在臺漢人，自然不會放過。

參考資料
林滿紅，《茶、糖、樟腦業與臺灣之社會經濟變遷（1860-1895）》；王泰升，《台灣法律史的建立》；《臺灣私法》第三卷下；吳密察監修，《台灣史小事典》。

安全公司股份票
臺灣史料集成，臺灣文化三百年紀念會編，臺灣文
化三百年紀念會，昭和6年（1931）

24 林家「京控」案

■ 王泰升、陳韻如

1870 年（同治 9 年）3 月 17 日，時值北港媽祖進香的日子不久，林文明——霧峰豪族林家頂厝的領導人、參與平定太平天國等戰役有功而官拜副將——在前往彰化縣衙之後被指稱謀叛，遭「就地正法」於公堂之上。

究竟林文明單純是因為與粵籍官員間私人恩怨而遭致陷害，還是因為過度擴張的地方豪強勢力威脅帝國秩序而遭官府藉機整肅，我們無從確知。但之後的發展根據《臺灣通史》的描述，當林文明被害的消息傳到霧峰，「莊人大憤，不期而集者數千人，洶洶欲」。或許意識到此舉無異自取滅亡，一場武裝攻城戰最後並沒有爆發，林家選擇了與以往地方土豪行事作風不同的體制內道路，亦即以林文明之母林戴氏之名，十餘年間提出了四次「京控」，指控臺灣鎮道等官員設計謀害，為林文明尋求平反、除去叛亂的家族烙印。

林家雖積極提訴並結交各級官員，其對手亦擁有龐大的政治勢力，結合林家在霧峰的族敵纏訟反控，擴大對林家叛亂的究追，威脅沒收其家產，迫其男丁出面涉訟。此外，如同曾對本案加以報導的《申報》所言，京控之案往往甫至北京，旋即發回省級的總督巡撫，最後又往往經由按察使司交由更下級的官員，即原初承辦的官員辦理。再加上經手官員彼此利害相牽，結果通常是維持原案，奏交了事，能藉此平反者，十無一二。政治氣氛愈發不利、不堪多年纏訟之下的林家，最後與官府達成妥協：控被全面駁斥，然至少得以其保全家產。

林家生死存續攸關的種種，最後殘存下來了的，是流傳於臺灣民間「壽至公堂」的故事，反覆刻篆、複製了人們心中那個，潛藏著對於官府的不信與對訴訟的疑懼的法律印記。

參考資料
黃富三，《霧峰林家的中挫（1864-1885）》；J. M. Meskill, A Chinese pioneer family: the Lins of Wu-feng, Taiwan, 1729-1895。

黎道印示

欽命按察使銜福建臺澎兵備道兼提督學政黎　　示

文明伏誅　靜從同治
其兄忠臣　須要安置
所霸田產　給還原主
諭爾小民　據實重訴

同治玖年　正月　十六　日給

臺　副將林文明　謀反有憑據
澎兵　現在已伏誅　靜從皆問法
道　諭爾眾民人　安業勿驚懼
黎
印偷　偷有造謠言　擒斬決不貸
示

黎兆棠預發之誅林文明二印示
《霧峰林家的中挫》，黃富三著，自立晚報，
民國81年（1992）

奏　何璟等

何璟總督、岑毓英巡撫奏結林家京控案摺
《霧峰林家的中挫》，黃富三著，自立晚報，
民國81年（1992）

25 牡丹社事件

■ 王泰升、吳欣陽

　　1874 年（同治 13 年）5 月，日本出兵臺灣琅嶠，以「安民」為由攻打牡丹社等十八番社，此即「牡丹社事件」。牡丹社事件起因於 1871 年（同治 10 年）12 月琉球漁民遭難漂流至臺灣南部東海岸牡丹社附近，被當地「生番」殺害五十四人。

　　日本依美國駐廈門領事李仙得（C. W. Le Gendre）建議，決意藉此事件以啟兵燹，佔領臺灣。1873 年（同治 12 年）3 月，日本外務卿副島種臣利用祝賀清同治帝親政以及交換「日清修好條約」之名，另外要求清帝國就此事負責，但清朝政府則表示：「殺人者皆屬生番，故且置之化外，未便窮治」。日本以此項答覆即「清國對生番地區不主張領有權」，因而以「清國政府政權不及之番民加害我民，為行安民之義務，不容他國有異議」為名，於 1874 年 4 月出兵三千五百人登陸臺灣琅嶠。清朝得知日本出兵消息後，即盡速命沈葆楨赴臺籌防，調兵支援，並尋求英、美協助；日本方面則因在臺日軍相繼病死，故有退兵之打算。兩國於同年 10 月 31 日簽定「日清兩國間互換條款」與「互換憑章」，清帝國承認日本之行動為保民義舉，並支付撫恤金與軍費，牡丹社事件落幕。

　　牡丹社事件雖因清朝政府未諳「國際法」，使得日本取得出兵藉口，並因承諾賠款而間接承認琉球群島為日本領土，但清帝國卻因此一事件而將臺灣東南部領域置於「主權」之下，並獲列強承認。尤要者，清朝政府因而在 1875 年，廢除之前基於「為防臺而治臺」而頒行的關於渡臺、番漢交流等的禁令。

參考資料
陳守亭，《牡丹社事件與沈葆楨治臺政績考》；戴天昭著、李明峻譯，《台灣國際政治史》。

琉球藩民之墓
《臺灣史料集成》，
臺灣文化三百年紀念會編，
臺灣文化三百年紀念會，
昭和6年（1931）

琉球藩民的墓碑
《臺灣史料集成》，
臺灣文化三百年紀念會編，
臺灣文化三百年紀念會，
昭和6年（1931）

26 臺北府的設置

■ 王泰升、吳欣陽

　　1875 年（光緒元年），清朝政府於臺灣新設「臺北府」，府治設於艋舺，臺灣行政區域劃分從原先的一府二理番廳四縣三廳，變成二府八縣四廳。

　　清朝領有臺灣之後，原本恪守「為防臺而治臺」政策，對於在臺灣各地設官治理，相當消極。從 1684 年至臺灣設省之前，清朝統治下的臺灣皆隸屬於福建省，由福建省派出臺灣道巡視鎮守臺灣，臺灣道乃臺灣在地的最高文職長官。臺灣道下設府，臺灣府治設於臺南，臺灣道員、臺灣知府均駐臺南，臺南實為當時臺灣政治中心。按中國大陸東南沿海人民相繼入臺開墾，最初集中於嘉南平原一帶，但隨著人口增多以及漸次向番界外開墾，臺灣中部、北部益顯發展。1874 年牡丹社事件發生之後，清朝對臺治理態度轉為積極。1875 年即同意沈葆楨之請諭，增設臺北府，管轄淡水縣、新竹縣、宜蘭縣、基隆廳。臺北（艋舺）地當交通要衝，經濟繁榮，重要性與日俱增。

　　臺北府的設置確立了臺北的政治地位，促進臺灣北部地區的發展，時至臺灣建省之後，臺北更進而成為全臺灣的政治重心，取代昔日台南的地位。

參考資料

張勝彥，《清代台灣廳縣制度之研究》；王泰升，《台灣法律史概論》；陳守亭，《牡丹社事件與沈葆楨治臺政績考》。

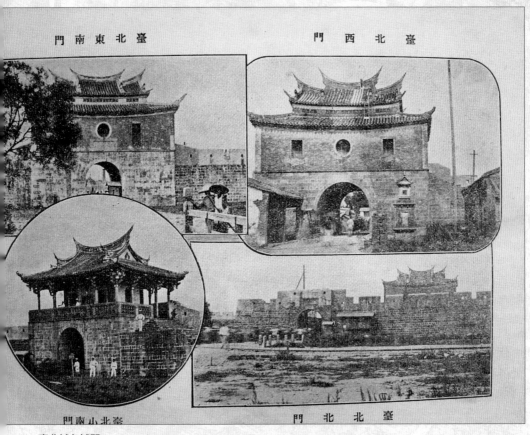

門南東北臺　　　　門西北臺

門南小北臺　　　　門北北臺

臺北城各城門
《臺灣名所寫真帖》，臺灣商報社，
明治32年（1899）

臺北府衙門（日治初期之臺北縣廳）
《臺灣治績志》，井出季和太，臺灣日日新報社，
昭和12年（1937），頁233

27 臺灣設省

■ 王泰升、吳欣陽

1885 年（清光緒 11 年）9 月 5 日（舊曆），上諭將福建巡撫改為臺灣巡撫，以劉銘傳任之，以在臺灣設省。清朝先前已因 1874 年牡丹社事件而轉為積極治臺，1884 年中法戰爭爆發後，法軍進佔澎湖，進逼基隆、滬尾，更令清朝認識到臺灣地理位置與海防的重要，遂於 1885 年改臺灣為行省，並仿甘肅新疆之制，於政務上與福建聯成一氣，臺灣巡撫號「福建臺灣巡撫」，兼學政。巡撫並掌司道以下各官考核，惟須與閩浙總督會銜，但仍自主賞罰之權。

1887 年（清光緒 13 年）設省事宜籌辦完畢，劉銘傳開始獨立操作省政後，臺灣大體上始不受福建當局管轄。劉銘傳原擬將省會置於臺灣中部，故僅暫駐臺北，並由邵友濂任布政使，掌全臺財稅及各項產業。嗣邵氏繼任巡撫，遂將省會定於臺北。但臺灣省不設按察使司，而由駐於臺南的臺灣道加按察使銜行使該項職權。臺灣建省後立即為行政區域劃分，1887 年全臺置三府一直隸州十一縣四廳，並為應付時勢發展所需，除大清會典所明文規定之官衙外，特設海關、電報、郵政等多樣事業機關，以從事現代化工作。

清治末期出現的「臺灣省」，短短不到十年，就因 1895 年清朝將臺灣割讓給日本而從國家法制中消失，臺灣成為法律上稱「臺灣地域」的殖民地政治共同體。五十年後，因中國國民政府接收臺灣，才又恢復「臺灣省」的稱呼。再經五十餘年後，由於 1997 年憲法增修條文有關「精省」的規定，所謂「臺灣省」的行政區域劃分已近乎名存實亡，故於今宜以「全臺」取代昔日所稱的「全省」。

參考資料
張勝彥，《清代台灣廳縣制度之研究》；蕭正勝，《劉銘傳與臺灣建設》；王泰升，《台灣法律史概論》。

臺灣巡撫衙門、布政使司衙門
（日治初期之臺灣總督府）
《臺灣名所寫真帖》，臺灣商報社，
明治32（1899）

臺灣巡撫衙門、布政使司衙門
（日治初期之臺灣總督府）
《臺灣治績志》，井出季和太，
臺灣日日新報社，
昭和12年（1937），頁220

臺灣巡撫衙門、布政使司衙門
（日治初期之臺灣總督府）
《臺灣名勝舊蹟誌》，臺灣總督府，
大正5年（1916）

28 劉銘傳新政

■ 王泰升、吳欣陽

　　1887 年（清光緒 13 年），首任福建臺灣巡撫劉銘傳著手經營在臺新政。其所為的新政涵蓋甚廣，包含劃分行政區域、新設事業機關、國防設施、開山撫墾、教育、鹽煤產業、交通與清賦。這些施政雖出於整個清帝國的國防考量，但亦對臺灣的現代化有所貢獻。

　　劉氏新政中與法制建設有關者，係設置「法審局」（發審局）與進行「清賦」。新設之「法審局」直屬巡撫管轄，但非常設，每年秋季在巡撫衙門內開庭，由巡撫、布政使司、按察使司（臺灣道）合議，審決上訴案件，所為案件無須另經審轉，可逕予呈報北京，可節約司法案件處理時間。「清賦」亦即「清理田賦」，臺灣建省之前，財政上尚需閩省與鄰省接濟，建省之後，建立可靠財源即屬必要。惟當時臺灣財政短絀，賦課之重約為中國內地兩倍，賦課名目繁多，賦率紊亂，地籍不清，逃稅亦時有所見。劉氏有鑑於此即先辦保甲，再行清丈，並將結果詳編成圖。另一方面改訂賦則，按清治臺灣有大租、小租之別，大租戶領有墾批並須納糧，小租戶雖對土地有實質控制力，但不須直接向官府納糧。劉銘傳本欲以小租戶為大清律例上唯一的業戶，但在板橋林家等在地勢力反對之下，改採所謂「減四留六」，由小租戶承擔田賦，成為律例上之業戶，而大租戶既已免繳田賦，須對小租戶減收四成租穀。惟在該新制底下，一田仍可能有大、小租戶兩位業主，且因臺灣的大小租關係南北不同，於南部亦有他制，甚至清賦之舉，曾引發彰化的一場民變。

　　劉銘傳基本上係整頓在臺灣的傳統中國法制度，並沒有進行法制「現代化」，意指「西方化」的工作。但其清賦事業以及認定小租戶為業主，為後來日本統治當局之以近代歐陸法概念釐定業主歸屬，奠定了良好基礎。

參考資料
蕭正勝，《劉銘傳與臺灣建設》；王泰升，《台灣法律史概論》；王泰升，《台灣日治時期的法律改革》。

78

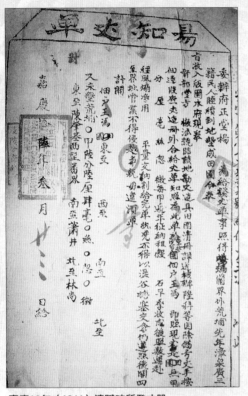

嘉慶16年（1811）清賦時所發丈單
《宜蘭古文書四集》，邱水金主編，宜蘭縣立文化中心，
民國83年（1994），頁9

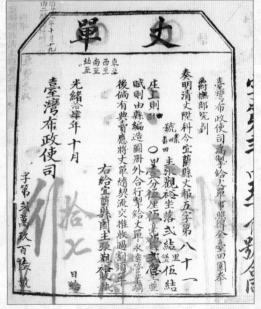

光緒14年（1888）清賦時所發丈單
《宜蘭古文書》四集，邱水金主編，宜蘭縣立文化中心，
民國83年（1994），頁71

29 淡新檔案

■ 王泰升、陳韻如

　　1893 年（光緒 19 年）春，影響臺灣命運的甲午戰爭還有一年才爆發、而自強新政下臺北到新竹的鐵路即將完成，但接下來要說的故事，恐怕不會出現在課本上。竹塹城六十八歲的寡婦周許氏，以其子周春草為「抱告」（近似「訴訟代理人」）所進行的漫長訴訟，結束在浙籍知縣葉意深「倘再出頭妄瀆……從嚴懲究」的批斥中。對十一年來的十任知縣而言，這對母子大概是卑微卻又令人厭煩的存在。官府屢屢以息訟之名，拒絕審理她對其他三房霸佔家產的指控、或命令交由公親調處。雖然多次被斥為「有傷和氣」、「聽唆健訟」，仍然以超乎常人的毅力持續呈控，使周許氏獲得些許養老之資。

　　與此案類似百餘年前臺灣人平凡卻生動的「打官司」的種種故事，因「淡新檔案」的紀錄使後人得以窺看。這批 1789 年至 1895 年間淡水廳、新竹縣官署共 1163 案的政務公文與訴訟卷宗，於改隸日本後，先後由新竹地方法院、覆審法院、臺北帝國大學文政學部收藏。戰後這批文書為臺灣大學承接，並由戴炎輝教授著手整理與研究，成為響譽國際學界的珍貴史料。在朱墨爛然的片段中，我們看到寡婦為爭取家產而努力呈控、近山的先後開墾者因爭界而聚眾鬥毆、甚至抗拒官兵搜查的「刁民／婦」們「鳴鑼聚眾、攜糞潑污」，知縣則虛張聲勢地對辦事不力、「疲玩已極」的差役斥責與警告。

　　當「青天大老爺」仍為眾人引盼、「父母官」的文化隱喻依舊活力充沛地存在，「淡新檔案」展現了讓我們能更有深度地認識自己─過去，與現在─的豐富圖像。

參考資料
吳密察，〈淡新檔案的保存、整理與研究〉；陳昭如，〈創造性別平等、抑或與父權共謀？──關於臺灣法律近代西方法化女性主義考察〉；吳密察監修，《台灣史小事典》。

淡新檔案中之口供與堂諭

淡新檔案22609-23，臺灣大學圖書館提供

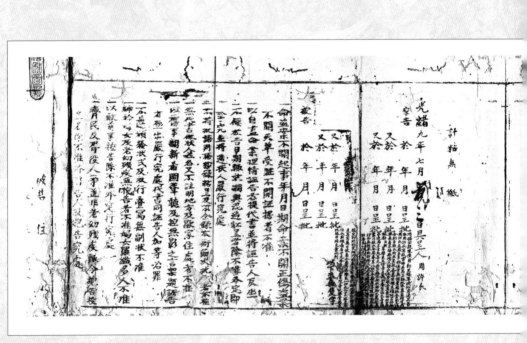

淡新檔案中之訴狀
淡新檔案22609-33，臺灣大學圖書館提供

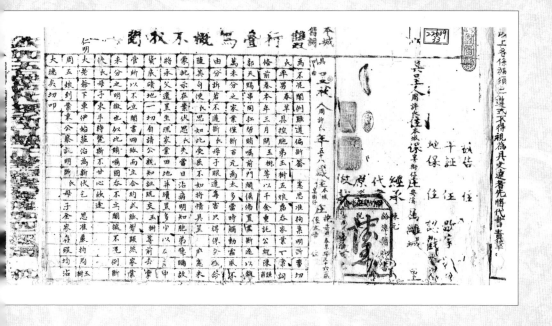

30 臺灣民主國

■ 王泰升、吳欣陽

　　1895 年（光緒 21 年）5 月 23 日，臺灣紳民代表發表「臺灣民主國自主宣言」，共推清朝在臺最後一任巡撫唐景崧為民主國「總統」，同年月 25 日在臺北舉行奉印儀式，「臺灣民主國」於焉成立。

　　在馬關條約尚在研商之時，即有割臺之議傳出，為保臺灣仍屬清朝版圖，南洋大臣張之洞與臺灣巡撫唐景崧共商「挾洋以制日」的反制主軸，結合臺灣士紳，轉循普法戰爭之例，以「百姓違從」為由，強調臺灣民眾不願歸日本管轄，作為引入國際勢力抵拒日本的理由。也因此，唐景崧等雖有「建國」之舉，但或者不了解、或者不欲遵從源自西方的國際法上關於「主權」的意涵，仍持傳統的天朝觀念，對於清朝「恭奉正朔，遙作屏藩」。

　　臺灣民主國在中央政府組織上，設有「總統」、「副總統」。總統下轄三衙門分掌內務、外交與國防，並設有由住民選出之代表所組成的「議院」，有權訂定律例章程，已儼然有行政、立法分立之氣概。然而，這個議院卻從未在臺北開過會，在臺北的臺灣民主國政府亦僅存續十三日。唐景崧離臺逃亡後，劉永福於臺南依靠由當地紳商組成之議院的供給，繼續抗日，且曾發行郵票、紙幣與公債。但至同年 10 月 19 日，劉永福亦乘英船西逃，臺灣民主國滅亡。

　　創建民主國的諸君，雖套用「共和國」等近代西方法概念，包裝其政治行為，但終究未了解其精義，當然也就無從激發出堅毅的行動力。這個「東亞第一個民主共和國」，僅是曇花一現爾。

參考資料
吳密察，〈1895年「臺灣民主國」的成立經過〉；黃昭堂，《台灣民主國研究》；王泰升，〈台灣歷史上的主權問題〉。

民主國之寶印
《臺灣慣習記事》5卷3號

臺灣義民總統關防
《臺灣慣習記事》2卷8號

Chapter **2** 日治法時期

31 馬關條約

■ 王泰升、黃世杰

　　甲午戰爭後，中國（當時亦稱「大清帝國」）與日本在 1895 年（光緒 21 年、明治 28 年）4 月 17 日，於日本下關（馬關）簽訂條約，5 月 8 日兩國皇帝批准互換，於是日起該條約正式生效，依其第二條規定，中國將管理臺灣全島（含附屬島嶼）及澎湖列島之權永遠讓與日本，故自此日起中國對臺灣之領土主權即讓渡予日本。同時依該條約第五條規定，兩年之內讓與地人民得遷居讓與地之外，但限滿之後尚未遷徙者，酌宜視為日本臣民；且臺灣應於兩個月內交接。然而，5 月 25 日臺灣民主國成立，故 6 月 2 日時，中國代表李經方與日本第一任臺灣總督樺山資紀，只好於基隆外海的船上辦理領土的交接手續。

　　與鄭清交接（1683 年）相較，這一次臺灣主權的轉替顯得匆促而慌亂，日本不但未能和平地接收並建立其在島上的統治秩序，於交接時亦未能由其前手（中國）取得接管地區（臺灣）的人地資料。惟無論如何，藉著取得第一個殖民地，日本初步達成其富國強兵以「脫亞入歐」的目標。

　　對臺灣而言，日本除了殖民母國的身分外，同時也是這塊土地上第一個現代型國家權威；而其開始引入的近代西方式法律制度，則對臺灣社會影響深遠。

參考資料
彭明敏、黃昭堂，《臺灣在國際法上的地位》；吳密察，《台灣近代史研究》；王泰升，《台灣法律史概論》。

諭　示

大日本帝國欽派臺灣島及所有附屬各島嶼併澎湖列島等處總督海軍

大將子爵樺山　　　為出示曉諭事諭得此次

大日本帝國

大皇帝准將

大清帝國

大皇帝因日中兩國欽差全權大臣於明治二十八年四月十七日在下之關

所定和約所讓臺灣島及所屬各島嶼併澎湖列島即在英國格林尼次

東經百十九度起以至百二十度及北緯二十三度起以至二十四度之

間諸島嶼之管理主權及該地方所有壘壘軍器工廠及一切屬公物件

永遠歸併

大日本國特間本大臣授與總督暎抵住所本大臣恭遊

諭音接收

大清國所讓各地方併駐此督理一切治民事務凡爾歐廢在本國所管地

方懷邊法度咸守本分者咸應享周全保護永安其坊特此曉諭

明治二十八年　月　日

尾崎秀眞氏藏　臺北　領臺當初の總督諭示文

日軍登陸時總督樺山資紀所發諭示

《臺灣史料集成》，臺灣文化三年紀念會編，臺灣文化三年紀念會，昭和6年（1931）

32 從軍政到民政

■ 王泰升、黃世杰

　　於法律上取得臺灣主權的日本政府，由於未能自中國（日方稱「清國」）手中和平接收臺灣，而面臨臺灣人民激烈的武裝抵抗。依 1895 年（明治 28 年）8 月 6 日陸軍省達第 70 號發布之「臺灣總督府條例」，當時的臺灣總督府，不僅是設於內閣的臺灣事務局轄下的國務機關，同時亦為大本營轄下的軍令機關；且凡臺灣地域內一切統治事務，不問是否與軍事有關，均由臺灣總督總攬。是以，可說是進入實施軍事統治的時期，即所謂「軍政」時期。此時由臺灣總督所發布之軍事命令，稱為「日令」。

　　不過，於 1896 年（明治 29 年）3 月 31 日，日本以法律第 63 號發布「有關應施行於臺灣之法令的法律」（世稱「六三法」），並以敕令發布「臺灣總督府條例」，使臺灣總督府自此擺脫軍令機關的身份。故自 1896 年 4 月 1 日起，已不再由軍事機關進行統治，無論立法權、行政權或司法權的行使，於法律制度上均與軍事機關無涉，亦即進入所謂的「民政」時期。前述於軍政時期所發布的日令，於進入民政時期後，即行失效。終日本統治之世，除 1905 年（明治 38 年）因日俄戰爭而宣布戒嚴二個月外，臺灣未曾再受形式上的軍事統治。

　　於日治時期，雖總督一職經常由武官出任且曾擁有軍事權，但除了統治初期的數個月外，軍事機關原則上不得介入一般行政或司法事務。

參考資料
王泰升，〈日治時期台灣特別法域之形成與內涵〉；王泰升，《台灣法律史概論》。

民政時期法令
明治29年（1896）《法令全書》之索引

軍政時期法令
明治28年（1895）《法令全書》之索引

33 六三問題

■ 王泰升、黃世杰

　　日本於 1895 年（明治 28 年）取得臺灣時，因係事出突然，故於統治方針上仍未有定策，惟一開始就遭遇激烈的武力抵抗，使其於 1896 年（明治 29 年）法律第 63 號，即所謂的「六三法」中，賦予在臺行政機關廣泛的委任立法權，臺灣總督得以經內閣閣議後奏請天皇敕裁的程序，制定與經帝國議會協贊的法律有同一效力之「律令」。此一制度安排引起日本憲法學界熱烈辯論，且因該法之期限僅三年，故當政府提案要求延長時，必定在帝國議會引發爭議。

　　六三問題的要旨為：明治憲法是否適用於臺灣？若有適用，則此種廣泛的委任立法是否違憲？雖有爭論，但該法仍一再延長。1906 年（明治 39 年）法律第 31 號（世稱「三一法」）實質上仍為六三法的延續，且期限延長為五年。直到 1919 年（大正 8 年）之後，日本的殖民統治政策改採「內地延長主義」，於 1921（大正 10 年）年發佈法律第 3 號（世稱「法三號」），始改以與日本內地的法律之施行於台灣有關的「施行敕令」和「特例敕令」為主幹，而將律令置於補充地位。臺灣在法三號的架構下，仍然是帝國內的特別法域，且委任立法問題仍舊存在，僅受帝國議會之委任者，法律形式上從以地方行政部門（臺灣總督府）為主，換成以中央行政部門（內閣）為主。

　　1918 年（大正 7 年）時許多在東京的臺灣知識分子，有鑑於六三法體制乃是保甲條例、匪徒刑罰令等惡名昭彰之律令的源頭，希望促成六三法的撤廢，而成立「六三法撤廢期成同盟」，推林獻堂為會長。惟自 1920 年（大正 9 年）林呈祿於「六三問題之運命」一文中指出：「所謂六三問題者……至對於新領土之臺灣，其當施行真正之立憲法治制度，及當如何擁護伸張臺灣住民之權利與義務之問題，則尚未涉及焉」後，臺灣人政治反對運動的主軸，即轉向爭取設置臺灣議會。

參考資料
王泰升，〈日治時期台灣特別法域之形成與內涵〉；王泰升，〈台灣日治時期憲法史初探〉；周婉窈，《日據時期的臺灣議會設置請願運動》；王泰升，〈台灣法律體制內改革的先驅者：林呈祿〉。

○

朕帝國議會ノ協贊ヲ經タル臺灣ニ施行スヘキ法令ニ關スル法律ヲ裁可シ茲ニ之ヲ公布セシム

御名御璽

明治二十九年三月三十日

內閣總理大臣臨時代理
樞密院議長伯爵黑田清隆

法律第六十三號 （官報 三月三十一日）

第一條 臺灣總督ハ其ノ管轄區域內ニ法律ノ效力ヲ有スル命令ヲ發スルコトヲ得

第二條 前條ノ命令ハ臺灣總督府評議會ノ議決ヲ取リ拓務大臣ヲ經テ勅裁ヲ請フヘシ
臺灣總督府評議會ノ組織ハ勅令ヲ以テ之ヲ定ム

第三條 臨時緊急ヲ要スル場合ニ於テ臺灣總督ハ前條第一項ノ手續ヲ經スシテ直ニ第一條ノ命令ヲ發スルコトヲ得

第四條 前條ニ依リ發シタル命令ハ發布後直ニ勅裁ヲ請ヒ且之ヲ臺灣總督府評議會ニ報告スヘシ

明治二十九年三月 法律 第六十三號

九七

第五條 現行ノ法律又ハ將來發布スル法律ニシテ其ノ全部又ハ一部ヲ臺灣ニ施行スルヲ要スルモノハ勅令ヲ以テ之ヲ定ム

第六條 此ノ法律ハ施行ノ日ヨリ滿三箇年ヲ經タルトキハ其ノ效力ヲ失フモノトス

勅裁ヲ得サルトキハ總督ハ直ニ其ノ命令ノ將來ニ向テ效力ナキコトヲ公布スヘシ

明治二十九年三月 法律 第六十三號

九八

六三法（明治29年〔1896〕法律第63號）
明治29年（1896）《法令全書》

34 總督府制度

■ 王泰升、黃世杰

　　臺灣總督府是日本政府在臺灣的最高統治機構。依明治憲法，天皇必須依憲法之規定統治，經帝國議會之協贊以行使立法權，經各省（即今之行政院各部會）國務大臣之副署以行使行政權，並由裁判所以天皇之名行使司法權，由參謀本部或大本營以軍令行使統帥權。在臺灣，就立法權而言，帝國議會授權臺灣總督得就「立法事項」制定與法律具有同樣效力的「律令」。六三法雖要求律令應經「總督府評議會」議決，然此時評議會係由府內高官組成的「屬僚會議」，且於三一法廢止該項要件後即改為「律令審議會」。即使 1921 年時再設置純諮詢性質的評議會，其成員除府內高官外，亦由總督選任民間人士擔任，仍難謂為民意機關。

　　就行政權而言，臺灣總督府統轄臺灣地域內的一切政務，其權限相當於各省之大臣，僅受中央主管機關的概括監督，於 1942 年（昭和 17 年）後始由各省大臣就其主管事項直接監督臺灣總督。就內部言，依臺灣總督府官制，所有臺灣地域行政權力均歸總督一人，府內機關僅為總督之輔佐僚屬，且總督對所部官吏享有相當大的人事權力。就軍事權而言，雖在實施民政後總督府已為國務機關，但在官制上總督仍然享有部分的軍事權力，直到 1919 年（大正 8 年）才解除總督之軍事權而另設臺灣軍司令官。此外，臺灣總督府對在臺灣的法院擁有司法行政監督權，但無司法審判權。

　　綜合觀之，臺灣總督府在臺灣地域內可謂相當集權，惟總督之人事任命取決於日本中央政界，且關於立法權的律令之制定，須經內閣決議後報請天皇敕裁，故仍相當大程度內受到帝國中央政府的指揮監督。

參考資料
王泰升，〈日治時期台灣特別法域之形成與內涵〉；王泰升，《台灣法律史概論》。

總督府空照圖
小草藝術學院提供，整棟建築呈一個「日」字

35 臺灣總督府法院條例

■ 王泰升、黃世杰

臺灣總督於 1895 年（明治 28 年）10 月 7 日以日令創設了「臺灣總督府法院」，初時因該法院性質上屬軍事法庭，故不使用明治憲法上之「裁判所」名稱，惟進入民政時期後，1896 年（明治 29 年）5 月以律令發布的「臺灣總督府法院條例」仍延用其名。該法院由「判官」（即今所稱「法官」）組成，負責民刑事案件之審判，而負責訴追刑事案件之「檢察官」初配置於各法院，至 1898 年始改設檢察局。一般認為臺灣總督府法院屬於明治憲法上的「特別裁判所」，其體制組織與法源均異於日本內地之裁判所。此外，臺灣總督府法院對於在臺灣的民刑事案件有終審裁判權，雖其下級法院須受在臺最終審法院之法律見解拘束，但案件不得上訴至日本大審院。法院在行使司法權時直接代表天皇，不受其他機關的干涉，但判官與檢察官在司法行政事務上仍「直屬」於臺灣總督，而不隸屬於日本內地政府的司法大臣，故總督府通常設有法務課（局）掌管司法行政監督事務。

1896 年的法院建制採三審制，即第一審、控訴審及上告審，相應設置三級法院，即地方法院、覆審法院及高等法院。同年 7 月又以律令創設專為審判政治犯罪的「臨時法院」，由總督於必要時隨地開設之，原則上一審終結。但 1898 年（明治 31 年）廢除高等法院後，使普通法院的建制成為二級二審。至 1919 年（大正 8 年）恢復為三審制，重設高等法院，廢除覆審法院，但在高等法院內分設「上告部」與「覆審部」，而 1927 年（昭和 2 年）於地方法院內分設「單獨部」與「合議部」後，實質運作上已與日本內地的四級三審制相同。惟至 1943 年（昭和 18 年）因戰事吃緊，與日本同步廢除控訴程序而採取二審制。又，臨時法院已於 1919 年廢除，其原所管轄的政治犯罪，交由高等法院上告部管轄。

臺灣總督府法院係臺灣史上第一次出現的近代歐陸式司法機關，承擔著將現代型司法引進臺灣社會的任務。

參考資料
王泰升，《台灣日治時期的法律改革》；王泰升，《台灣法律史概論》。

法令全書
律令

臺灣總督府評議會ノ議決ヲ經タル臺灣總督府法院條例勅裁ヲ得テ茲ニ之ヲ發布ス

臺灣總督伯爵樺山資紀

律令第一號（官報 五月五日）

明治二十九年五月一日

臺灣總督府法院條例

第一條 臺灣總督府法院ハ臺灣總督ノ管理ニ屬シ民事刑事ノ裁判ヲ爲スコトヲ掌ル

第二條 臺灣總督府法院ヲ分テ地方法院覆審法院及高等法院トス其管轄區域ハ行政區劃ニ依ル

第三條 地方法院ハ縣廳支廳及島廳所在地ニ各一箇所ヲ置キ其管轄區域內ニ於ケル民事刑事ノ第一審裁判及刑事ノ豫審ヲ爲ス所トス

臺灣總督ハ地方法院管內必要ト認ムル地ニ常設若クハ定期ノ地方法院出張所ヲ置クコトヲ得

覆審法院ハ臺灣總督府所在地ニ一箇所ヲ置キ各地方法院ノ裁判ヲ覆審スル所トス

高等法院ハ臺灣總督府所在地ニ一箇所ヲ置キ覆審法院ノ審判ニシテ適法ニ非サルモノヲ破毀匡正スル所トス

第四條 各法院ニ判官ヲ置ク

判官ハ勅任又ハ奏任トス臺灣總督之ヲ補職ス

裁判所構成法ニ於テ判事タルノ資格ヲ有スル者ニ非サレハ判官タルコトヲ得ス

但當分ノ內地方法院判官ハ此限ニ在ラス

第五條 各法院ニ院長ヲ置ク判官ヲ以テ之ニ補ス

院長ハ院內及下級法院ノ裁判事務ヲ監督ス

第六條 總テ裁判事件ハ地方法院ハ一人覆審法院ハ三人高等法院ハ五人ノ判官ヲ以テ之ヲ審問裁

明治二十九年五月 律令 第一號

一

臺灣總督府法院條例
明治29年（1896）《法令全書》

36 法律專業人員的出現

■ 王泰升、劉恆妏

　　依 1896 年（明治 29 年）發布的「臺灣總督府法院條例」，凡擔任判官者須具備法律專業能力，亦即擁有日本裁判所構成法所定之判事（即法官）資格，但此項要求暫不適用於地方法院。不過，1898 年（明治 31 年）即修改為地方法院判官，亦須具備該專業資格。另依 1899 年（明治 32 年）某敕令之規定，在臺灣擔任檢察官者，同樣須具備日本裁判所構成法所定之檢事（即檢察官）資格，但地方法院檢察官之職務得暫由高階警官代行。1900 年（明治 33 年）以律令頒行的「辯護士規則」，也規定依用日本辯護士法，正式將源自西方的律師制度引進臺灣，取代日治初期已執行辯護士業務的「訴訟代人」。

　　日治臺灣實際從事判官、檢察官、辯護士等法律專業之人，以日本人占多數。日本於治臺之前，業經培育出許多法律專才，足以至殖民地臺灣任職。而臺灣人於日治之前，從未有人受過源自西方的現代法學之訓練，日本人掌控的殖民地政府也未積極培訓臺灣本地人成為法律專才。不過，臺灣人自 1910 年代後期就有赴日本內地攻讀法律者，1919 年（大正 8 年）出現了第一位在臺灣執業的臺灣人辯護士：葉清耀，1931 年（昭和 6 年）出現第一位在臺灣任職判官的臺灣人：黃炎生，但由於日本官方的猜忌，臺灣人不曾在臺灣任職檢察官。此外，自 1928 年（昭和 3 年）起，臺北帝國大學文政學部政學科，也提供臺灣人在島內攻讀法律的機會，其畢業生馮正樞曾先後任職於臺灣總督府法院與戰後的中華民國法院。

　　日治後期的臺灣社會，對於日本人或臺灣人的判官、檢察官、辯護士等法律專業人員，一般而言相當地尊敬，此有助於現代型司法在臺灣的推展。

參考資料
王泰升，《台灣日治時期的法律改革》；陳銘雄，〈日治時期的臺灣法曹〉。

沈榮

蔡章麟

黃炎生

葉清耀

姊齒松平

37 警察制度的建立

■ 王泰升、沈靜萍

在傳統中國法體制底下，清朝派至臺灣的知縣等牧民官，向來須透過由本地人出任的差役、總理等來應付地方治安等事務。十九世紀末來臺統治的日本政府，則甫仿效西方國家成規，以由官員組成的警察機構，直接管控包括治安在內的人民日常生活。

日本將這項警察制度帶入臺灣時，因此必須在遂行統治與適應臺灣本土特性之間，求得平衡點。日治初期臺灣警察制度歷經數次變遷後，於後藤新平擔任總督府民政長官任內，才正式確立其架構及配套措施，包括設置警察本署，使警察作為地方行政主體，同時利用其具有臺灣特色的制度，例如保甲，以及任用臺灣人作為警察的職務輔助者，達到徹底瓦解臺灣人反抗勢力的目的。

日治時期臺灣警察的任務與權限十分廣泛，舉凡司法、行政、思想控制、經濟事務等均可看到警察部門的參與，再加上「犯罪即決例」及「臺灣違警例」的實施，使警察對人民日常細事擁有懲罰的權力；就蕃地與蕃人事務，更是以恩威並施的手段，扮演全面施政負責人的角色。至 1920 年代後，警察權限雖見稍見縮減，並改由文官監督，但隨著 1930 年代後期戰時體制的開展，臺灣警察又開始負擔更多思想控制及經濟管制的任務。

與日本內地相較，臺灣警察被賦予甚為廣泛的權力，乃至某程度取代了行政機關的功能。此制雖使得警察體系內部的監督難以周全，卻也有效地達成日本政府在臺為殖民統治的目的。

參考資料
王泰升，《台灣日治時期的法律改革》；臺灣總督府警務局編，《臺灣總督府警察沿革誌》；李崇僖，〈日本時代臺灣警察制度之研究〉。

100

警察官及司獄官練習所

保甲壯丁團檢閱
《臺灣の警察》，臺灣總督府警務局編，臺灣總督府警務局，昭和7年（1932）

38 蕃地行政

■ 王泰升、林佳陵

　　明治 29 年（西元 1896 年）公布的「臺灣總督府撫墾署官制」，即區分理蕃政務與普通行政。日本領臺後，先將原住民族分為熟蕃、化蕃與生蕃，三者的認定依順服與「進化」程度之高低而定，具有流動性。後來僅稱「蕃人」，再於 1930 年代中期後改稱「高砂族」。

　　日本先延續之前清朝政府的做法，仍劃分蕃界，設隘勇線，並訂定「蕃地取締規則」等以阻過漢人隨意進入生蕃地，該界線係依向來的慣例定之。但日治初期劃入「蕃地」特別行政區域的土地，依蕃人之順服或「進化」程度、負擔租稅公課等因素，可轉變為普通行政區域，化蕃即因此改編入普通行政區域。1914 年時，被稱為「平地蕃」的阿美族與卑南族及東部排灣族所居住之地，亦被編入普通行政區域。又日治之初，依據「官有林野及樟腦製造業取締規則」等規定，蕃地係屬國有地。

　　熟蕃於日治之初即居住於普通行政區域，其法律地位幾同於漢人，且民事法上熟蕃與漢人均屬「本島人」，故於國家法上已失去其特殊性。日治時期所謂的「理蕃政策」，主要是針對生蕃而言，從初期的綏撫政策，經歷積極收奪、威撫並行、落實改造及皇民化等時期。生蕃在法律上曾被認為是無人格者，其影響所及，蕃人的犯罪行為或現代法稱為「民事」的各類紛爭，向由行政官廳，亦即理蕃警察，參酌其「舊慣」而依自由裁量為處分。蕃人當中，相對於居住於蕃地者（占多數），居住於普通行政區域者被稱為「平地蕃人」，其法律事務仍繼續由理蕃警察依自由裁量而為處分，但亦有機會由法院或犯罪即決官署依適用於本島人的刑法處罰之，或適用本島人的民事法規乃至使用現代型法院。

　　對日治時期稱「蕃人」的原住民族而言，日本帝國是其首次遭遇的外來政治權威，但當時日本原則上並未對其施行源自近代西方的現代式法律。

參考資料
王泰升，《台灣法律史概論》；王泰升，〈日治時期高山族原住民族的現代法治初體驗：以關於惡行的制裁爲中心〉；藤井志津枝，《臺灣原住民史政策篇（三）》；林佳陵，〈論關於臺灣原住民土地之統治政策與法令〉。

蕃地駐在所
《臺灣の警察》，
臺灣總督府警務局編，
臺灣總督府警務局，
昭和7年（1932）

日治時期泰雅族原住民與警察合照
《蕃族調查報告書大么族前篇》，臨時臺灣舊慣調查會，臨時臺灣舊慣調查會，大正7年（1918）

39 高野孟矩事件

■ 王泰升、黃世杰

　　1897 年（明治 30 年）新就任的乃木總督為整肅當時聲名狼藉的官紀，於 8 月直接命警察發動五次大規模的偵查行動，地方法院判官於是展開調查；但案情逐漸升高，直指當時的民政局長水野遵，使行政部門與司法部門間的衝突表面化。這導致時任高等法院院長之高野孟矩受到「非職處分」（亦即調職），惟其引用明治憲法內對裁判官身分保障之規定拒絕離職，總督遂派警察將之逐出院外，內閣再以抗拒非職處分為由將其懲戒免官。此舉使司法部門大受影響，全臺具有判事資格的十六名判官中，一年內竟有十四名辭職或被免職。

　　司法機關能否真正實現近代西方法制中司法獨立之理想，司法官之身分保障實為關鍵。然 1896 年的臺灣總督府法院條例，並未賦予判官與檢察官異於一般文官的身分保障。至高野孟矩事件後，後來的兒玉總督雖未明確就判官是否為裁判官一事表態，仍於 1898 年賦予判官相當於軍法官之身分保障：不得任意免官、轉官，但缺少日本內地判事還享有的其他身分保障，且臺灣總督還對判官擁有休職權（至 1919 年始廢止之）。至於檢察官，則根本未獲得任何特殊的身分保障。

　　與 1891 年大津事件後的日本內地司法體系相比，在臺灣殖民地的司法機關能否擺脫行政機關的干涉，顯然更須仰賴司法官對立憲主義的信仰與堅持。

參考資料
王泰升，《台灣日治時期的法律改革》；陳銍雄，〈日治時期的臺灣法曹〉。

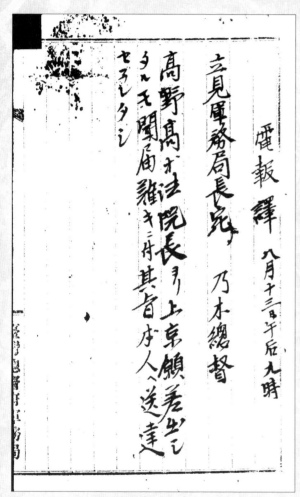

不同意高野孟矩申請前往東京之文
選自國史館臺灣文獻館所藏之《臺灣總督府公文類纂》

高野孟矩
《臺灣治績志》，
井出季和太，
臺灣日日新報社，
昭和12年（1937），頁273

40 臺灣阿片令

■ 王泰升、劉恆妏

　　剛踏上臺灣土地的日本政府，面對既存的近十七萬人，占全臺總人口約 6.3％的阿片（鴉片）癮者，基於財政收入、治安及「人道」考量，決定一反在日本內地所採的嚴禁吸食政策，在臺灣殖民地打出「漸禁」旗號。因此 1897 年（明治 30 年），頒行了由政府壟斷阿片專賣的「臺灣阿片令」，限經公醫診斷證明、領有特許之煙癮者，可購吸官製煙膏。

　　臺灣阿片令亦揭開日本治臺專賣制度序幕。阿片專賣收入最高時一度占經常歲收的三至四成，且曾占全部專賣收入的六至七成，專賣利益甚至成為政府攏絡在地士紳、鞏固統治基礎的利器。總督府不願讓這項重要財源消失，非但未協助勒戒，還數度補發、新增特許。1928 年（昭和 3 年），日本加入國際阿片條約，對外聲明臺灣阿片癮者已漸減，並保證將禁絕阿片，同年頒布「臺灣新阿片令」，納入刑事政策並強制勒戒治療，惟總督府仍擬對新令頒行前既有的二萬多名吸食者給予新的特許，引起社會譁然。隔年，臺灣民眾黨發起反對阿片運動，向總督府抗議無效後，直接向國際聯盟控訴。面對國際壓力，臺灣總督府終於改採禁斷政策。1930 年（昭和 5 年），頒布「阿片癮矯正所章程」，設置「臺北更生院」，開始強制勒戒，終使阿片癮人口降至 1942（昭和 17 年）年之二千餘人。至 1945 年 6 月 17 日，阿片專賣始正式廢除，走入歷史。

　　回顧日本治臺阿片政策發展，自 1897 至 1929 年的三十餘年間，並無勒戒醫療可言，其專賣的財政利益上考量，顯然大過殖民地人民健康維護之決心；但修正後的毒品管制法令，最後幾乎根絕有阿片毒癮者，仍有可觀之處。

參考資料
吳文星，《日治時期臺灣的社會領導階層》；湖島克弘著，黃蔡玉珠等譯，《杜聰明與阿片試食官》；王泰升，《台灣法律史概論》。

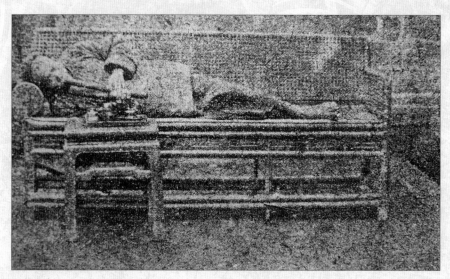

阿片吸食
《臺灣慣習記事》5卷11號

臺灣民眾黨幹部訪問國際聯盟阿片調查委員之報導
《臺灣民報》昭和5年（1930）3月8日2版

41 專賣制度與臺灣財政獨立

■ 王泰升、吳欣陽

　　1897 年（明治 30 年）4 月 1 日，臺灣實行阿片專賣，日治時期專賣制度漸次展開。臺灣於日治之初，即被視為一財政上單元。臺灣總督府特別會計，與帝國一般會計分離，以臺灣一地的「歲入」，加上由一般會計撥入的國庫補助金，充作「歲出」。但為增加政府收入，並攏絡臺人，乃將間接稅之徵收變形為專賣制度，使特定產業之製造，由臺灣總督府或以日本人資本為主的民間企業所獨占，並將臺灣地域內的販賣，分由親政府的臺灣人共享獨占利益。

　　依日治法令，屬於專賣的產業計有：阿片、食鹽、樟腦、煙草、度量衡、酒、火柴、石油等。為推行專賣事業，日本於臺灣總督府下設有專賣局，並依所轄事業或地域之不同，分別設課、支局、出張所與工場。專賣制度並不全為財政收入，阿片專賣即是配合「漸禁政策」為之，其收入幾乎皆用以挹注衛生設施的財源需求；而食鹽則為民生必需品，故於專賣制度之下統制其生產、配給與價格，以求產銷均衡。在臺灣總督府盡心經營專賣事業之下，配合其租稅制度與公債之發行，臺灣自1905 年（明治 38 年）起，已不必自日本內地取得補助金來填補歲出之不足，臺灣藉專賣收益的挹注，於財政上終獲完全獨立。

　　戰後國民黨政府接收上述專賣事業，加上接收特定產業（例如電業）的原日資私營公司，建構了更廣泛的專賣事業。日治時期的財政獨立，則使臺灣於戰後初期較不受當時中國內地戰事影響，並於 1949 年中華民國中央政府遷臺後，成為得以在臺灣運作國政的重要基礎。

參考資料
臺灣總督府專賣局編，《臺灣總督府專賣事業》；王泰升，《台灣法律史概論》；臺灣省文獻委員會編，《臺灣近代史經濟篇》。

臺灣總督府專賣局
《臺灣の專賣事業》（昭和8年版），臺灣總督府專賣局，自刊，昭和8年（1933）

42 匪徒刑罰令

■ 王泰升、郭威廷

日本統治初期，武裝抗日者甚多，日本乃採「治亂世用重典」的態度，先後頒佈極為嚴厲的「臺灣人民軍事犯處分令」與「臺灣住民刑罰令」等法令，對於從事武裝抗日者均處以死刑。然而大多數的武裝反抗者仍係戰死沙場，僅有極少數的反抗者依這些法令被定罪處死。

直到 1898 年（明治 31 年）2 月，兒玉源太郎就任臺灣總督，方加強以司法制裁的手段對付臺灣人的武裝抗爭。為此而於該年 11 月頒布「匪徒刑罰令」，其不但延續過去懲治武裝反抗者的規定，且完全忽視近代西方刑事立法基本原則。按該法概括地將「不問何等目的，凡以暴行或脅迫為達成其目的而為多眾結合者」視為「匪徒」，且效力溯及於施行前所發生之行為，所列法定刑更是動輒唯一死刑。

被指為「匪徒」者，不少人事實上是對於現代型國家統治形態尚不能適應，例如柯鐵與林少貓等，其一方面延續清治時期的抗官傳統，以武力挑戰日本國家權威，另方面在放下武器時，只知道以傳統中國「自立山頭」的模式，要求其在特定地域內擁有司法「管轄權」，根本不知此舉有悖於現代主權國家之獨享司法權威。然日本當局卻表面上依傳統中國的「招降」模式舉行歸順，再故意製造衝突以射殺歸順者，致使反抗者多未經司法審判即遭殺害。但縱依司法程序審判「匪徒」，亦大多科以極刑。最後一次適用匪徒刑罰令，係 1915 年（大正 4 年）發生的西來庵事件。

日本統治當局之制定匪徒刑罰令，表露其實施恐怖式統治的政治上需要，凌駕於對現代刑事法理念的追求，而被稱為「匪徒」的臺灣人政治反抗者則對現代法制根本不了解，這是臺灣社會初次接觸源自近代西方的現代法制時的困境。

參考資料
王泰升，《台灣日治時期的法律改革》；王泰升，《台灣法律史概論》。

軍隊的匪賊搜查
《臺灣警察四十年史話》，鷲巢敦哉，自刊，昭和13年（1938）

土庫事件的木乃伊

律令第二十四號（官報 十一月十七日）

匪徒刑罰令

第一條　何等ノ目的ヲ問ハス暴行又ハ脅迫ヲ以テ其目的ヲ達スル爲多衆結合スルヲ匪徒ノ罪ト爲シ左ノ區別ニ從テ處斷ス

一　首魁及教唆者ハ死刑ニ處ス

二　謀議ニ參與シ又ハ指揮ヲ爲シタル者ハ死刑ニ處ス

三　附和隨從シ又ハ雜役ニ服シタル者ハ有期徒刑又ハ重懲役ニ處ス

第二條　前條第三號ニ記載シタル匪徒左ノ所爲アルトキハ死刑ニ處ス

一　官吏又ハ軍隊ニ抗敵シタルトキ

二　火ヲ放チ建造物汽車船舶橋梁ヲ燒燬シ若ハ毀壞シタルトキ

三　火ヲ放チ山林田野ノ竹木穀麥又ハ露積シタル柴草其他ノ物件ヲ燒燬シタルトキ

四　鐵道又ハ其標識燈臺又ハ浮標ヲ毀壞シ汽車船舶往來ノ危險ヲ生セシメタルトキ

五　郵便電信及電話ノ用ニ供スル物件ヲ毀壞シ又ハ其他ノ方法ヲ以テ其交通ノ妨害ヲ生セシメタルトキ

六　人ヲ殺傷シ又ハ婦女ヲ強姦シタルトキ

七　人ヲ略取シ又ハ財物ヲ掠奪シタルトキ

第三條　前條ノ罪ハ未遂犯罪ノ時ニ於テ仍本刑ヲ科ス

第四條　兵器彈藥船舶金穀其他ノ物件ヲ資給シ若ハ會合ノ場所ヲ給與シ又ハ其他ノ行爲ヲ以テ匪徒ヲ幇助シタル者ハ死刑又ハ無期徒刑ニ處ス

第五條　匪徒ヲ藏匿シ又ハ隱避セシメ又ハ匪徒ノ罪ヲ免カレシメンコトヲ圖リタル者ハ有期徒刑又ハ重懲役ニ處ス

第六條　本令ノ罪ヲ犯シタル者官ニ自首シタルトキハ情狀ニ依リ其刑ヲ輕減シ又ハ全免ス

本刑ヲ免シタルトキハ五年以下ノ監視ニ附ス

第七條　本令ニ於テ罰スヘキ所爲ハ其本令施行前ニ係ルモノモ仍本令ニ依テ之ヲ處斷ス

附則

本令ハ發布ノ日ヨリ施行ス

明治三十一年十一月　律令　第二十四號　匪徒刑罰令

四一

匪徒刑罰令
明治31年（1898）《法令全書》

後藤長官臨場的歸順式

43 舊慣之援用與調查事業

■ 王泰升、陳宛妤

　　依 1898 年（明治 31 年）律令第 8 號之規定，臺灣人之民商事項依舊慣及法理，只有在涉及日本人時才「依用」（近似「準用」之意）日本民商法。所謂「舊慣」，指臺灣漢人沿襲自傳統中國法的原有習慣。

　　由於行政上與司法上有援用舊慣的需要，臺灣總督府在 1901 年（明治 34 年）成立「臨時臺灣舊慣調查會」，由法學博士岡松參太郎主其事，著手調查臺灣人對於哪些慣行具有「法之確信」，並以歐陸法上各種權利的概念加以表述，陸續出版了《臺灣私法》十三冊及其《附錄參考書》七冊。該書分成〈不動產〉、〈人事〉、〈動產〉、〈商事及債權〉等四篇，其最大的特徵在於：利用近代歐陸法概念來整理臺灣漢人複雜的民間習慣。

　　按舊慣調查會的工作目標在於：「發現」各種習慣規範，僅供總督府法院及行政機關認定「舊慣」之參考，並沒有法律上拘束力。換言之，國家實證法上的「舊慣」，是經過法院或行政官署所承認的習慣規範，其方屬「習慣法」，有別於單純的民間習慣，法院也因此發展出一套類似「判例法」形式的民事法體制。

　　不過日本治臺當局，並不希望國家法規範的內容一直以不成文方式來呈現，故著手進行臺灣民事習慣法的法典化工作。舊慣調查會花費約五年的時間，於 1914 年（大正 3 年）提出多項臺灣民事法典的草案。由岡松參太郎等負責起草的條文，是臺灣史上首次依據臺灣本身的法社會事實，揉合近代西方法律概念及法學理論，所制訂出適用於臺灣的民事法典草案。這般強調臺灣特色的法典，將強化臺灣之應作為獨自存在的政治共同體（如自治殖民地），不見容於當時在日本逐漸興起的「內地延長主義」，故該等草案始終未得到日本帝國政府的批准。

參考資料
王泰升，《台灣日治時期的法律改革》；吳密察監修，《台灣史小事典》。

《臺灣私法》的封面

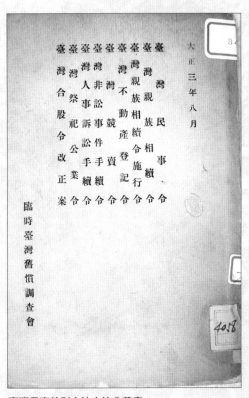

臺灣民事特別立法之法典草案
《臺灣民事令》，臨時臺灣舊慣調查會，
自刊，大正3年（1914）

慣習　業主權

○本島ニ於テ地所ノ賣買ヲ爲スニ當リ普通先ツ定頭銀字ナル賣買契約書ヲ作リ定頭銀ヲ交付シ△至ノ節ニ至リテ殘金ト引換ニ地所ヲ交付シ同時ニ賣契ヲ作ルノ慣例アリ（明治三四控二九）

○官廳ガ行政上ノ行爲ヲ爲スニ當リ甲ノ業地ヲ第三者ノ業地ナリト思料シ其地上ニ施設ヲナサントスル其行政上ノ行爲ハ之ヲ司法裁判所ニ訴フルヲ得サルモ之ヲ第三者ノ業地ト誤認セル爲メ及ホスヘキ危害ヲ排除シ一方ニ自己ノ利益ヲ保持スヘキ爲メ確認ノ訴ヲ司法裁判所ニ提起スルハ相當ナリ（司法三四控二四五號、同年二・二八）

○清國政府ハ屢々諭告ヲ發シテ蕃社ノ土地ヲ漢人ニ杜賣スルコトヲ嚴禁シタル爲メ名ヲ典賣ニ借リ其實杜賣シタルモノ、如ク實例ナキニアラサルモ曠耕字ヲ以テ杜賣契字ニ代ルノ實例ナシ（司法三四控一二四號、明治三五・八・一五日）

○定頭字ハ賣約ヲ豫約ニ過キス地所及ヒ上手契字ヲ引渡シ且杜賣契字ヲ立ツルニ及テ業主權ノ移轉ス（明治三六控一三號、同年三・二七日）

○契稅規則ハ一種ノ徵稅法ニシテ契尾ハ業主權ノ所在ヲ確定スルモノニアラス（明治三五控二四號、明治三六・三・二〇日）

一〇一

覆審法院有關舊慣之判例
《覆審法院判例全集》，臺灣總督府覆審法院，臺灣判例研究會，大正3年（1914），頁101

臺灣慣習記事　第二卷　第六號　（二一）

問答　問

人事　問答

本文は明治三十五年一月十八日覆審法院會議室にて開會せし臺北地方有志者の舊慣研究會の問答筆記なり、當日の出席者は、寺島小五郎、大津鈫次郎、矢野猪之八、手島兵次郎、村上武八郎、土屋達太郎、白倉芦朗、三好一八《以下質問者》陳彬、游其源、陳浴、白倉祥《以上應答者》謝鵬搏、歐陽長庚、李篠蒲、洪文光、望月恒造、藤野貞順氏之れが通譯の勞を執られ竹內臺郎氏の筆記する所に係る、以下單に答とあるは本島人一同の答申なり

質問圭任　望月恒造

◎人事

問

答

○舊慣研究會問答筆記

問　家屬とは如何なる者を云ふや
答　祖父母、父母、叔伯、兄弟、姉妹、子孫等直傍系を問はず、一家内に在るものは皆家屬と稱するや
問　然らば分産（分房）後と雖も異名同意のものにして、一家内に居住する家の家屬と爲るや
答　然り同姓者の集團は凡て家屬なり、寄寓中は其家の家屬なるや、異姓者は否らや
問　異姓者と雖も寄寓中は其家の家屬と稱するや
答　異姓者と云はず、故に雇人の如きは家屬ならず
問　なれば家屬と爲るや
答　招夫招贅と云ふ如きも皆現に居住する家の家屬と爲るか

然り、招贅の如きも皆現に居住する家の家屬と爲るや

招夫、招贅の如きは就れも父母の家に依然同居する子は父母の家屬と爲り、招出は夫家の家屬と爲るなり

分産後と雖も何父母の家の内に包含せず、但婚媒姻《女婢》は他より買受け來る者

招夫招贅を別て招入、招出の二種とす、招入は

第二卷　四百三十三

日治初期進行舊慣調查之問答紀錄
《臺灣慣習記事》2卷6號，頁21

訴訟費用ハ被告ノ欠席ニ因リ生シタルモノヲ
除キ他ハ各自ノ負擔トス

事實

原告主張ノ要旨ハ原告ハ明治二十七年六月
十七日被告ニ元金百八十九圓四十一弍四厘
當ホ同年八月二十六日金三十弍圓五十六弍
四厘ヲ何レモ一囘ニ付毎月二弍ノ割合ヲ
以ヲ伐與シ然ルニ被告ハ元利共文
拂ヲ爲サ゛ルニ付本訴ニ依リ右金額ヲ請求
スルニ云フニアリ

被告ハ原告ヨリ来ヲ買受ヶ原告ノ所持
ス八甲一鄕証ヲ交付シタルニ相違ナキモ既
ニ其代金ハ年済ヲ完了シタル旨陳述シ

理由

被告ハ原告ノ請求スル如ノ米代金ハ完済
シクリトヲ抗弁スレ若シ其代金ヲ完済シ
タリトセハ其受領証キヲ竹持スヘク若シ
受領証者ナシトスルモ原告ニ交付シタル来
受領証ノ還付ヲ受ク可キ筋合ナルニ被告ノ
措置ニ出テサルヲ以テ被告カ此代金ヲ付シ
由アリト認ノ難シ然レハ原告ノ抗弁ハ理
ト利子ノ請求スハ不當ナリト認ハ何トナレハ其
利子ハ被告ノ特約ニ其生キタルモノニアラス若
シ慣習上利子ニ付添スヘキモノトスルモ其慣
習ハ原告ニ於テ之ヲ証セサルカ故ラ原告

法院判決依用舊慣之實例
臺中地院明治32年（1899）民事判決原本

44 土地調查

■ 王泰升、陳宛妤

　　臺灣總督府於 1898 年（明治 31 年）開始進行土地調查事業，其以同年律令第 13 號「臺灣地籍規則」、同年律令第 14 號「臺灣土地調查規則」、同年律令第 15 號「高等土地調查委員會規則」三個律令為主要架構，實施地籍調查、三角測量、地形測量等，故統稱為「土地調查」。此一方面是現代型國家為掌握其領有之土地，所當為的事業，另一方面也是臺灣總督府為方便徵稅和獲取殖民利益，所不能不先完成的工作。

　　調查的方式，以各業主向官方申報為原則；經地方土地調查委員會查定該地之業主、境界、種目，不服者得聲請高等土地調查委員會裁決，且依總督府法院的見解，此項裁決有創設及絕對的效力，法院僅在日治後期對於土地臺帳未登錄地，有較緩和的見解出現。土地調查是以國家的力量，深入地將臺灣土地法律上種種資格與權能的主體、客體、範圍及內容，進行書面化與明確化。此等調查資料的完成，亦同時做好往後地租改正、大租整理的準備，並為土地登記法制奠定基礎。

　　作為前項調查的延續，臺灣總督府於 1910 年（明治 43 年）發佈「臺灣林野調查事業規則」。所謂「林野」是指不在土地調查範圍內的「山林原野」，工作內容與土地調查大致相同，以「無主地歸國有」的原則，確立了大部分林野均屬國有地。

參考資料
王泰升，《台灣日治時期的法律改革》；吳密察監修，《台灣史小事典》；魏家弘，〈台灣土地所有權概念的形成經過——從業到所有權〉；涂照彥，《日本帝國主義下的臺灣》。

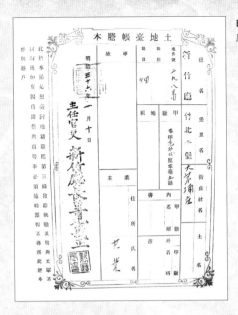

明治36年（1903）土地臺帳謄本
原件藏於中央圖書館臺灣分館

以下，臨時臺灣土地調查局第一回事業報告，臨時臺灣土地調查局，自刊，明治35年（1902）

土地調查準備事務所與排隊申告的業主

土地調查實際測量情形

土地調查派出所與門口告示之內容

調查結束後所員離去時街庄長、委員送行情形，輕便軌道旁的「經界既正」是送行人所書

45 實施現代的刑事訴訟法

■ 王泰升、郭威廷

　　日本統治之初，雖有以日令形式公布的「臺灣住民治罪令」規定近代歐陸式的追訴與審判程序，但其規定過於簡略，且並未明文規定日本刑事訴訟法典可作補充適用。到了 1898 年（明治 31 年），日本將其 1890 年（明治 23 年）制定的法國式「刑事訴訟法」作為律令的內容而實施於臺灣，但卻將臺灣人及清國人排除在外。隔年的 1899 年（明治 32 年），才為了全臺各法院訴訟程序的方便與一致性，再以律令規定：臺灣人與清國人之刑事事項「依用」該 1890 年刑事訴訟法，從此，臺灣始較全面地實施現代意義的刑事訴訟法。

　　但是在臺灣實施的刑事訴訟法典，仍受到不少特別法的修改。例如臺灣的檢察官享有原屬預審判官的逕行提起公訴權和對人對物的強制處分權，這使得臺灣檢察官擁有較日本內地檢察官更強的職權。又如依「犯罪即決」制度，允許警察官得以不經一般刑事訴訟程序，即可裁決違警罪和某一些輕罪，以致當時刑案之經犯罪即決程序者，竟遠多於經法院刑事訴訟程序者。甚至日治前期在臺灣所要求的控訴預納金的額度較內地為高，藉此事實上妨礙被告之提起上訴，以減輕臺灣第二審法院的負擔。

　　直到 1924 年（大正 13 年），在內地延長主義的風潮下，日本政府方將 1922 年（大正 11 年）參酌德國法所制定的新刑事訴訟法，直接施行於臺灣，且在內容上提升被告之防禦權。惟某些在臺的刑事訴訟特別法仍被保留，檢察官依舊擁有相當於預審判官的強制處分權，其對於嫌犯擁有十天為限的羈押權。此外，警察機關的刑訊文化仍持續存在。

　　日治時期固然已實施源自近代西方的現代刑事訴訟法，但亦保留不少東亞地區傳統刑事司法的色彩。

參考資料
王泰升，《台灣日治時期的法律改革》；王泰升，《台灣法律史概論》。

進行犯罪即決程序
《臺法月報》2卷10號

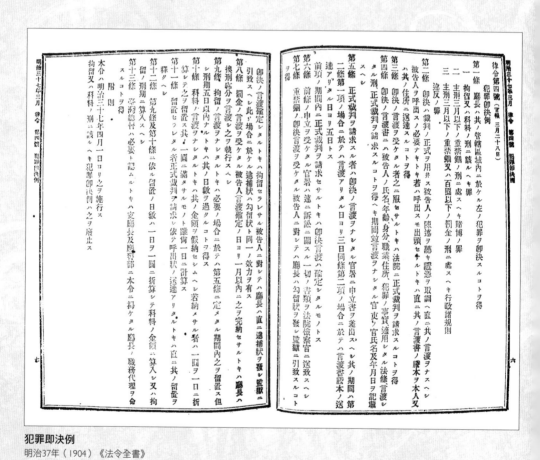

律令第四號（官報　三月二十八日）

犯罪即決例

第一條　廳長ハ其ノ管轄區域內ニ於ケル左ノ犯罪ヲ即決スルコトヲ得
一　拘留又ハ科料ノ刑ニ該スヘキ罪
二　主刑三月以下ノ重禁錮ノ刑ニ處スヘキ賭博ノ罪
三　主刑三月以下又ハ百圓以下ノ罰金又ハ科料ノ刑ニ處スヘキ行政諸規則違反ノ罪

第二條　即決ハ被告人ノ陳述ヲ聽キ證憑ヲ取調ヘ直ニ其ノ言渡ヲナスヘシ
被告人ヲ呼出ノ必要ナキトキ若ハ呼出スモ出頭セサルトキハ直ニ其ノ言渡書ヲ本人又ハ其ノ住所ニ送達スルコトヲ得

第三條　即決ノ言渡ヲ受ケタル者之ニ服セサルトキハ正式裁判ヲ請求スルコトヲ得

第四條　即決ノ言渡書ハ被告人ノ氏名、年齡、身分、職業、住所、犯罪、事實、適用シタル法條、言渡シタル刑、正式裁判ヲ請求スルコトヲ得ヘキ期間竝言渡ヲナシタル官吏ヽ官氏名及年月日ヲ記載スヘシ

第五條　正式裁判ヲ請求スル者ハ即決ノ言渡ヲナシタル官署ニ申立書ヲ差出スヘシ其ノ期間ハ第二條第一項ノ場合ニ於テハ言渡アリタル日ヨリ、同條第二項ノ場合ニ於テハ言渡書謄本ノ送達アリタル日ヨリ五日トス
前項ノ期間內ニ正式裁判ノ請求ナカリシトキハ即決ノ言渡ハ確定シタルモノトス

第六條　前條ノ申立書ヲ受ケタル官署ハ遲滯ナク一切ノ書類ヲ法院檢察官ニ送致スヘシ

第七條　重禁錮ノ即決言渡ヲ受ケタル被告人ニ對シテハ廳長ハ勾留狀ヲ發シ監獄ニ引致スルコトヲ得

即決ノ言渡確定シタルトキハ拘留セラレサル被告人ニ對シテハ廳長ハ直ニ逮捕狀ヲ發シ監獄ニ引致スヘシ此ノ場合ニ於ケル逮捕狀ハ勾留狀ト同一ノ效力ヲ有ス

第八條　罰金ノ言渡ヲ受ケタル被告人言渡確定ノ日ヨリ一月以内ニ之ヲ完納セサルトキハ換刑處分ヲ言渡シ之ヲ執行スヘシ

第九條　拘留ノ言渡ヲナシタルトキハ其ノ必要ナル場合ニ於テハ第五條ニ定メタル期間内之ヲ留置スルコトヲ得
刑期五日以内ナルトキハ其ノ日數ヲ過クルコトヲ得ス

第十條　科料ノ言渡ヲナシタルトキ其ノ金額ヲ假納セシムヘシ若納メサルトキハ一圓ヲ一日ニ折算シテ之ヲ留置ス但一圓ニ滿タサルモノト雖偕一日ニ計算ス

第十一條　留置セラレタル者ハ若正式裁判ヲ請求シ又ハ罰金若ハ科料ヲ納ムルトキハ直ニ其ノ留置ヲ釋クヘシ

第十二條　第九條及第十條ニ依ル留置ノ日數ハ一日ヲ一圓ニ折算シテ科料ノ金額ニ算入シ又ハ拘留ノ刑期ニ算入スヘシ

第十三條　參謀總督ハ必要ト認ムルトキハ支廳長及警察部ニ本令ニ掲ケタル廳長ノ職務代理ヲ命スルコトヲ得

附則

本令ハ明治三十七年四月一日ヨリ之ヲ施行ス
拘留又ハ科料ノ刑ニ該スヘキ犯罪即決例ハ之ヲ廢止ス

犯罪即決例
明治37年（1904）《法令全書》

律令第十號（官報　八月七日）

刑事訴訟特別手續

第一條　檢察官ハ現行犯ノ事件ニ非ラサル事件ノ搜查ノ結果急速ノ處分ヲ要スルモノト思料シタルトキハ公訴ヲ提起スル前ニ限リ勾引狀又ハ勾留狀ヲ發スルコトヲ得
前項ノ場合ニ於テ勾留ハ二十日以内ニ於テ之ヲ爲スヘシ但シ勾留狀ヲ發シタル檢察官ニ於テ勾留狀ヲ發シタル事件ニ付公訴ヲ終結シタルトキ又ハ勾留ヲ繼續スルヲ要セサルトキハ直ニ被告人ヲ釋放スヘシ

第二條　檢察官ハ犯罪ノ搜查ヲ終リタルトキハ左ノ手續ヲ爲スヘシ
一　重罪又ハ輕罪ト思料シタル事件ニ付テハ其ノ輕重難易ニ從ヒ豫審ヲ求メ又ハ直ニ其ヲ法院ニ訴フルコトヲ爲スヘシ
二　違警罪ト思料シタルトキハ直ニ其ヲ法院ニ訴フルコトヲ爲スヘシ

第三條　法院ノ官吏、公吏ノ作リタル書類ハ之ヲ刑事訴訟法第二十條又ハ第二十一條ノ形式ニ缺クルアルモ之ニ付テハ當該官吏ノ公吏ヲシテ之ヲ補正セシメ有效ナラシムルコトヲ得

第四條　法院又ハ判官カ法院外ニ於テ勾引狀若ハ勾留狀ヲ發シタルトキハ檢察官ノ手續ニ經シテ之ヲ執行セシムルコトヲ得

第五條　檢察官又ハ司法警察官ハ刑事訴訟法第百四十四條及第百四十七條ニ關スル豫審判官ニ屬スル處分ヲ爲スコトヲ得
檢スルニ必要ト認メタルトキハ臨檢ヲ爲スコトヲ得

第六條　法院又ハ判官ハ法院所在地外ニ於テ證據搜集ヲ爲スヘキ場合ニ於テ司法警察官ニ左ノ事項ヲ爲サシムルコトヲ得
一　檢證搜索及物件差押
二　證人、參考人ノ訊問
三　鑑定ヲ命スルコト

第七條　保釋ノ許否ハ其ノ取消保證金ノ沒收及罰金及費用賠償ノ言渡ヲ爲シ又ハ宜誓ヲ爲サシムルコトヲ得
前項ノ場合ニ於テハ司法警察官ハ罰金及費用賠償ノ言渡ヲ爲シ又ハ宜誓ヲ爲サシムルコトヲ得

第七條　保釋ノ許否其ノ取消保證金ノ沒收及罰金及費用賠償ノ言渡ヲ爲シ又ハ宜誓ヲ爲サシムルコトヲ得
沒收ニ要セス直付ノ言渡及其ノ取消ニ付テモ亦同シ
罰金ノ還付ニ付テハ檢察官ノ意見ヲ俟タス沒收シタル金額ノ還付ニ付テハ檢察官ノ意見ヲ要ス

第八條　法院ハ公判開廷前ニ雖職權ヲ以テ證人ヲ鑑定人ノ呼出ヲ決定スルコトヲ得

第九條　被告人、證人、參考人又ハ鑑定人ヨリ出頭スヘキ受書ヲ差出サシメ又ハ口頭ニ出頭ヲ命シタルトキハ召喚狀又ハ呼出狀ヲ發シタルト同一ノ效力ヲ生スル但シ口頭ニ出頭ヲ命シタルトキハ調書又ハ公判始末ニ其ノ旨ヲ記載スヘシ

第十條　刑事訴訟法第二百三十七條及第二百六十四條第三項ノ規定ハ法院ニ繫屬スル事件ニ之ヲ適用ス

第十一條　受命判官又ハ受託判官又ハ鑑定ヲ爲ス場合ニ於テ必要アリト認ムルトキハ法院ノ意見ニ待タス訊問又ハ鑑定ヲ爲スコトヲ得

第十二條　主刑一年以下ノ禁錮又ハ二百圓以下ノ罰金ニ處ス被告人カ其ノ罪ヲ自白シタルトキハ檢察官及民事原告人ノ異議ナキ場合ニ限リ法院ハ他ノ證憑ノ取調ヲ爲スコトヲ得

第十三條　法院ハ豫審ヲ經テ公判ニ付スルコトヲ必要トスルトキハ豫審判官ニ送付スルノ決定ヲ爲スコトヲ得

第十四條　被告人ノ言渡ヲ爲シタルトキハ對席判決ヲ爲シタルトキト雖豫審判官ニ送付シテ言渡スヘシ
前項ノ言渡ヲ爲シタルトキハ地方法院ノ判決書ハ控訴期間ニ記錄ヲ職權ヲ以テ其ノ正本ヲ送達スヘシ控訴期間ハ判決正本ノ送達アリタルトキヨリ起マル

第十五條　控訴期間ハ判決正本ヲ受取リタル又ハ口頭ニテ期日ニ於ヲ告人呼出狀ヲ受取リ、期日ニ召喚人判決ヲ爲スヘシ就告人呼出狀ヲ受取リ、期日ニ召喚人判決ヲ爲スヘシ

罰金以下ノ刑ニ該スヘキ事件ニ付
明治三十八年八月　律令　第十號　刑事訴訟特別手續

刑事訴訟特別手續
明治38年（1905）《法令全書》

46 實施現代的民事訴訟法

■ 王泰升、李燕俐

　　日本領臺後為了處理軍政時期的民事事件，於 1895 年（明治 28 年）公布「臺灣住民民事訴訟令」，只簡略地規定民事訴訟程序。改行民政後，1898 年（明治 31 年）律令第 8 號僅規定日本 1890 年制定的德國式「民事訴訟法」，依用（近似「準用」之意）於有關日本人或外國人的案件。須至隔年的 1899 年（明治 32 年），始另以律令規定有關臺灣人或清國人的案件，亦依用日本 1890 年民事訴訟法。

　　不過，日本當時已採用的近代西方式民事訴訟程序，並未完全在臺實施。臺灣總督府於 1905 年（明治 38 年）以「民事訴訟特別手續」，強化判官職權，削弱當事人在程序上的權益，且 1908 年（明治 41 年）的「臺灣民事令」亦沿襲之。另一方面，於 1904 年（明治 37 年）在臺灣某些地方，實施日本內地所無、由地方行政機關進行「民事爭訟調停」的制度，該行政機關甚至可對經調停（華文稱「調解」）成立者進行民事強制執行。該項制度於 1912 年（明治 45 年）被推廣至全臺各地，期能減少法院訟源，但也造成一般人民較沒機會接觸近代西方式民事訴訟程序。雖然由地方官居中調解較近似清治時期的紛爭解決方式，且聲請該項調停的花費較至法院提起訴訟低廉，故於日治初期頗受到臺灣人歡迎，但亦不乏地方官強迫當事人達成和解之情事。

　　從 1923 年（大正 12 年）1 月 1 日起，日本的民事訴訟法直接施行於臺灣。由於隨同該法之施行於臺灣而發佈的特例敕令，並未複製原有的民事訴訟特別手續，僅保留地方行政機關的民事爭訟調停爾，故日本 1926 年（昭和元年）制定的民事訴訟法，即得以未經任何修改地自 1929 年（昭和 4 年）10 月 1 日，與日本內地同步施行於臺灣。該部民事訴訟法已修改以往可能造成訴訟延滯之規定，以謀求訴訟的迅速進行與審判公正。

　　於日治時期，臺灣人已逐漸傾向於使用法院解決民事紛爭，從而對源自近代西方的現代民事訴訟法有所認識。

參考資料
王泰升，《台灣日治時期的法律改革》；王泰升，《台灣法律史概論》。

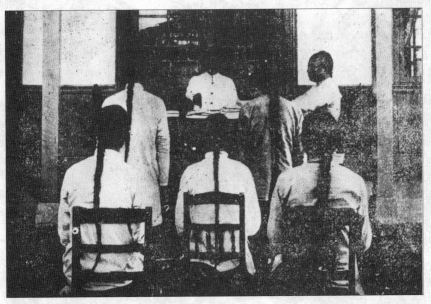

進行民事調停程序
《臺法月報》2卷10號

○臺灣總督府評議會ノ議決ヲ經タル廳長ヲシテ民事爭訟調停等ヲ取扱ハシムル件勅裁ヲ得テ茲ニ之
ヲ發布ス

律令第三號　(官報　三月九日)　明治三十七年二月二十五日

廳長ヲシテ民事爭訟調停等ヲ取扱ハシムル件

臺灣總督男爵兒玉源太郎

第一條　澎湖廳長、恆春廳長及臺東廳長ハ其ノ管轄區域內ニ於ケル左ノ事項ヲ取扱フ

一　民事爭訟調停

二　公證登記其ノ他ノ非訟事件

三　前揭各號ノ執行

第二條　民事爭訟ノ調停成立シタルトキハ廳長ハ調書ヲ以テ之ヲ明確ナラシムヘシ
調停ノ成立シタル爭訟ト同一事件ニ付テハ訴訟ヲ提起スルコトヲ得ス

第三條　前二條ニ揭ケタル事務ノ取扱、其ノ費用、執行手續其ノ他必要ナル規定ハ臺灣總督之ヲ定ム

第四條　臺灣總督ハ必要ト認ムルトキハ第一條ニ揭ケタル以外ノ廳長ヲシテ其ノ管轄區域內ニ於
テ本令ニ定メタル權限ノ全部又ハ一部ヲ行ハシムルコトヲ得

附則

本令ノ施行期日ハ臺灣總督之ヲ定ム

臺灣總督府評議會ノ議決ヲ經タル犯罪卽決例勅裁ヲ得テ茲ニ之ヲ發布ス
明治三十七年三月十二日　臺灣總督男爵兒玉源太郎

明治三十七年三月　律令　第三號　廳長ヲシテ民事爭訟調停等ヲ取扱ハシムル件　第四號　犯罪卽決例　　五

民事爭訟調停制度之律令
明治37年（1904）《法令全書》

臺灣總督府評議會ノ議決ヲ經タル民事訴訟特別手續勅裁ヲ得テ玆ニ之ヲ發布ス

明治三十八年七月二十九日　　　　　　　臺灣總督男爵兒玉源太郎

律令第九號（官報　八月七日）

民事訴訟特別手續

第一條　地方法院ニ於テハ裁判所構成法中區裁判所ノ管轄ニ屬セシメタル事項ニ付テハ民事訴訟法中區裁判所ノ訴訟手續ニ依ル

第二條　辯護士ノ在ルトキト雖當事者ハ法院ノ許可ヲ得テ訴訟能力者タル親族若ハ雇人ヲ以テ訴訟代理人ト爲スコトヲ得

前項ノ許可ハ何時ニテモ之ヲ取消スコトヲ得

第三條　送達ハ之ヲ受クヘキ人ニ假住所ニ於テ出會ハサルトキハ假住所ノ主人又ハ成長シタル同居ノ親族若ハ雇人ニ之ヲ爲スコトヲ得

第四條　法院書記ヵ送達ヲ受クヘキ者ニ法院内ニ於テ書類ヲ交付シ受取證ヲ差出サシメタルトキハ送達ヲ爲シタルト同一ノ效力ヲ生ス

第五條　期日ノ變更又ハ期間ノ伸長ハ當事者合意ノ場合ニ於テモ顯著ナル理由アルニアラサレハ之ヲ許サス

第六條　法院ハ本島ニ住居セサル當事者ノ爲民事訴訟法ノ規定ニ依ラス法律上ノ期間ニ相當ノ伸長ヲ爲スコトヲ得

第七條　訴訟關係人ヵ期日ニ出頭スヘキ旨ヲ記載シタル書面ヲ差出シタルトキハ期日呼出ヲ爲シタルト同一ノ效力ヲ生ス

第八條　事件差戻ノ判決ヲ受ケタル當事者ヵ其ノ判決言渡ノ日ヨリ三箇月内ニ第一審法院ニ口頭

明治三十八年八月　律令　第九號　民事訴訟特別手續

四九

民事訴訟特別手續
明治38年（1905）《法令全書》

129

47 臺灣銀行的設置

■ 王泰升、吳欣陽

1899 年（明治 32 年）臺灣銀行開始營業，開啟了臺灣現代金融業的發展。

日治以前，臺灣並無現代式銀行的設立，主要由媽振館、洋行、外國銀行代理店與匯兌館從事金融業務，民間則有當舖與標會等融通資金的方式。1895 年（明治 28 年）9 月大阪中立銀行於基隆設立「出張所」，臺灣首見現代式銀行。1896 年（明治 29 年）12 月 1 日，日本的中央銀行，亦即「日本銀行」，於臺北設立辦事處，顯示日本政府欲在臺灣發展金融的意圖。日本政府鑑於臺灣物產豐富，於產業開發之初期，急需有力金融機構之支持，並整理幣制，促進金融活動，故於 1897 年（明治 30 年）4 月 1 日公布「臺灣銀行法」（經帝國議會協贊的法律），進行臺灣銀行的籌設，使之代理國庫，並經營一般銀行存放款業務及國內外匯兌業務。

於 1899 年（明治 32 年）9 月 26 日，臺灣銀行正式在臺北開始營業，取代日本銀行，成為臺灣殖民地（政治共同體）的中央銀行。臺灣銀行配合日本政府經濟政策，積極進行銀行國際化，並幫助了「糖業金融」的建立。臺灣銀行的設置，代表了臺灣現代式金融機構的開端，不但協助臺灣農業的發展，更藉由發行「臺灣銀行券」統一混亂的幣制，亦使金融本位制度在臺灣益形確立，進一步帶動臺灣金融體制的建立。

參考資料
王泰升，《台灣法律史概論》；臺灣總督府財務局，《臺灣金融》；賴英照，《臺灣金融版圖之回顧與前瞻》；臺灣省文獻委員會編，《臺灣近代史經濟篇》；臺灣銀行史編纂室，《臺灣銀行史》。

臺灣銀行本店的演變：

1902年完工之本店
《臺灣銀行二十年誌》，
臺灣銀行，自刊，
大正8年（1919）

開業時的本店
《臺灣銀行二十年誌》，
臺灣銀行，
自刊，大正8年（1919）

1938年新建之本店
《臺灣銀行四十年誌》，
臺灣銀行，自刊，
昭和14年（1939）

48 浮浪者取締

■ 王泰升、林佳陵

　　1902 年（明治 35 年）起，由於武裝抗日團體已遭殲滅，匪徒案件的數量逐漸減少，總督府為有效壓制社會上的一般犯罪，同時確保「匪徒」消滅後漸趨穩定的政治秩序，乃積極規劃對浮浪者的取締措施。所謂浮浪者，係指清治以來的羅漢腳，其向來為社會動亂的高危險群，甚至是武裝抗日行動的重要人力資源。

　　1903 年（明治 36 年），在沒有任何法條依據的情況下，警察機關要求浮浪者保證業已改過且立即尋找職業，若仍然沒有職業，則將被施以強制就業措施。1906 年（明治 39 年），為使該措施具備法律明文之基礎，總督府乃以西方強權在其殖民地均有強制勞動制度為由，以律令的形式頒佈「臺灣浮浪者取締規則」。據此，警察機關以地方行政官廳首長之名義，經臺灣總督府認可，即可作成裁決；對於「無一定之住居所，且無固定職業，而有妨害公安、擾亂風俗之虞者」，得「戒告」其須有固定住居所及就業，仍「不改其行狀者」，則送往臺東加路蘭的「浮浪者取締收容所」，從事與監獄受刑人相似之作業。這項浮浪者取締制度曾於 1920 年代末期被用於對付政治異議者，但其主要的著眼點仍在打擊一般犯罪及維護社會治安。至 1930 年代，僅有少數人被送往浮浪者收容所，而到了戰爭末期，浮浪者收容所內已幾乎無收容者。

　　儘管日本當局辯稱此種措施係屬「保安處分」之一種，故僅由隸屬行政體系的警察機關做成裁決，毫無司法救濟管道，但其實際上卻已產生了與有期徒刑同樣的制裁效果，可說是日治時期政府以犧牲人權為代價，來保障社會治安的一種措施。

參考資料
王泰升，《台灣日治時期的法律改革》；王泰升，《台灣法律史概論》。

火燒島的浮浪者收容所
《臺灣治績志》，井出季和太，臺灣日日新報社，昭和12年（1937），頁428

49 笞刑

■ 王泰升、郭威廷

　　1904 年（明治 37 年），為了減少在監人犯之數目，總督府恢復傳統中國法上的笞刑，並同時加強罰金刑，以取代短期自由刑之執行，並達到威嚇犯罪之目的。該年 1 月，總督府以律令公布「罰金及笞刑處分例」，規定凡臺灣人或清國人之犯罪，其（1）主刑應處以三個月以下重禁錮，或（2）主刑或從刑應科以一百元以下罰金，且在臺無一定住所或無資產，或（3）應處以拘留或科料者，得將其宣告刑轉換為罰金；在上述（1）的情形亦得換刑為罰金，並且當被處以罰金一百元以下或科料，而於刑之執行時未繳清時，得易處笞刑，以補足未執行部分，易刑時係一日折算一元、一元折算一笞。

　　為了進一步減少刑事法院的案件負擔，總督府在採用笞刑的同一年頒布「犯罪即決例」，將日治之初即已引進的犯罪即決制度中可即決的範圍予以擴大，以搭配上述罰金及笞刑處分例，使得警察機關得在犯罪即決例所允許的範圍內，自行定罪後，即可迅速執行完畢。按即決官署所審決的案件，絕大多數係涉及輕罪，尤以違警罪佔多數，對此犯行施予笞刑，相對而言相當殘酷。

　　不過，日本當局在恢復傳統中國笞刑的同時，仍做了些較「人道」的改革。例如規定笞刑執行前，須囑醫師先行診察受刑人身體，如認為無法承受者，應暫緩執行；或執行笞刑最多四次，每次不得超過二十五下等。

　　至 1921 年（大正 10 年），笞刑遭廢止。原應科處笞刑者，大多改科以罰金或「科料」（較小額的罰金）。此意味著統治當局不必再訴諸這種侵害人身的刑罰方式，來維護社會治安。

參考資料
王泰升，《台灣日治時期的法律改革》；王泰升，《台灣法律史概論》。

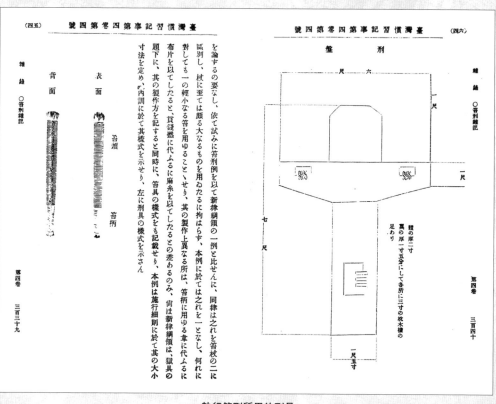

執行笞刑所用的刑具
《臺灣慣習記事》4卷4號

50 大租權廢止與土地登記規則

■ 王泰升、陳宛妤

　　鑑於大租戶與小租戶在田園土地法律關係上同時存在，不但易形成當事者以外第三人難以了解之複雜的業佃狀態，對於土地權利內涵的明確化亦有妨礙，臺灣總督府似乎在進行土地調查時已有意要解決、消滅土地上的大租問題。故先在 1903 年（明治 36 年）發佈「關於大租權確定之件」（律令），接著在 1904 年（明治 37 年）依「關於大租權整理之件」（律令），將已確定的大租權加以消滅，並由政府發放補償金。此舉使得大租權自臺灣土地法律關係中完全消失，臺灣一田多主的複雜土地關係趨於單一化，「一田一業主」的原則獲得確定，業主權（也就是原來的小租權）更進一步具備了近代歐陸法上所有權的絕對性、全面性等特徵。

　　在完成土地調查後，還需要靠一套長期記錄、隨時掌握人民土地關係變動的客觀機制，才能達到使土地交易迅速且安全進行，或是支配殖民地土地資源的目的，總督府因而於 1905 年（明治 38 年）以律令第 3 號公布「臺灣土地登記規則」。該規則最大的特色在於：對土地臺帳上已登錄地的業主權、典權、胎權、贌耕權的設定、移轉或變更，非依本規則登記不生效力，也就是對上述四種權利採取「登記生效主義」。因此雖名為登記規則，但實則已創設了原本舊慣所無的民事實體內容。

　　在 1923 年（大正 12 年）日本民法典直接施行於臺灣之前，日本統治者就已經透過廢止大租權和土地登記規則，將近代歐陸物權法的理念實踐於臺灣土地關係上，對於舊慣進行實質的改造。

參考資料
王泰升，《台灣日治時期的法律改革》；魏家弘，〈台灣土地所有權概念的形成經過－從業到所有權〉。

臺灣總督府評議會ノ議決ヲ經タル民事訴訟費用規則中改正ノ件勅裁ヲ得テ茲ニ之ヲ發布ス

明治三十六年十一月二十八日

臺灣總督男爵兒玉源太郎

律令第八號（官報 十二月八日）

民事訴訟費用規則中左ノ通改正ス

第十條中「判官及書記」ヲ「判官書記及通譯」ニ改ム

附則

本令ハ發布ノ日ヨリ施行ス

〔參照〕

律令第十號民事訴訟費用規則〔明治三十一年八月二日官報ニ拹錄〕

第十條 判官及書記檢證ノ爲實地臨檢ヲ爲シタル旅費在貴ハ證人ニ準ス

臺灣總督府評議會ノ議決ヲ經タル大租權確定ニ關スル件勅裁ヲ得テ茲ニ之ヲ發布ス

明治三十六年十二月五日

臺灣總督男爵兒玉源太郎

律令第九號（官報 十二月二日）

大租權確定ニ關スル件

第一條 本令ニ於テ大租權ト稱スルハ業主權ニ對スル大租權ヲ謂フ

第二條 臺灣總督ハ地方廳ニ大租名寄帳ヲ備ヘ臺灣土地調查規則ニ依リ丈量シタル土地ノ大租權...

明治三十六年十二月 律令 第八號 第九號 大租權確定ニ關スル件

九

大租權整理之件
明治36年（1903）《法令全書》

臺灣總督府評議會ノ議決ヲ經タル大租權整理ニ關スル件勅裁ヲ得テ茲ニ之ヲ發布ス

明治三十七年五月二十日

臺灣總督男爵兒玉源太郎

律令第六號（官報 五月二十七日）

大租權整理ニ關スル件

第一條 明治三十六年律令第九號ニ依リ確定シタル大租權ハ本令施行ノ日ニ於テ確定シタルモノト看做ス其ノ未ダ確定セサルモノハ之ヲ行使スルコトヲ得ス

第二條 政府ハ前條ニ依リ消滅シタル大租權ニ對シ大租權者又ハ其ノ相續人ニ補償金ヲ交付ス

第三條 補償金ハ臺灣事業公債法ニ依リ發行スル公債證書ヲ以テ之ヲ交付ス但シ公債證書ヲ以テ交付スルコトヲ得サル端數ハ現金ヲ以テ之ヲ交付ス

第四條 補償金額ハ大租額ニ臺灣總督ノ定ムル所ノ率ヲ乘シテ算定ス

第五條 油的大租ハ平年ノ納額ヲ以テ前條ノ大租額トス

第六條 臺灣總督ハ確定シタル大租權者及其ノ補償金額ヲ公示スヘシ

第七條 補償金ヲ受クヘキ者ハ前條公示ノ初日ヨリ六箇月以内ニ臺灣總督ニ其ノ請求書ヲ提出スヘシ

第八條 前條ノ期間内ニ請求書ヲ提出セサル者ハ補償金ヲ受クルコトヲ得ス

第九條 大租權者ハ明治三十七年分ノ大租ニ付テハ月割ヲ以テ六箇月分ヲ取立ツルコトヲ得但シ二期ニ取立ツルモノハ其ノ上半期分ヲ取立ツルコトヲ得...

明治三十七年五月 律令 第六號 大租權整理ニ關スル件

一

大租權整理之件
明治37年（1904）《法令全書》

51 戶口制度的確立

■ 王泰升、沈靜萍

臺灣總督府於 1905 年發布「戶口規則」，藉由進行「臨時戶口調查」之名，同時達成國勢調查、取得警察治安資料以及作成臺灣人民戶口調查簿等三項成果，並使所有臺灣居民的「人籍」與「戶籍」事務全部由警察管理，也確立了臺灣「戶口制度」的基本架構。這是累積先前的經驗而來，按日治初期為實施馬關條約第五條「國籍選擇」規定，須先確定臺灣居民的國籍，為此曾做成「戶籍簿」，另外為維持治安之需，亦曾由警察執行過「戶口調查」。

由於在臺灣一直施行性質上屬於律令的戶口規則，而未依敕令施行日本的「戶籍法」，故臺灣人只擁有「戶口」，在臺日本人則其「戶籍」仍在內地，臺灣與內地也不能依戶籍法進行「本籍」之移轉，連帶使得以轉籍為法律上要件的結婚或收養無從完成。為解決「內臺共婚」的問題，臺灣總督府遂於 1933 年（昭和 8 年）發布律令第 2 號「有關本島人戶籍之要件」，使「臺灣戶口調查簿」可視為戶籍簿，內地人與臺灣人間的身分行為亦獲得有限度的承認。因戶籍法始終未施行於臺灣，使得日本人與臺灣人可用「戶籍」之有無來區隔，似乎日本統治當局對於「內臺融合」仍有一定的疑慮。

這套原為進行殖民統治而設計的戶口制度及戶口調查結果，對臺灣下一個外來統治者，亦即國民黨政權而言，提供了相當實用的統治基礎；而曾經歷過日本統治的台灣人民的家族內親屬關係，也因此有了明確的記載。

參考資料
王泰升，《台灣日治時期的法律改革》；阿部由理香，〈日治時期台灣戶口制度之研究〉。

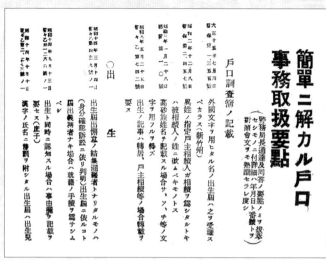

簡單二解カル戶口
事務取扱要點

戶口調查簿ノ記載

（警務局長通達及問答ノ要點ノミヲ拔萃
セシモノニ付詳細八年月日ト番號トヲ
對照會文ヲモ熟讀セラレ度シ）

大正十五年七月四日
　警保乙第一二五五號ノ一

外國文字ヲ用ヒタル氏名ノ出生屆ハ之ヲ受理ス
ベカラス（新竹州）

昭和二年十二月八日
　警保第二〇五五號ノ二

異姓ノ指定戶主相續人ガ相續ヲ爲シタルトキ
ハ被相續人ノ姓ニ改ムベキモノトス

昭和二年一月二八日
　總務第二一〇號

高砂族姓名ヲ記載スル場合サ、ソ、チ等ノ文
字ヲ用フルヲ得ズ

昭和八年五月二九日
　警務乙第七四二號

出生ノ記事ハ轉居、戶主相續等ノ場合ニ轉載ヲ
要ス

○出　生

昭和十四年三月十四日
　警務乙第二六六號ノ一

出生屆出願並ノ結果過籍者トナリタルモノハ
（身分確認訴訟ニ依リ判明）出生屆ニ依ルコト
ベシ

昭和十四年十月十四日
　警務乙第二七二號ノ一

出生ト同時ニ認知スル場合ハ事由欄ヲ記載ス
ベシ

屆出義務者ナキ場合ニ就義ノ手續ヲ爲サシム
ベシ

漢字ノ氏名ニ勞訓ヲ附シタル出生屆ハ出生見

戶口事務辦理要點簡解
《戶口屆總纜》，伊藤滿雄，
日本警察新聞臺灣支局，
昭和19年（1944）

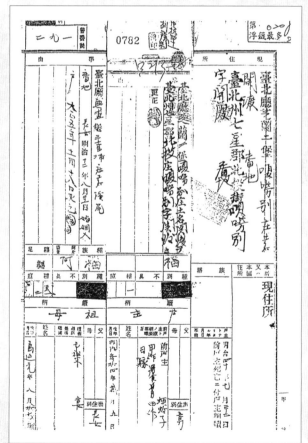

戶口調查簿
王泰升提供

139

52 女性裁判離婚請求權

■ 王泰升、陳韻如

最遲至 1909 年（明治 42 年），臺灣女性擁有了離婚的「權利」。相較於在傳統中國法底下以夫（或妻）的家族為主體、妻子作為客體，非出於自己意志地從一個父權所有者的手中，轉交到另一個父權所有者掌控的離婚制度，在伴隨著日本統治所引進的近代西方式法體制下，女性在訴訟上的主體性為法院所承認，可以以自己的名義提起離婚訴訟，要求國家在一定條件下作為其脫離婚姻關係的後盾。

在殖民地朝向象徵「進步」、「文明」的近代西方法的漸進改革中，有關臺灣人的身分事項卻始終是以「舊慣」，而非以某程度已繼受西方法的日本民法來規範。故關於女性裁判離婚請求權的創造與運作，其實是依「法官造法」，以「以法理之名援用日本裁判離婚事由」，與「以違背公序良俗之名否認舊慣」雙管齊下的方式進行。

然而，在強調女性得援引公領域的法律制度，以對抗私領域壓迫的積極可能性之外，我們也不得不注意到改革的有限與曖昧性，亦即女性所面對的法院機制可能是以父權的姿態、也可能基於同情理解態度審理案件，而法律與權利也可能鞏固甚至強化既有的性別關係。「支援」有時是「宰制」的另一種面貌。將決定離婚的權力交給國家，究竟是將女性交入國家的保護之下，還是將她交給了另一個擁有國家強制力為後盾的父權機制？

近百年前女性離婚權的誕生與運作，向我們預示：當我們身處於繼受近代西方的現代法體制下，以法律改革追求平等的實踐，「權利的兩難」將會一直是必須正視與克服的困境。

參考資料
陳昭如，〈離婚的權利史——台灣女性離婚權的建立及其意義〉。

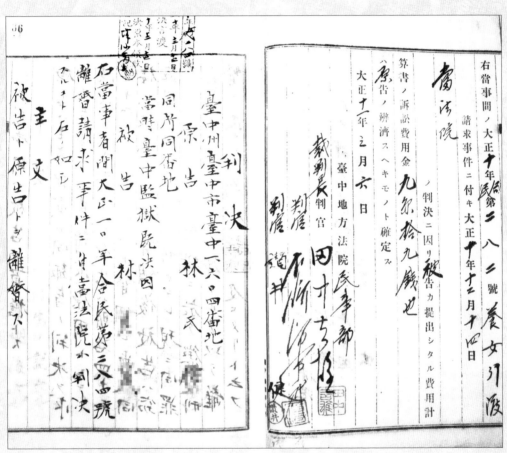

妻向法院訴請離婚之判決
臺中地方法院大正10年（1921）民事判決原本

53 噍吧哖事件

■ 王泰升、陳韻如

　　1914 年（大正 3 年）起，余清芳結合羅俊、江定等人，於西來庵密謀起事，以宗教迷信的方式號召民眾，秘密宣傳臺灣出現「神主」，可協助臺灣人驅逐日本人，並建立「大明慈悲國」，使臺人減輕賦稅，同時對參與革命者論功行賞。由於信徒日漸增多，終於驚動警察當局，警方隨即在 1915 年（大正 4 年）5 月間下令通緝，迫使余清芳等人倉皇逃入山區。同年 6 月，羅俊被捕。余清芳隨即在 7 月間起義，發表諭文，並攻擊噍吧哖（今臺南縣玉井鄉）一帶之派出所，總督府也立即派軍隊與警察入山圍捕。

　　余清芳於 1915 年 8 月 22 日即遭逮捕，隨即移送臺南臨時法院審判，並於一個月內宣判，至於江定則在隔年經日本當局動用地方士紳誘降，隨即遭到逮捕，並交由普通法院依一般刑事訴訟程序判處死刑。由於涉案者總共有八百六十六人遭判處死刑，其過分嚴苛引起日本國會議員抨擊，故在處決九十五名死刑犯之後，即將其他尚未執行者改判為無期徒刑。本事件又稱「余清芳事件」或「西來庵事件」。

　　本事件乃日本殖民統治當局，最後一次以大規模武力鎮壓臺灣漢人的抗日行動，也是匪徒刑罰令的最後一次適用，按此後臺灣漢人的抗爭已大多採非武裝的社會運動方式。

參考資料
王泰升，《台灣日治時期的法律改革》；李筱峰，《台灣史100件大事》。

由臺南監獄出發至臺南臨時法院之出庭情況
《臺灣匪亂小史》，臺灣總督府法務部，臺南新報支局印刷部，大正9年（1920）

○臺灣總督府令第六十九號（官報　大正五年一月十八日）

大正四年八月府令第五十號ハ之ヲ廢止ス

本令ハ發布ノ日ヨリ之ヲ施行ス

　大正四年十二月二十七日

〔參照〕

大正四年八月二十日密　臺灣總督府令第五十號ハ匪徒刑罰令ニ揭ケタル犯罪被告事件ヲ審判セシムルタメ臨時法院ヲ臺南廳下臺南ニ開設ノ件ナリ

　　　　　臺灣總督　男爵安東貞美

三七四

○臺灣總督府令第五十號（官報　八月三十日）

匪徒刑罰令ニ揭ケタル犯罪被告事件ヲ審判セシムル爲臺灣總督府臨時法院條例第一條ニ依リ大正四年八月二十日ヨリ臨時法院ヲ臺南廳下臺南ニ開設ス

　大正四年八月二十日

　　　　　臺灣總督　男爵安東貞美

二五八

臺南臨時法院的開設與終止
大正4年（1915）《法令全書》

噍吧哖事件中所用軍器、旗幟
《臺灣匪亂小史》，臺灣總督府法務部，臺南新報支局印刷部，大正9年（1920）

54 臺灣教育令

■ 王泰升、劉恆妏

日本政府於 1919 年（大正 8 年）1 月首頒「臺灣教育令」，確立在臺各級教育系統。此令分別於 1922 年（大正 11 年）2 月與 1941 年（昭和 16 年）3 月兩度改正。頒行臺灣教育令之前，在臺日本人的教育依內地法令辦理，而臺灣人則依總督府訂定的學校官制、學校規則和學校令等加以規範，尚無整體的學制系統。惟關於原住民族的教育，除了已視同漢人的平埔族外，並不在臺灣教育令的規範範圍內，另以理蕃之基調處理之。

1919 年「臺灣教育令」，係為整合臺灣人進入殖民地快速成長的工商界，加強社會金字塔中下部分之職業教育實業訓練，雖實質改進與增加了臺人就學機會，但族群之間仍嚴格區隔，其所規範的臺灣人學制，比日本人同級學校程度低。1922 年的修改，依循「內地延長」的同化政策，標舉「內臺共學」，以「常用日語」，而非「種族」來區分小學校與公學校之入學，明訂中等以上學校（師範除外）取消臺日差別待遇及隔離措施。雖形式上已趨平等，臺灣人可接受與在臺日本人相同之中等以上教育，但實際上，僅少數臺灣人菁英因此受惠。共學之下，臺灣本土語言與歷史更遭抹煞摧殘。且因日本內地的升學管道遠比臺灣殖民地容易，造成大量臺灣人子弟遠赴內地就學。至 1941 年，因應戰事發展，須使臺灣人徹底日本化、皇民化，方實施國民學校教育，將小學校和公學校改稱「國民學校」。

「臺灣教育令」使源自近代西方的現代式教育制度在臺灣生根，確立人民應受「國民教育」的觀念，也取代了傳統中國式的書房私塾教育，但其始終是為改造臺灣人為忠誠日本臣民而服務。此項歷史經驗對於戰後中華民國在臺灣推展另一「國」的國民教育，仍有正負兩面的影響。

參考資料
林茂生著，林詠梅譯，《日本統治下臺灣的學校教育：其發展及有關文化之歷史分析與探討》；派翠西亞・鶴見著，林正芳譯，《日治時期臺灣教育史》；吳文星，〈日據時期臺灣教育史料及其研究之評介〉；林天祐等編，《臺灣教育探源》。

法令全書
勅令

朕樞密顧問ノ諮詢ヲ經テ臺灣教育令ヲ裁可シ茲ニ之ヲ公布セシム

御名　御璽

大正七年十二月二十九日

內閣總理大臣　原敬

勅令第一號（官報 大正八年一月四日）

臺灣教育令

第一章　總則

第一條　臺灣ニ於ケル臺灣人ノ教育ハ本令ニ依ル

第二條　教育ハ教育ニ關スル勅語ノ旨趣ニ基キ忠良ナル國民ヲ育成スルヲ以テ本義トス

第三條　教育ハ時勢及民度ニ適合セシムルコトヲ期スヘシ

第四條　教育ハ之ヲ分チテ普通教育、實業教育、專門教育及師範教育トス

第二章　普通教育

大正八年一月　勅令　第一號

第五條　普通教育ハ身體ノ發達ニ留意シテ德育ヲ施シ普通ノ知識技能ヲ授ケ國民タルノ性格ヲ涵養シ國語ヲ普及スルコトヲ目的トス

第六條　普通教育ヲ爲ス學校ヲ分チテ公學校、高等普通學校及女子高等普通學校トス

第七條　公學校ハ兒童ニ普通教育ヲ施シ生活ニ必須ナル知識技能ヲ授クル所トス

第八條　公學校ノ修業年限ハ六年トス但シ土地ノ情況ニ依リ之ヲ短縮スルコトヲ得

第九條　公學校ニ入學スルコトヲ得ル者ハ年齡七年以上ノ者トス

第十條　高等普通學校ハ男子ニ高等普通教育ヲ施シ生活ニ有用ナル知識技能ヲ授クル所トス

第十一條　高等普通學校ノ修業年限ハ四年トス

第十二條　高等普通學校ニ入學スルコトヲ得ル者ハ修業年限六年ノ公學校ヲ卒業シタル者又ハ之ト同等以上ノ學力ヲ有スル者トス

第十三條　女子高等普通學校ハ女子ニ高等普通教育ヲ施シ婦德ヲ養成シ生活ニ有用ナル知識技能ヲ授クル所トス

第十四條　女子高等普通學校ノ修業年限ハ三年トス

1919年臺灣教育令
大正8年（1919）《法令全書》

新營公學校創立時校景
《新營公學校創立二十周年紀念》，
新營公學校同窓會，
昭和12年（1937）

新營公學校
《新營公學校創立二十周年紀念》，新營公學校同窓會，昭和12年（1937）

新營公學校朝會情形
《新營公學校創立二十周年記念》，新營公學校同窗會，昭和12年（1937）

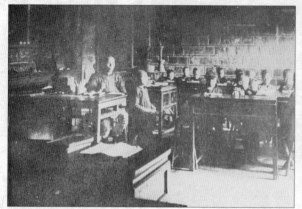

艋舺書房「改革」前後

《臺灣學事要覽》，臺灣總督府民政部學務部，大正8年（1919）

臺灣總督府臺南高等女學校

《臺灣學事要覽》，臺灣總督府民政部學務部，大正8年（1919）

花蓮港廳吉野尋常高等小學校
《臺灣學事要覽》，臺灣總督府民政 部學務部，大正8年（1919）

55 地方制度的調整

■ 王泰升、劉晏齊

　　1920 年（大正 9 年）時，由於日本帝國的殖民統治政策朝向「內地延長主義」發展，乃一改領臺之後二十餘年來，以官治及中央集權為主的地方行政體制，將部分施行於日本內地的地方自治制度移植到臺灣。這次地方制度改革，是將總督府部分權限劃歸地方行政官廳，並使州、市、街庄成為「地方公共團體」。不過地方公共團體的代表及執行機關皆為官派，且所謂「協議會」也僅是諮詢機關，其議長由各該地方團體之代表擔任、協議會成員也由上級官廳遴派，故其自治性格淡，遠不及日本內地所實施者。

　　到了 1935 年（昭和 10 年），為進一步推動內地延長主義，同時回應臺灣人為主的「臺灣地方自治聯盟」的政治訴求，日本統治當局再度進行地方改制，明定州、市、街庄為法人，於法定範圍內可處理地方公共事務，並可規範住民的權利義務，而且再二年後，廳也提升為地方公共團體。另外還設置了作為「議決機關」但權限有限的州會及市會，與僅為諮詢機關的廳協議會和街庄協議會，且州會、市會以及街庄協議會的成員，有半數係由民選產生。然州知事、廳長、市尹（市長）及街庄長皆為官派，且為具有上下指揮監督關係的官吏，與日本內地相較自治程度較低、官方色彩也濃。

　　當作為臺灣地域內中央政府的總督府，將其部分權力下放給地方層級的州廳政府時，意味著近代西方式的中央與地方政府體制，首次被施行於臺灣。接著設置擁有有限的自治立法權的地方議會，亦可視為地方自治的初步落實，不過其自治程度始終有其侷限。

參考資料
王泰升，〈日治時期台灣特別法域之形成與內涵——臺、日的「一國兩制」〉；王泰升，《台灣法律史概論》。

臺北州廳
《臺灣事情》大正11年版，臺灣總督府，自刊，大正11年（1922）

臺北市役所
《臺北市政二十年史》，臺北市役所，自刊，昭和15年（1940）

56 日本民商法典等的施行

■ 王泰升、陳宛妤

　　於 1920 年代，面對澎湃的民族自決思潮，以及受到 1919 年（大正 8 年）朝鮮三一獨立運動的刺激，日本帝國的殖民統治政策趨向「內地延長主義」，企圖從制度的同一做起，弱化進而消滅被殖民民族的自我認同。故於 1921 年（大正 10 年）制定公布法律第 3 號「關於應施行於臺灣之法令之件」，取代原有的三一法，並自 1922 年（大正 11 年）1 月 1 日生效，進入所謂「以敕令立法為原則之時期」。

　　在民事法源方面，1922 年 9 月 16 日公布敕令第 406 號「關於民事法律施行於臺灣之件」，將日本的民法、商法、民事訴訟法、商法施行條例、家資分散法、民法施行法、人事訴訟手續法、非訟事件手續法、競賣法、不動產登記法、商法施行法及若干民商事直接施行於臺灣，但同時發佈的敕令第 407 號「有關施行於臺灣之法律的特例」，除規定日治前期既存權利的過渡問題，並針對民法、商法設置僅在臺灣生效的特別規定，其中最重要的是：臺灣人的親屬繼承事項及既存的祭祀公業，均不適用日本民法，而依臺灣習慣。但宜特別注意，上述規定的生效日是 1923 年（大正 12 年）1 月 1 日，換言之，日本民法典等法律從該日起才施行於臺灣，故從人民的法律生活而言，此後即進入「內地延長法制時期」。此外，還有很多日本有關行政法事項的法律，如行政執行法、治安警察法，經由 1922 年敕令第 521 號的指定，自 1923 年（大正 12 年）1 月 1 日起施行於臺灣。

　　這些日本繼受自西方的法律大舉施行於臺灣，使得日治前期那些帶有殖民地法或傳統中國法色彩的法令，在整個臺灣的國家法體制中所佔比例銳減，取而代之的是各種屬於近代西方歐陸法系的法律。

參考資料
王泰升，《台灣日治時期的法律改革》；王泰升，《台灣法律史概論》；日本外務省編，《外地法制誌 5》。

朕民事ニ關スル法律ヲ臺灣ニ施行スルノ件ヲ裁可
シ茲ニ之ヲ公布セシム

御名　御璽

攝政名

大正十一年九月十六日

　　　内閣總理大臣　男爵加藤友三郎

勅令第四百六號（官報　九月十八日）

左ニ掲クル法律ハ之ヲ臺灣ニ施行ス

民法

商法

民事訴訟法

明治二十三年法律第三十二號商法第三編

讀賣施行條例

附　則

本令ハ公布ノ日ヨリ之ヲ施行ス

定ニ拘ラス現役ヲ退カシムルコトヲ得

現役ヲ退カシムヘキ人員ハ海軍大臣之ヲ定ム

（參照）

家資分散法

民法施行法　明治二十三年法律第百一號

人事訴訟手續法

非訟事件手續法

競賣法

不動産登記法

商法施行法

商法　明治三十二年法律第六十七號

　　　明治三十三年法律第十三號

　　　明治三十三年法律第十七號

　　　明治四十二年法律第四十號

附　則

本令ハ大正十二年一月一日ヨリ之ヲ施行ス

明治二十三年十月九日公布法律第百一號ハ商法ニ從ヒ破産ノ宣告ヲ受ケタル者ニ關スル件（同三十二年三月十六日公布法律第六十七號ノ外國人ノ抵當権ニ關スル件同三十二年二月七日公布法律第十三號ハ軍人軍屬ノ遺言ノ確認ニ關スル件同年二月十六日公布法律第十七號ハ商法中署名スヘキ場合ニ關スル件同四十二年五月一日公布法律第四十號ハ建物保護ニ關スル件ヲ作ナリ

大正11年（1922）敕令406號
大正11年（1922）《法令全書》

四　業權及超耕胎權

五　胎權（忍歸胎權）

六　（附）其他ノ永佃權及佃權

第二十號第三號ニ該當セサル膀耕權其
ノ他ノ永佃權及佃權

質借權

抵當權

ハ看做ス

第七條　臺灣不動產登記規則又ハ臺灣土地登記規則ニ依リテ為シタル登記ハ民法第百七十七條ノ規定ノ適用ニ付テハ本令施行ノ日ヨリ不動產登記法ニ依ル登記ト看做ス

第八條　本令施行ノ際臺灣土地登記規則ニ依リテ業主權、典權、胎權又ハ第六條第二號若ハ第三號ニ該當スル膀耕權ニ關スル登記ヲ為シタルトキハ各其ノ例ニ依リ民法ノ權利ニ關スル登記ヲ為シタルトキハ其ノ效力ヲ生ス

第九條　本令施行ノ際臺灣土地登記規則ニ依リテ膀耕權ニ關ヌル登記ヲ為スコトヲ得ル者ニ付テハ本令施行ノ日ヨリ一年內ニ第六條ニ依リ民法ノ權利ニ關ヌル登記ヲ為スコトヲ得ル者ニ付テハ本令施行ノ日ヨリ質貸借ニ關スル規定ヲ適用ス但シ前條ノ規定ヲ妨ケス

第十條　本令施行前ニ土地ノ引渡ヲ受ケ登記ヲ為サス本令施行ノ際現ニ之ヲ膀耕スル者ニシテ前條ノ規定ニ該當セサル者ニ付テハ本令施行ノ日ヨリ質貸借ニ關スル規定ヲ適用ス

第十一條　主務官廳カ本令施行後正當ノ理由ナクシテ法人ノ設立許可ヲ取消シ又ハ其ノ解散ヲ命シタルトキハ法人ハ訴願ヲ為スコトヲ得

第十二條　後四條ノ規定ハ本島人ノ心ニ關スル事項ニ之ヲ適用ス

第十三條　本令施行ノ際現ニ二十六年以上ノ者ハ二達セサルモノト難仍成年者トス

第十四條　民法第七百二十五條乃至第七百三十條ノ規定ハ第一條第一項ノ法律中親族ニ關スル規定ノ適用ニ付之ヲ準用ス

第十五條　本令施行ノ際ニ存スル譽祀公業ハ慣習ニ依リ存續ス但シ民法施行法第十九條ノ規定ニ準シ之ヲ法人ト為スコトヲ得

第十六條　本令施行ノ際現ニ獨立ノ財產ヲ有スル團體ニシテ民法第三十四條ニ掲クタル目的ヲ有セサルモノハ財團ハ財團ヲ有スル團體

第十七條　民法ノ施行ニ關シテハ本令ニ別段ノ定ノ合ヲ除クノ外民法施行法ヲ準用ス

朕臺灣ニ施行スル法律ノ特例ニ關スル件ヲ裁可シ
茲ニ之ヲ公布セシム

御名 御璽
攝政名

大正十一年九月十六日
內閣總理大臣 男爵加藤友三郎

勅令第四百七號（官報 九月十八日）

第一章 通則

第一條 臺灣ニ施行スル民事ニ關スル法律中 裁判所構成法トアルハ臺灣總督府法院條例トス
前項ノ法律中裁判所構成法ノ規定ヲ揭ケ又ハ其ノ規定ニ依ルコトヲ定メタル場合ニ付法院條例中其ノ規定ニ相當スル規定アルモノハ其ノ規定ニ依ル

第二條 前條第一項ノ法律中 大審院トアルハ高等法院上告部、控訴院トアルハ高等法院覆審部、地方裁判所トアルハ地方法院合議部又ハ地方法院支部合議部、區裁判所又ハ地方法院支部判事トアルハ地方法院單獨判官、區又ハ地方法院支部單獨判官、區裁判所出張所トアルハ

地方法院出張所、地方裁判所長トアルハ地方法院長トス但シ不動產登記法第百五十條中地方裁判所トアルハ高等法院覆審部トス

第三條 第一條第一項ノ法律ニ規定スル各省大臣ノ職務ハ民事訴訟法第百五十二條ノ場合ヲ除クノ外臺灣總督之ヲ行フ

第四條 第一條第一項ノ法律中縣トアルハ州又ハ廳、市町村トアルハ市街庄又ハ區、市町村長トアルハ市尹街庄長又ハ區長トス

第二章 民法ニ關スル規定

第五條 本島人ノミノ親族及相續ニ關スル事項ニ付テハ民法第四編及第五編ノ規定ヲ適用セス別ニ定ムルモノヲ除クノ外慣習ニ依ル

第六條 本令施行前ニ發生シタル左ニ揭クル權利ニハ本令施行ノ日ヨリ左ノ例ニ依リ各民法ノ規定ヲ適用ス

一 業主權　　　　　　　　　　　　　所有權

二 地基權及工作物又ハ竹木所有ノ爲ニスル存續期間二十年以上ノ贌耕權其ノ他ノ永佃權　　　　　地上權

三 耕作又ハ牧畜ノ爲ニスル存續期間二十年以上ノ贌耕權其ノ他ノ永佃權　　　　　永小作權

大正11年（1922）敕令407號
大正11年（1922）《法令全書》

57 臺灣議會請願運動與治警事件

■ 王泰升、劉晏齊

　　於 1920 年代，日治時期的臺灣人不再以武力，而改走法律體制內的改革，追求提升臺灣人民權利的目標。這些手段中最有意義的是「臺灣議會設置請願運動」及其後續引發的「治警事件」。20 年代初期，某些臺灣人知識份子從撤廢六三法的目標，改為以承認六三法體制下臺灣之特殊地位為前提，要求在臺灣設置由臺灣住民選出的代表組成、擁有一定立法權的「臺灣議會」。這個主張開啟了從 1921 年到 1934 年共十五次的議會請願運動。

　　當 1923 年（大正 12 年）進行第三次請願時，該運動的領導人有感於這是長期的抗爭，欲組成政治團體以持續推動，但臺灣總督府旋以治安警察法第八條為由禁止其結社。然這群領導人卻利用臺灣與日本在法制上分屬不同法域的矛盾，改向日本內地相關單位設立相同的政治團體且獲准。不過臺灣的檢察官仍認其繼續的結社行為，違反了之前發佈的禁止結社命令，遂起訴相關人士，向稱：「治警事件」。其實，適用治警法者不只本件，故似以稱「臺灣議會事件」為宜。出人意料的是，地方法院竟判決被告等人全部無罪。雖經檢察官上訴後，為最終審的高等法院上告部判定幾位領導人有罪，但最高刑度不過有期徒刑四個月耳。

　　這事件的結果，表示日本殖民當局已不再用殺戮或嚴酷的司法制裁對付臺灣政治異議人士，因此鼓舞了臺灣人開始熱烈地投身於現代意義的政治反對運動。

參考資料
王泰升著，《台灣日治時期的法律改革》；李筱峰著，《台灣史100件大事（上）》。

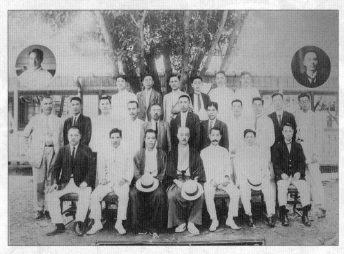

治警事件一審公判紀念照
《臺灣霧峰林家留真集》：近、現代史上的活動（1897-1947），賴志彰，自立報系
文化出版部，民國78年（1989），頁157

治警事件部分獲不起訴處分者由臺北監獄釋放的情形
《臺灣霧峰林家留真集》：近、現代史上的活動（1897-1947），賴志彰，自立報系文化出版部，民國78年（1989），頁155。

58 代議制度的引進

■ 王泰升、劉晏齊

　　現在每每能牽動民眾高度關心的大小選舉，其實早於日治時期就已出現，不過其規模和重要性均遜於今天。

　　臺灣雖於 1920 年（大正 9 年）時即有重大的地方制度改正，然其距離真正的地方自治還很遙遠。由於 1920 年代以後臺灣人菁英爭取自治之呼聲日漸高漲，以及日本帝國加速內地延長的政策考量，終使日本當局決定在地方政府的層級對臺灣人開放民主選舉。於是 1935 年（昭和 10 年），臺灣總督府發佈地方改制之法令，除了重新定位地方行政團體，更確立了選舉制度。其中明訂市會與街庄協議會之成員一半民選，另一半由官府遴選；而州會議員半數由市會及街庄議員間接選舉，半數由官府選任。至於州知事、市尹及街庄長仍由官派。此外，採限制投票制，須具一定條件者始有選舉與被選舉之資格。此與當時日本內地之地方自治制度採取普通選舉（婦女除外）、直接選舉制，有所不同，只能說是半調子的地方自治。但無論如何，1935 年 11 月，臺灣舉行了有史以來第一次投票選舉地方議員。

　　至於臺灣人民在中央層級的參與國政，於 1934 年（昭和 9 年）首度出現敕選的臺灣人貴族院議員一名，但這是以天皇之敕令權所任命，非由民選產生。直到 1945 年（昭和 20 年），日本帝國才為了加強動員臺灣人力以應戰事之需，修改貴族院令與眾議院議員選舉法，讓殖民地人民參與國政。但因戰況危急，三位敕選的臺灣人貴族院議員不能經海路到東京開會，而眾議員選舉則在戰爭結束之前始終未曾辦理。

參考資料
王泰升，〈日治時期台灣特別法域之形成與內涵——台、日的「一國兩制」〉；王泰升，〈台灣戰後初期的政權轉替與法律體系的承接（1945-1949）〉；李筱峰，《台灣史100件大事（上）》；黃昭堂，《台灣總督府》。

候選人看板
《臺灣日日新報》昭和10年（1935）11月23日2版

臺北市會議員選舉投票排隊情形
《臺灣日日新報》昭和10年（1935）11月23日2版

警察護送搬運票箱
《臺灣日日新報》昭和10年（1935）11月23日11版

開票時群眾於臺南公會堂圍觀
《臺灣日日新報》昭和10年（1935）11月25日5版

59 國家總動員法

■ 王泰升、吳欣陽

　　1938 年（昭和 13 年），日本的國家總動員法施行於臺灣。按日治時期國家介入經濟活動之行為，其來有自，依當時行政法令，臺灣總督府得依其行政裁量，補助人民從事產業開發，以替臺灣爭取開發所需資本，亦將產業發達所得利益輸回日本母國。惟 1937 年（昭和 12 年）爆發中日戰爭後，為求達到戰時集結國家總力的目的，在臺經濟政策由「補助」朝向「管制」，於法制上的配合措施，即是臺灣與日本內地同步施行其 1938 年制定的「國家總動員法」，總督府並制定眾多附有刑罰之有關經濟管制的律令，臺灣自此進入「戰時經濟統制法制」。

　　戰時經濟法制雷厲風行，其內容嚴格限制物價、資金、勞務、企業等經濟活動的自由，並輔以刑罰。日本在臺灣所實施的戰時法制，加上皇民化運動的推行，對臺灣社會造成利益由國家力量重新主導分配的效果，使得臺灣出現了龐大的國家資本、小資產階級與對日依賴之加工型本土企業，更使得 1941 年（昭和 16 年）以後才正式劃入戰區的臺灣，在並未施行戒嚴的情形下，擴大了戰時動員的基礎，於人力與物力之上受到更加深廣的剝削。

　　日治時期的戰時動員體制最終雖因日本戰敗而瓦解，但國民黨統治時期仍以大量行政命令進行經濟管制，輔以「戒嚴體制」與「動員戡亂法制」，將臺灣資源投入軍事戰爭所需，實質上延續日治時期的該項法制。

參考資料
王泰升，《台灣法律史概論》；王泰升，《台灣日治時期的法律改革》；林繼文，〈日本據臺末期（1930-1945）戰爭動員體系之研究〉；陳維曾，《法律與經濟奇蹟的締造》。

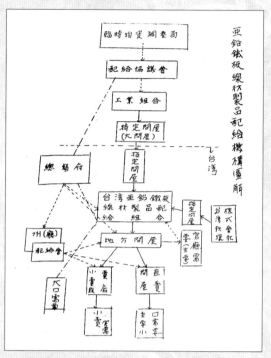

配給制度實例：亞鉛鐵板線材製品配給機構圖解配給制度
臺北地方法院日治時期檔案

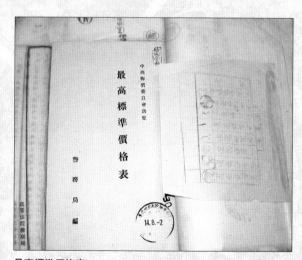

最高標準價格表
臺北地方法院日治時期檔案

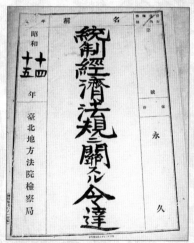

**臺北地方法院檢察局內部所編
《統制經濟法規輯錄》**
臺北地方法院日治時期檔案

60 實施徵兵制

■ 王泰升、李燕俐

　　日本統治臺灣之後，由於臺灣人的忠誠仍受到日本當局懷疑，而軍人又有其社會階級上的特殊意義，故臺灣人原本至多擔任軍夫、軍農夫、護士、翻譯等職務，從事非正規軍事戰鬥任務。然日治末期，隨著日本對外戰爭吃緊，開始對朝鮮、臺灣等地人民大量動員以因應作戰需求。因此，先後於 1942 年（昭和 17 年）、1943 年（昭和 18 年）間，在臺召募志願兵。並於 1943 年 11 月公布法律第 110 號修正徵兵令，準備開始在臺灣實行徵兵制；原預定於 1945 年（昭和 20 年）8 月實施，卻因日本已節節敗退，提前於 1944 年（昭和 19 年）4 月以敕令公布臺灣實施徵兵，並於同年 9 月施行。惟對臺灣人的徵兵僅實施一期，日軍即告戰敗投降。

　　回顧日治時期的臺灣兵役制度，可以「從無權利到有義務」來作描述，此亦為在臺灣首次實施全面而大規模的徵兵制，有其時代性意義。然而，因日本統治、國民黨統治時期軍事政策之故，臺灣人民真正開始為了純粹的「保家衛國」而服役，而不需「不知為誰而戰、不知為何而戰」，恐怕也只是近年的事。無論是日治時期殖民地型態的兵役制度，國民黨威權統治而為反攻大陸做準備時期的兵役體制，或近年來不以宗教良心作為唯一申請條件的替代役制度，均對臺灣一般家庭，以及年輕人的生涯規劃，產生重大的影響。

參考資料
臺灣省文獻會編，《臺灣省通志》，卷三政事志軍事篇；劉鳳翰，《日軍在臺灣（上）（下）》；洪偉勝，〈「不知為誰而戰，不知為何而戰」？臺灣日治及國治時期兵役制度回顧及省思〉。

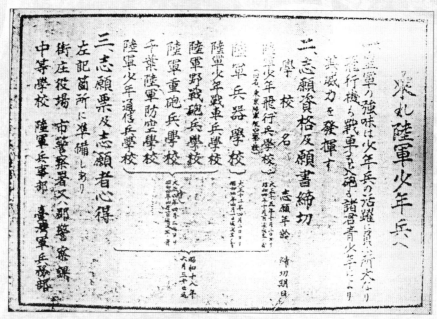

陸軍志願少年兵招募告示
《興南新聞》昭和18年（1943）5月30日2版圖片

第二回海軍志願兵志願者於臺北一中進行身體檢查
《興南新聞》昭和18年（1943）6月27日2版照片

Chapter **3** 中華民國法時期

61 行政長官公署接收臺灣

■ 王泰升、黃世杰

　　1945 年（昭和 20 年、民國 34 年）8 月 15 日日本向同盟國投降，依盟軍最高統帥麥克阿瑟所劃分之受降區，臺灣與中華民國（東三省除外）及越南北緯十六度以北，同由中國政府接收。臺灣省行政長官兼警備總司令陳儀乃於 10 月 25 日以署部第一號命令致函臺灣總督兼第十方面軍司令官安藤利吉，進行軍事接收，是日「統治權」正式移轉，臺灣省行政長官公署即本於 1945 年 3 月由中國國民黨國防最高委員會所制訂的「臺灣接管計劃綱要」，逐步進行接收。在國家法制上，則由日本明治憲法體制，換軌至中華民國訓政時期約法體制。依該訓政體制，係由中國國民黨「訓導」人民並代行「政權」，而將「治權」付託予國民政府行使，但處於戰時，黨政權力均集中至該黨內部的國防最高委員會。以上僅是中華民國國內法上之規定，關於國際法上的主權問題，須待日本依 1952 年生效的舊金山條約放棄對臺主權，始發生變動。

　　接收臺灣後，中國國民政府某程度延續日本對臺灣所採取的特別統治模式，不設與中國內地相同的省政府，而設行政長官公署統治之。惟就立法權而言，行政長官未如總督享有委任立法權，而僅有制定省單行規章之權力；雖 1946 年（民國 35 年）選出省參議會，但實際上對長官公署並無足夠的制衡力量。就行政權而言，行政長官「依據法令綜理臺灣全省政務」，與中國內地省政府之採委員合議制不同，不過其仍須直接受南京中央政府各部會的指揮監督。就軍事權而言，行政長官本身並無軍權，但陳儀兼任警備總司令而掌軍權。就司法權而言，在臺司法機關係由臺灣高等法院接收，而直屬於行政院司法行政部，故行政長官亦無如總督那樣擁有司法行政監督權。

　　由於國民黨政權猶有戰爭時期對日本的仇視心態，復以在「大一統」觀念下，中國向來欠缺尊重地方特殊性的文化傳統，故接收時的法制換軌經常忽視臺灣因受日本統治而已形成的既存法律生活秩序，使人民時而無所適從，甚至既得權受到損害，成為政權轉替下的犧牲者。

參考資料
王泰升，〈台灣戰後初期的政權轉替與法律體系的承接〉。

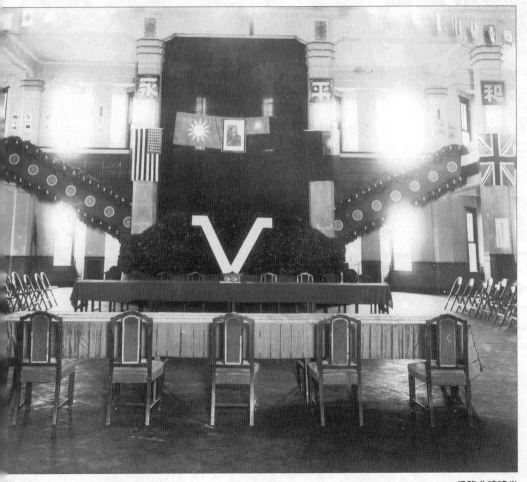

受降典禮禮堂

六、上第二款所述區域內日本陸海空軍所停聯合國戰
　　俘及拘留之人民立予釋放並保護送至指定地點

七、自此以後所有上第二款所述區域內之日本陸海空
　　軍當即服從蔣委員長之節制並接受蔣委員長及其
　　代表何應欽上將所頒發之命令

八、本官對本降書所列各款及蔣委員長與其代表何應
　　欽上將以後對投降日軍所頒發之命令當立即對各
　　級軍官及士兵轉達遵照上第二款所述地區之所有
　　日本軍官佐士兵均須負有完全履行此類命令之責

九、投降之日本陸海空軍中任何人員對於本降書所列
　　各款及蔣委員長與其代表何應欽上將嗣後所授之
　　命令倘有未能履行或遲延情事各級負責官長及違
　　犯命令者願受懲罰

　　奉日本帝國政府及日本帝國大本營命簽字人中
　　國派遣軍總司令官陸軍大將　岡村寧次
　　昭和二十年（公曆一九四五年）九月九日午前

九時　分簽字於中華民國南京

代表中華民國美利堅合眾國大不列顛聯合王國
蘇維埃社會主義共和國聯邦並為對日本作戰之
其他聯合國之利益接受本降書於中華民國三十
四年（公曆一九四五年）九月九日午前九時
分在中華民國南京
中國戰區最高統帥特級上將蔣中正特派代表中
國陸軍總司令陸軍一級上將

何應欽 [印]

降書

一、日本帝國政府及日本帝國大本營已向聯合國最高
統帥無條件投降

二、聯合國最高統帥第一號命令規定「在中華民國（東
三省除外）台灣與越南北緯十六度以北地區內之
日本全部陸海空軍與輔助部隊應向蔣委員長投降」

三、吾等在上述區域內之全部日本陸海空軍及輔助部
隊之將領願率領所屬部隊向蔣委員長無條件投降

四、本官當立即命令所有上第二款所述區域內之全部
日本陸海空軍各級指揮官及其所屬部隊與所控制
之部隊向蔣委員長特派受降代表中國戰區中國陸
軍總司令何應欽上將及何應欽上將指定之各地區
受降主官投降

五、投降之全部日本陸海空軍立即停止敵對行動暫留
原地待命所有武器彈藥裝具器材補給品情報資料
地圖文獻檔案及其他一切資產等當暫時保管所有
航空器及飛行場一切設備艦艇船舶的車輛碼頭工廠
倉庫及一切建築物以及現在上第二款所述地區內
日本陸海空軍或其控制之部隊所有或所控制之軍
用或民用財產亦均保持完整全部待繳於蔣委員長
及其代表何應欽上將所指定之部隊長及政府機關
代表接收

1. 中國臺灣省行政長官公署警備總司令部命令　署部字第一號

於臺灣省臺北市行政長官公署兼警備總司令官邸

命　令　中華民國三十四年十月　日

一、日本駐華派遣軍總司令官岡村寧次大將，已遵日本帝國政府，及日本帝國大本營之命令，率領在中國（東三省除外）越南北緯十六度以北，及臺灣、澎湖列島之日本陸海空軍，於中華民國三十五年九月九日，在南京簽具降書，向中國戰區最高統帥特級上將蔣中正特派代表中國陸軍總司令一級上將何應欽，無條件投降。

二、遵照中國戰區最高統帥兼中華民國國民政府主席蔣，及何總司令命令，及何總司令致岡村寧次大將中字各號備忘錄，指定本官所指定之部隊，接收臺灣、澎湖列島地區，日本陸海空軍及其補助部隊之設降，俟全權統一接收臺灣、澎湖列島之領土、人民、治權、軍政設施及資產。

三、貴官自接奉本命令之時起，即改稱臺灣地區日本官兵善後連絡部長，受本官之指揮，對所屬除傳達本官之命令、訓令、規定、指示外，不得發佈任何命令，貴屬對本官所指定之部隊長官及接收官員，亦同此。

四、自受令之日起，貴官本身并通飭所屬，一切機關部隊人員，立即開始迅確準備隨時候令交代，倘發現有報告不實，及盜賣、隱匿、損毀、沉滅應移交之物資文件者，予究辦治罪。

五、以前發致貴官之各號備忘錄，及葛主任所發之文件，統作為本官之命令，須確實遵行，併飭屬一體確實遵行。

右　令

臺灣地區日軍官兵善後連絡部長安藤利吉將軍

中國臺灣省行政長官兼警備總司令二級上將　陳儀

於受降式中面交本人受領

受降與接收

二四五

行政長官公署部字第1號命令

《光復臺灣之籌劃與受降接收》，張瑞成編，中國國民黨中央委員會黨史委員會，民國79年（1990），頁244-245

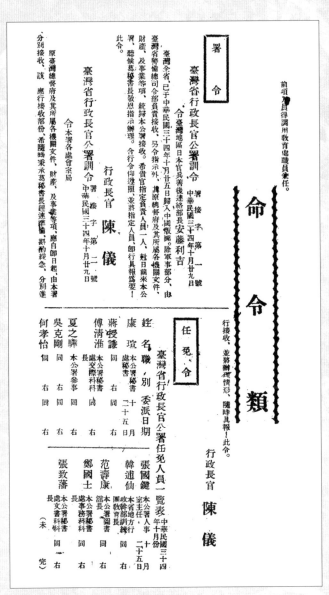

行政長官公署署接字第1號命令

《臺灣省行政長官公署公報》第1卷第1期，民國34年（1945），頁6

62 二二八事件

■ 王泰升、黃世杰

　　二次大戰結束後中國接收臺灣，原本處於日本殖民統治下的臺灣人民，對於「祖國」多半心懷期待。然於日治時期已形成之法治觀念與政治平等的理想，在面對尚處訓政階段、不習於「依法統治」(rule by law)，甚至歧視曾受日本統治之臺灣人的戰後中國政府時，出現了極大的衝突。

　　1947年（民國36年）2月27日傍晚，行政長官公署專賣局臺北分局的查緝員於查緝私煙時打傷女煙販，引發民眾不滿包圍，查緝員於混亂中開槍，竟誤將民眾射殺。次日民眾至長官公署廣場抗議，竟遭機關槍掃射，其後全臺均發生民眾反抗行動，但很快的各地均成立「二二八事件處理委員會」以料理善後並維持治安，同時亦以和平之政治改革為主要訴求。行政長官陳儀起初雖對外表示安撫，但同時向在南京之時任中國國民黨總裁及國防最高委員會委員長、國民政府主席及軍事委員會委員長的蔣中正，請求派兵支援。至3月8日中國內地的援軍抵臺後，陳儀即宣布戒嚴並以武力鎮壓，除以機關槍掃射外，並展開「綏靖」與後續的「清鄉」行動，甚至刻意整肅本地菁英，使嗣後數十年臺灣人民無力亦不敢表示政治異議。按事發後關於戒嚴令之發布相當混亂，是否呈請國民政府依法追認也不明，且經常未經逮捕審判即予以處罰甚至處死，而軍事審判案件於解嚴後未依法移送普通法院者亦有之。

　　事件發生後，曾為收拾人心，而將行政長官公署改制為權力較弱的省政府，並由文人出任省主席。惟隨之而來的戒嚴體制與白色恐怖氣氛，使二二八成為禁忌話題，直到1988年（民國77年）國民黨政府才公布原於1947年即已完成的官方調查報告。在民間的壓力下，至1995年（民國84年）始制定「二二八事件處理及補償條例」。然而在該項立法之過程中，對「賠償」或「補償」的爭議，仍可看出國民黨政府欠缺正面承認過錯的誠意。目前雖已定調為「賠償」，但責任歸屬問題仍未解決。

參考資料
陳儀深，〈論臺灣二二八事件的原因〉；羅詩敏，〈二二八事件之法律史考察〉；王泰升，〈台灣戰後初期的政權轉替與法律體系的承接〉。

立法院公報　第八十四卷　第十七期　院會紀錄

紀念基金會」外，餘均照審查條文通過，賛成者請按「賛成」，反對者請按「反對」，棄權者請按「棄權」，不記名投票，計時一分鐘。現在進行表決。

（進行表決）

主席：報告院會表決結果：在場委員一○九人，賛成者六○人，反對者四一人，棄權者八人。第十四條除條文中「賠償」修正為「補償」、「賠償委員會」修正為「紀念基金會」外，其餘均照審查條文通過。

現在宣讀第十五條。

第十五條　請領本條例所定賠償金之權利，不得扣押、讓與或供擔保。

現在宣讀第十六條。

第十六條　本條例自公布日起六個月施行。

主席：第十六條照審查條文通過。

本案全部經過二讀，劉委員炳華等三十七人提議本案繼續進行三讀，

本院委員劉炳華等三十七人，擬建請進行三讀。請公決。

提案人：劉炳華　陳宏昌

連署人：陳傑儒　張建國　劉國昭
莊金生　郭石城　劉政鴻
趙振鵬　李友吉　洪冬桂
周書府　葛雨琴　嚴啓昌
高鑛和　吳德美　廖光生
楊吉雄　饒穎奇　李鳴皋
廖福本　江偉平　劉光華
馬頓・古麥委員　華加志
游淮銀　吳東昇　施台生
曹爾忠　洪濬哲　陳清寶
李顯榮　羅傳進　黃正一
李源泉　陳建平　徐中雄

主席：請問院會，對本案繼續進行三讀，有無異議？（無）無異議，現在繼續進行三讀。

二二八事件處理及補償條例

——與經過二讀內容同，略——

（三讀）

主席：報告院會，劉委員炳華、陳委員宏昌等二十九人提議條文中皆以「受難人」稱之，只有第九條、第十條以「受害人」稱之，應將之修正為「受難人」，使條文能具一致性。

五六

另李委員慶雄提議將「二二八紀念基金會（以下簡稱紀念基金會）」修正為「二二八紀念基金會（以下簡稱二二八基金會）」，因這涉及實質內容修正，我們無法接受。

現作決議：「二二八事件處理條例草案名稱修正為二二八事件處理及補償條例，並將條文修正通過。」請問院會，有無異議？（有）有異議，進行表決。

贊成二二八事件處理及補償條例草案名稱修正為二二八事件處理及補償條例，並將條文修正通過者，請按「賛成」，反對者請按「反對」，棄權者請按「棄權」，現在開始記名投票，計時一分鐘，進行表決。

（進行表決）

主席：報告表決結果：在場委員一百零五人，賛成者五十九人，反對者四十五人，棄權者一人。三讀通過。

記名表決名單如下：

一、賛成者：五十九人
曹爾忠　劉政鴻　周荃
王天競　陳宏昌　劉炳華
陳傑儒　廖福本　洪濬哲
王建煊　曾永權　郭石城

二二八事件補償條例三讀
《立法院公報》，84卷17期，頁56

63 中華民國憲法的施行

■ 薛化元

　　歷經 1946 年政治協商會議及制憲國民大會，1947 年 12 月 25 日中華民國憲法開始實施。當時對日和約尚未簽訂，臺灣的國際法定位尚有爭議，中華民國仍將臺灣視為版圖內的一省，因此，臺灣「形式上」也開始實行中華民國憲法。但是，國民黨一黨訓政的體制更新有限，違憲的法規、制度依舊適用，影響行憲更大的是行憲前 1947 年 7 月 18 日，國民政府國務會議通過「動員戡亂完成憲政實施綱要」案。此一行政命令的公布，正式宣告國民政府以「總動員法」作為主要依據，針對經濟物資的統制、徵收物資的方式、交通工具之管制加以規範、限制。換言之，無庸等到頒佈「動員戡亂時期臨時條款」與宣佈戒嚴，臺灣實施中華民國憲法之初，「立憲主義」憲法必須具備的保障人權要件，已經大打折扣。行憲在此後數十年強人威權體制下最重要的意義，常常是人民向國家要求民主憲政的依據，而國民黨當局為了維持行憲門面的現實需要，也多少必須強調遵守憲政體制的立場。

參考資料
簡笙簧（主編），《中國近百年憲政大事年表》（臺北：國史館，1992），頁179、181；《中央日報》，1947年7月16日，第2版；《中央日報》，1947年7月19日，第2版。

動員戡亂完成憲政實施綱要
《大公報》1947/7/16，第2版

國民政府頒令開始行憲
《大公報》1947/12/25，第1版

1955年一二三自由日遊行
中央社提供

64 動員勘亂時期臨時條款

■ 薛化元

　　1948 年 4 月 18 日，國民大會在尚未選舉出由憲法產生的第一任中華民國總統之前，便通過了「動員戡亂時期臨時條款」，換句話說，根據中華民國憲法成立的政府尚未出現，憲法體制尚未能有效運作，便已經進入了所謂「臨時條款時期」。根據當時的會議紀錄，制定臨時條款的主要目的，乃是著眼於為了應付所謂的戡亂之需要，有必要建構國家緊急權的行使制度。而根據憲法規定，緊急命令權的行使，必須依據緊急命令法，此項立法直到今日，都尚未完成，當時更無實施的可能，因而採取臨時條款的方式，賦予總統經行政院會議之決議得發佈緊急處分令。不過根據條文，其涵蓋範圍包括發佈戒嚴令。由於臨時條款的制定，乃是採取所謂修憲的程序，而在國民大會修憲會場上，提案人代表王世杰的說明，亦明白指出本案乃是「修憲案」，換句話說，在通過臨時條款之時，基本上將其視為一種具有「有效性」的修憲行為。

　　此次臨時條款的制定雖賦予行政權較大的緊急處分權，然而其行使基本上仍然必須透過行政院院會的同意，原有憲政體制的運作並未因此一條款的制定，產生根本的改變。1960 年蔣中正總統尋求三連任再次修訂臨時條款體制時，才逐漸呈現出總統擴權的方向。1966 年國民大會在修改臨時條款，除通過以增補選的方式來充實中央民意代表外，並授權總統調整中央政府之行政與人事機構，以及成立動員戡亂機構。此舉使得蔣中正總統正式取得成立國家安全會議擴權的憲法位階依據。至於 1972 年最後一次臨時條款修正，除了建立增額中央民意代表的制度外，也在條文中明白賦予「萬年國會」存立的依據。

參考資料
《臺灣新生報》，1948年4月19日，第2版；《第一屆國民大會實錄（第一篇）》，頁267；《中央日報》，1960年3月12日，第1版；《臺灣新生報》，1966年3月30日，第1版；《中國時報》，1972年3月18日，第1版。

國民大會咨 （卅七）劉議字第○○○五號・三十七年五月六日（都遞）

茲經本大會依照憲法第一百七十四條第一款程序，制定動員戡亂時期臨時條款，謹隨函抄奉，咨請察照頒行為荷。順致

總統蔣

計抄奉動員戡亂時期臨時條款

動員戡亂時期臨時條款

茲依照憲法第一百七十四條第一款程序，制定動員戡亂時期臨時條款如左：

總統在動員戡亂時期，為避免國家或人民遭遇緊急危難，或應付財政經濟上重大變故，得經行政院會議之決議，為緊急處分，不受憲法第三十九條或第四十三條所規定程序之限制。

前項緊急處分，立法院得依憲法第五十七條第二款規定之程序，變更或廢止之。

動員戡亂時期之終止，由總統宣告或由立法院咨請總統宣告之。

第一屆國民大會應由總統至遲於民國三十九年十二月二十五日以前召集臨時會，討論有關修改憲法各案，如屆時動員戡亂時期尚未依前項規定宣告終止，國民大會臨時會應決定臨時條款應否延長或廢止。

動員戡亂臨時條款
《總統府公報》第1號，1948/5/20，第1版

65 發布戒嚴令及戒嚴法體制

■ 薛化元

　　1949 年 5 月 19 日，全臺各大報報導臺灣省政府及臺灣省警備總司令部公告自 5 月 20 日起，全臺戒嚴，基隆港與高雄港並實施宵禁，此後臺灣省進入長達三十八年之久的戒嚴統治。5 月 27 日，臺灣省警備總司令部進一步發布有關戒嚴時期之相關法令：防止非法行；管理書報；非經許可不准集會結社；禁止遊行請願、罷課、罷工、罷市、罷業等一切行為。某種意義下，戒嚴體制提供軍事接管的實定法依據，而根據戒嚴法頒佈的各項法規，往往都以命令的方式行之，以保安司令部（其改組後則為警備總部）為代表的軍事機關，往往因此接收部分行政機關的職權，甚至非軍人犯罪在「行政裁量」下便可以被移送軍事審判。

　　但是，戒嚴程序並未完備。1949 年 8 月 16 日，陳誠擔任長官的東南軍政長官公署呈請將臺灣（納入 1948 年的全國戒嚴令）劃為接戰地域。行政院則於 11 月 2 日決議通過，並由代行總統職權的行政院長閻錫山，於年 11 月 22 日以「卅八渝二字第三八六號」咨請立法院「查照」，12 月 28 日遷臺北辦公的行政院再通知臺灣省政府，同意將臺灣省劃歸接戰區域，而臺灣省政府在 1950 年 1 月 6 日公告並通知各單位。另外，立法院對於戒嚴的查照案，則於 1950 年 3 月 14 日根據《戒嚴法》規定的程序，議決「予以追認」，咨請行政院及「復行視事」的蔣中正總統查照。行政院在收到立法院的咨文後，即「令知」國防部、司法行政部及臺灣省政府等機關。

　　本來戒嚴之實施，有其應付外在軍事威脅的現實考量，但是，戒嚴體制的長期存在卻構成對民主憲政體制嚴重的傷害。在此一體制之下，憲政體制所保障的基本人權，自然容易成為「白紙寫黑字」。值得注意的是，在制定戒嚴法之初，即針對戒嚴體制下，人權可能遭到侵害的問題，提出救濟的管道，規定解嚴後可再提司法訴訟的補救措施。不過，在 1987 年解嚴之際，國民黨當局為了避免戒嚴時期冤假錯案平反，而在國安法中取消了此一對人權救濟的規範，導致今日在面對白色恐怖、人權平反問題時，無法循司法途徑救濟、平反，而以政治的運作，「補償」戒嚴時期遭到不當審判的受害者。

參考資料
《中央日報》，1949年5月19日，第2、3版；《臺灣新生報》，1949年5月28日，第5版；《中央日報》，1951年10月18日，第1版。

182

臺灣省政府
臺灣省警備總司令部　佈告　戒字第一號

一、本部為確保本省治安秩序，特自五月二十日零時起，宣告全省戒嚴。

二、自同日起，除基隆高雄馬公三港口在本部監護之下，仍予開放，並規定省內海上交通航線（辦法另行公佈）外，其餘各港，一律封鎖，嚴禁出入。

三、戒嚴期間規定及禁止事項如左。

（一）自同日起，每日上午一時起至五時止，為宵禁時間，非持有特許證，一律斷絕交通。

（二）航行於省內海上之船隻及旅客，均應受出入港口之檢查。

（三）無論何人民間所有之武器彈藥及其他危險品，不得私自藏匿，應於下午十二時前，一律繳交，聽候處理。

（四）所有出入境旅客，均須遵照本部規定，辦理出入境之檢查。

（五）嚴禁聚眾集會罷工罷課及遊行請願等行動。

（六）嚴禁以文字標語，或其他方法散佈謠言。

（七）嚴禁人民攜帶武器或危險物品。

（八）居住本省境內者，不論本省或外省人民，均應辦理戶口登記。

四、戒嚴期間，以圖接亂治安，有左列行為之一者，以法處死刑。

（一）造謠惑眾者

（二）聚眾暴動者

（三）擾亂治安者

（四）鼓動工潮擾亂秩序者

（五）破壞交通通信者

（六）妨害公眾之用水及電氣煤氣事業者

（七）持械搶劫或搶奪財物者

（八）罷工罷課及阻礙商店照常營業者

（九）放火決水，發生公共危險者

（十）未受允准，持有槍械彈藥或爆裂物者

五、除呈報及分令外，特此佈告通知。

中華民國三十八年五月二十日

主席兼總司令　陳　誠

臺灣戒嚴令
《中央日報》1949/5/19，第1版

當局今日宣佈
全省明起實施戒嚴
每日零時至五時為宵禁時間
戒嚴期間擾亂治安者鎗決

臺灣戒嚴令
《中央日報》1949/5/19，第3版

66 戰後土地改革

■ 薛化元

　　戰後初期臺灣土地改革主要有三個重要項目：1949年臺灣實施三七五減租的政策、1951年實行公地（官有農地）放領政策、1953年11月開始實施的「實施耕者有其田條例」，完成了「耕者有其田」的初步成果，佃耕地的比例從原本的44%減少到17%。至於平均地權則到1956年1月才正式實施。當臺灣省政府公布「實施都市平均地權條例臺灣省細則」時，省主席嚴家淦便表示，臺灣「平均地權之省規，已告全部完成」。但是實施過程與內容，則有進一步思考的必要。

　　基本上實施土地改革對於農村租佃關係的改善，具有一定程度正面的功能，也有助於減輕中共利用農村租佃關係發展其組織的可能。但是，三七五減租在臺灣實施兩年之後的1951年5月25日，立法院才以省略三讀的形式通過「三七五減租條例」，卻正凸顯了國民黨當局長久以來，對於牽涉到人民基本權利的措施必須依法律保留原則以法律執行並不在意，因此縱然出於善意，也違背民主憲政體制運作的常軌，更不用提政府以行政命令不當限制人民的基本權利。至於「公地放領」的土地面積更屬有限，美國顧問更曾為此致函蔣中正總統，強調「公地放領」流於「形式化」，將使土地改革的理想大打折扣。

參考資料
《臺灣新生報》，1951年5月26日，第1版；《中央日報》，1956年1月13日，第1版；《中央日報》，1956年1月15日，第4版；薛化元，《臺灣開發史》（臺北：三民，1999），頁163。

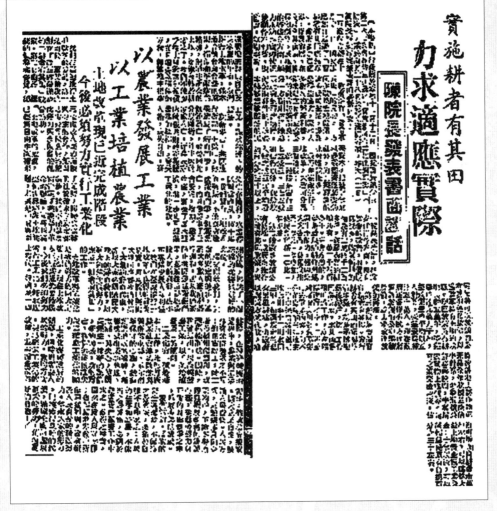

土地改革
《中央日報》1952/12/3

67 中華民國政府在臺灣的重建

■ 薛化元

　　1949 年底，因中國大陸情勢日漸惡化，中國國民黨總裁蔣中正 12 月 7 日決定將中央政府遷往臺北。同日，行政院決議政府自成都遷往臺北。次日，總統府及行政院官員抵達臺北，12 月 9 日舉行遷臺後首次行政院院會。總統府、司法院與考試院等機關亦開始在臺辦公，監察院、立法院及國民大會則以來臺的委員與代表繼續行使職權。由於憲政架構並未因來臺而改變，政府機關仍舊維持在大陸時期的規模，造成了「小臺灣，大政府」的情形；同時由於中央政府與臺灣省政府的統治區域大幅重疊，省政府諸多職權遭到中央政府的侵奪。而為了解決立法委員與監察委員任期即將屆滿的問題，1954 年 1 月 29 日，司法院大法官會議以國家發生重大變故為由，作成釋字31 號解釋：在第二屆立法委員及監察委員未能依法選出集會以前，應仍由第一屆立、監委員繼續行使職權；另外，由行政機關宣布國大代表未經改選，故其職權行使至下一屆國民大會集會為止。在上述的作為下，中華民國政府在未能同時領有大陸地區的情況下，以戰時（暫時）體制在臺灣建立一個中央政府，並透過「萬年國會」的方式，藉由在大陸時期選出的代表支持中央民意機構的運作，在「法統」上仍宣稱繼續保有中國大陸的主權。

參考資料
郭廷以著，《中華民國史事日誌》，第四冊（臺北：中央研究院近史所，民國74年），頁920；《中央日報》，1949年12月8日第1版；《中央日報》，1949年12月10日，第1版；伊原吉之助，《台灣政治改革年表‧覺書（1943-1987）》，頁75；《中央日報》，1954年1月30日，第1版。

總統頒佈命令
政府遷設臺北
西昌設大本營統率陸海空三軍
繼續在大陸指揮作戰

【中央社成都七日電】總統於十二月七日分令：政府遷設臺北，並在西昌設大本營統率陸海空三軍繼續在大陸指揮作戰，此令。（一）西南軍政長官張羣兼代理雲南省政府主席，此令。（二）派朱紹良為西南軍政副長官，此令。（三）西南軍政長官兼代理雲南省政府主席張羣，任命為重慶綏靖公署主任。（四）派劉文輝兼西康省政府主席，此令。（五）派羅廣文為西南軍政副長官，此令。（六）派胡宗南兼西安綏靖公署主任，此令。（七）任命賀國光為西南軍政副長官，此令。（八）派鄧錫侯兼川康綏靖公署主任，此令。（九）派熊克武為西南軍政副長官兼西昌警備司令，此令。

中央政府遷臺
《中央日報》1949/12/8，第1版

68 1950年地方選舉

■ 薛化元

　　1950 年 4 月 5 日，行政院修正通過臺灣省政府提報的「臺灣省各縣市實施地方自治綱要案」，同時並核准臺灣省正式試辦所謂的地方自治。此種以行政命令試辦之地方自治，當然與中華民國原來的憲法上地方自治體制，有相當大的差別，不僅欠缺憲法保障，甚至連法律保障的要件也不具備。而且臺灣省主席也不是民選的省長，至於地方的自主權，特別是在人事及財政方面，亦明顯地欠缺。但是，在當時中央民意代表不得改選的情況下，透過此種地方自治選舉的舉行，無論是省議員的選舉或是縣市長及縣市議員的選舉，都提供了當時臺灣重要的民意展現管道。至於臺灣的地方選舉則可溯及日治時期，在 1935 年臺灣總督府進行地方制度改正以後，曾舉行臺灣第一次的選舉。

　　於戰後國民政府接收之初，臺灣省行政長官公署除公布施行國民政府既有的選舉法規，以在臺灣省成立各級民意機關。同時制定因應臺灣之需的法令，例如「臺灣省鄉鎮民代表會組織章程」、「臺灣省鄉鎮民代表選舉規則」。從此鄉鎮民代表到省級省參議員選舉，得以根據公布的法令來實施，其中，1946 年 2 月 20 日臺北縣北投鎮鎮民代表選舉投票，更揭開了戰後訓政體制選舉的序幕。

參考資料
　　《中央日報》，1950年4月6日，第1、3版；《臺灣新生報》，1950年4月6日，第4版；伊原吉之助，《臺灣政治改革年表‧覺書（1943-1987）》（奈良：帝塚山大學，1992年），頁26。

行政院以行政命令
「試辦」地方自治
《中央日報》1950/4/6，第1版

實施地方自治綱要之內容
《中央日報》1950/4/6，第3版

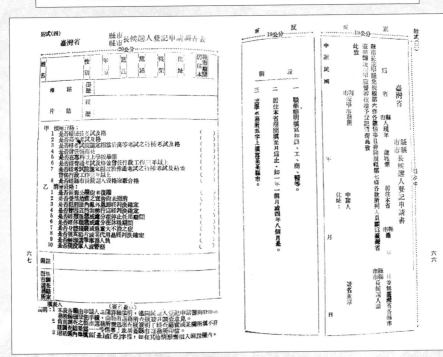

臺灣省縣市長候選人登記申請書暨調查表
縣市選舉監察手冊，頁66-67

69 萬年國會體制

■ 薛化元

　　1949 年底，原在中國大陸的中華民國政府，遷移至臺灣島上的臺北，不久後即無從有效統治中國大陸。1950 年底，第一屆立法委員任期即將屆滿，依憲法規定，必須於 1951 年 5 月以前完成第二屆立法委員的選舉，為了因應此一變局，行政院於 1950 年 12 月 27 日行政院第 165 次會議，建議蔣中正總統咨商立法院由現任立法委員繼續行使職權一年。此後，立法委員的任期透過總統咨文，立法院同意的方式，共三次延任期。但是，隨著時間經過，整個中央民意機構的合法性問題亟待全面處理。

　　1953 年 9 月蔣中正總統以國民大會雖然六年一任，不過憲法規定其職權行使至下一屆國民大會集會為止，因此不經改選便能繼續行使職權，遂以代電通知國民大會秘書長洪蘭友查照。1954 年 1 月 21 日，行政院第 327 次會議決議，將監察委員、立法委員任期問題函請司法院解釋。同年 1 月 29 日，司法院大法官會議迅速作成釋字 31 號解釋：在第二屆立法委員及監察委員未能依法選出集會以前，應仍由第一屆立、監委員繼續行使職權。使得原本每年自我表決通過延任的立法委員及任期即將屆滿的監察委員，在全面改選前繼續行使職權。由這批不必改選的國大代表、立法委員、監察委員所主導的中央民意機關，被稱為「萬年國會」。

　　1990 年代國民黨當局推動國會改革時，原本希望以自願退職的方式進行，但是，1989 年 1 月通過中央民意代表退職條例之後，縱使國民黨大力游說，退職的中央民意代表人數卻相對的少，因而 1989 年底增額立法委員選舉之後，在立法院仍是由資深委員主導。不僅立法院如此，國民大會的問題也依然。面對要求國會改革的壓力，最後民國 1990 年 6 月司法院大法官會議作出第 261 號釋憲案，解釋資深中央民代應於 1991 年 12 月 31 日前終止行使職權，配合 1991 年廢除「臨時條款」，制訂「憲法增修條文」才落實以退職的方式完成中央民意代表的改革工程。

參考資料
《總統府公報》，430號，民國42年9月25日，頁2-3；《中央日報》，1953年9月28日，第1版。司法院釋字31號解釋，《總統府公報》第467號，民國43年2月2日，頁3；《司法專刊》，37期（臺北：司法行政部秘書處，民國43年4月），頁1451。

司法院令 大法官會議議決釋字第三十一號解釋 四十三年一月二十九日

茲將本院大法官會議議決釋字第三十一號解釋，公布之。此令。

解釋全文

憲法第六十五條規定立法委員之任期為三年，第九十三條規定監察委員之任期為六年，該項任期本應自其就職之日起，至屆滿憲法所定之期限為止，惟值國家發生重大變故，事實上不能依法辦理次屆選舉時，若聽任立法與監察兩院職權之行使陷於停頓，則顯與憲法樹立五院制度之本旨相違，故在第二屆委員未能依法選出集會與召集以前，自應仍由第一屆立法委員監察委員繼續行使其職權。

大法官會議釋字第31號解釋
《總統府公報》第467號，1954/2/2，頁3

總統代電 中華民國四十二年九月廿三日 (四二)台統(一)字第二二二三號

行政院陳院長勛鑒：據〇國民大會洪秘書長報告呈稱本院第三〇五次大會議決議：「查第…屆國民大會代表將屆六年改選之期，依照憲法須即改選，惟審度目前情勢，整個大陸尚為匪幫盤據，選民無法行使選舉權，故無法辦理選舉，基於此等事實上少故障，第二屆國民大會代表之選舉，現實無法進行，按憲決第二十八條第二項規定：「每屆國民大會代表之任期，至次屆國民大會開會之日為止。」在第二屆國民大會代表未能依法辦理選舉集會以前，第一屆國民大會代表，自應適用該項條文之規定，俟將來情勢許可，再行辦理改選，應即由院呈報，總統鑒察。」等情，查所呈系次屆國民大會代表選舉，既因事實上之故障無法進行，第一屆國民大會代表之任期自應准如所請適用憲法第二十八條第二項之規定，至次屆國民大會開會之日為止。除電復如國民大會洪秘書長外，特電察照。蔣中正四二台統(一)甲龜印，行政院外行

總統表示國民大會代表得繼續行使職權
《總統府公報》第430號，1953/9/25，頁2-3

70 1950年懲治叛亂條例修正

■ 薛化元

　　在白色恐怖期間，國民黨當局鎮壓異議份子最有力的法律依據是 1949 年 5 月 24 日通過的「懲治叛亂條例」，至於其懲治的所謂「言論叛亂」，乃是以刑法 100 條所規定之要件模糊的叛亂定義為依據。1950 年 4 月 14 日，立法院通過「懲治叛亂條例」修正案，此一修正案的基本精神在於：以治亂世用重典為原則。對叛亂犯採取更嚴厲的處罰，可以沒收其全部財產；其次，則強調獎勵自新，凡違反本條例而能自首攜帶槍械、密件來歸者，得不起訴或免除、減輕其刑。由於「懲治叛亂條例」是在動員戡亂時期政府處理政治案件時經常引用的依據，使當年的政治犯遭遇到比刑法典更嚴厲的處罰。

　　1991 年 5 月 1 日，李登輝總統剛宣布廢除「動員戡亂臨時條款」，回歸中華民國憲法體制之後，5 月 9 日隨即發生獨臺會案。此一案例係涉嫌以言論宣傳而為叛亂，因而使得自 1949 年以來以「懲治叛亂條例」配合「刑法 100 條」，箝制言論自由的問題受到普遍的重視。5 月 12 日大專院校的學生靜坐聲援獨臺案，雖然遭到警方驅散，但 13 日即有一些教授學者成立「知識界反政治迫害聯盟」，15 日更有上千名學生於臺北火車站集結靜坐，要求廢止「懲治叛亂條例」，面對龐大的民意壓力，立法院旋即於 5 月 17 日廢止「懲治叛亂條例」。但是由於「刑法 100 條」仍有言論叛亂的問題，因而不僅 5 月 20 日知識反政治迫害聯盟與學運團體舉行大規模的遊行抗議，連省議會也在 5 月 21 日決議要求立法院廢除「刑法 100 條」。其後歷經朝野一年的折衝以及社會的壓力，1992 年 5 月 15 日立法院通過「刑法 100 條」修正案，使得所謂的言論、結社、叛國的問題，得到最後的解決。因為在白色恐怖時期，所謂的叛亂案多屬於言論及結社層次，很少有真正以武力從事叛亂的層次，因此「懲治叛亂條例」的廢除及「刑法 100 條」的修正，在某種意義上，也可以視為白色恐怖的終結。

參考資料
《中央日報》，1950年4月15日，第1版；薛化元，《臺灣開發史》，頁188。

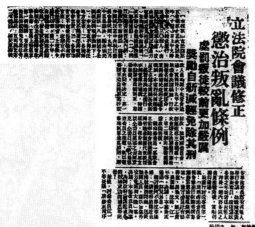

修正懲治叛亂條例
《中央日報》1950/4/15，第1版

71 少年事件法

■ 王泰升、李燕俐

　　臺灣在日治時期的少年事件法制，已隨著 1945 年國家法秩序的更替而失效。戰後有關於少年事件處理法的立法議論始於 1954 年（民國 43 年），由當時的司法行政部成立專案小組從事少年法草案研究，後經立法院冗長討論並大為修正，而於 1962 年（民國 51 年）公布。其雖奠定了現行少年相關法制之基本原則，亦即保護原則，但內容上卻傾向「宜教不宜罰」的宣示。由於欠缺實施該法之環境、人力與相應配套措施，該法十年間並未施行。1971 年（民國 60 年）為回應社會輿論之壓力而大幅修改了該法內容，以「教罰並重」取代「宜教不宜罰」，但反成為具懲罰、管訓色彩之「少年刑法」，與保護主義之原意漸行漸遠。

　　由於社會結構急遽的變遷，少年犯罪問題日趨嚴重，既有法制已不足因應，加上專家學者間逐漸形成「以保護取代管訓」的立法共識，自 1987 年（民國 76 年）開始，一連串推動修法的工作就此展開。雖幾經擱置，但終於 1997 年（民國 86 年）完成該法的大翻修。其變動幅度之大，僅有八條未修正，而重要的變革有：設立少年專業法院、先議權的明確劃定、保護處分的多樣化、二分觀護人之職權為少年調查官與少年保護官、少年前科紀錄及相關資料的事後塗銷等等。此次修法之重大意義在於首次提出少年主體性之概念，使少年在處理過程中能受到更多的尊重與保護。

　　戰後臺灣的少年事件法制，係中華民國中央政府遷臺後，因應臺灣社會的變遷，並配合各時代臺灣學界的主流見解而生，故為中華民國法制臺灣化的一例，亦顯示當代對少年議題的重視。

參考資料
李茂生，〈我國少年事件處理法的檢討與展望——以刑事司法與福利行政兩系統的交錯為論點〉；林東茂，〈評少年事件處理法修正〉。

臺南少年觀護所
《法務部史實紀要》第二冊

72 美國經濟援助（1951-1965）

■ 薛化元

在 1950 至 60 年代初期有效促進臺灣經濟安定最重要的外在因素，便是來自美國的經濟援助。1950 年韓戰爆發，美國恢復推動對我國的經濟援助，次年美國國會完成立法，正式展開對臺灣的經濟援助。直到 1965 年美援中止，平均每年美援的金額約一億美元。當時美援至少透過兩個有效的途徑來維持臺灣經濟的安定，首先是經由剩餘農產品援助或進口物資援助及貸款的援助，補助臺灣當時因外匯短缺產生的重要民生物資供應不足的問題，減輕需求大於供給所產生的物價上漲壓力。其次則是將出售剩餘農產品所得臺幣的相對基金，存入臺灣銀行會產生抵消貨幣膨脹的效果。

除此之外，美援對於臺灣基本設施的投資及維修亦有相當正面的作用。由於當時財源短，政府甚至無力重建臺灣戰爭期間受損的基本設施。美國的經濟援助，包括美元貸款在此時便給予適時的支援，使得臺灣的電力、交通運輸、水利灌溉等等基本設施皆能陸續進行運作。整體而言，美援直接增加了當時臺灣嚴重不足的物資供給，一方面可以平抑物價上漲的壓力，另一方面也協助提供工業發展所需要的基礎建設與原料。

美援因此對戰後臺灣的法律變革有一定的影響，其涵蓋面包括土地相關法規、促進投資與外銷之法規、預算法規及財務行政法規、財稅法規、商事法規等等。

參考資料
薛化元，《臺灣開發史》，頁176-177；陳維曾，《法律與經濟奇蹟的締造》，頁110-118。

財政收支自謀平衡 運用美援發展生產

把握時機邁進自力更生之坦途

陳院長報告當前財政及美援運用情形

美援
《中央日報》1951/10/2

73 獎勵投資條例

■ 薛化元

　　1950 年代在外有美援的支持下，臺灣經濟發展的方向配合外在環境因素的轉變，由「進口替代」漸次轉為「出口擴張」。而隨著臺灣經濟的發展，美援也即將終止。政府為了吸引投資，促進出口和持續經濟發展，採納美國顧問的建議，於 1960 年擬訂的「19 點財經改革措施」成為其後經濟體制改革的主要方向，其中最重要的是 8 月 31 日立法院三讀通過「獎勵投資條例」。本條例適用於國內外資本，並撤銷原先對外資持股的限制，放寬有關外資利潤匯出款的限制。至於其鼓勵投資意願的訴求重點，則在於對投資、儲蓄和出口的優惠措施，其中以租稅的優惠最為重要。一般研究者認為此條例的制定，對創造臺灣有利的投資條件，吸引投資、促進出口，皆有相當貢獻。不過，由於政府是以公權力介入，以扭曲臺灣經濟資源的分配作為代價，因此制定之初即有十年落日條款的規定。然而，政府為持續貫徹既有政策，不僅條文多次修改以配合實際需要，施行的期限也一延再延，直到 1990 年底才由新通過的「促進產業升級條例」取而代之，完成歷史任務之後正式結束。

參考資料
《中央日報》，1960年9月1日，第1版；《中央日報》，1990年12月29日，第2版；薛化元，《臺灣開發史》，頁178-179。

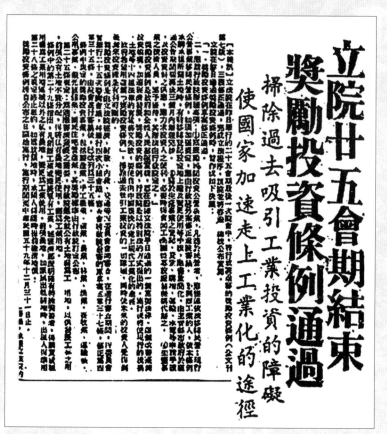

獎勵投資條例
《中央日報》1960/9/1，第1版

74 美國法制的導入

■ 王泰升、陳宛妤

在國民黨政府接受美國經濟援助的期間（1951-1965 年、民國 40-54 年），美國要求臺灣政府應修改經貿法令，引進美式的經濟法規。首先，即在「美援會」的推動下，於 1963 年（民國 52 年）公布「動產擔保交易法」，並於隔年實施，將美國法上「動產抵押」制度引進臺灣民商法，以便利工商業及農業向銀行貸款。這是首次將英美法系國家的民商法納入臺灣的民商法體制內，臺灣繼受西方法的來源已不再只限於歐陸法。同樣的，自 1962 年（民國 51 年）開始草擬，於 1968 年（民國 57 年）公布施行的「證券交易法」，也是在美籍顧問的參與下，承襲美國的證券管理法律；此外，「公司法」亦於 1966 年（民國 51 年）進行突破性大修改，仿效美國法，將股東資本制改為授權資本制。

臺灣在美援結束後仍與美國維持緊密的貿易往來，在 1980 年代臺美貿易摩擦期間，為解除來自美方的貿易制裁威脅，臺灣於 1985 年（民國 74 年）修改著作權法，接受美國法上「懲罰性損害賠償」觀念，而商標法亦隨之跟進。因長期的沈浸於美國文化，臺灣在 1990 年代已是主動地向美國法靠攏，例如立法引進英美法特有的信託制度，甚至在專為處理臺灣社會問題而制定的「家庭暴力防治法」中，引進美國法上的「保護令」制度。

對美國法的繼受，更加豐富臺灣法的內涵，亦有利於臺灣的國際競爭力，但如何將其與臺灣既有法制內歐陸法概念與體系相結合，是另一項重要課題。對於自民國時代中國移入臺灣的中華民國法制而言，則展現出以「美國化」的方式，來進行「臺灣化」。

參考資料
王泰升，《台灣法律史的建立》；王泰升，《台灣法律史概論》；王泰升，《台灣法的斷裂與連續》；陳維曾，《法律與經濟奇蹟的締造》。

二、立法院第三屆第四會期司法、內政及邊政、教育三委員會第一次聯席會議紀錄

時　　間　中華民國八十六年十月六日（星期一）上午九時、下午二時三十分

地　　點　本院第九會議室

出席委員　十四人

列席委員　十七人

列席人員
　　法務部檢察司長　游乾陽
　　法務部民事廳長　廖宏明
　　內政部社會司長　陳武雄
　　內政部警政署刑事警察局副局長　廖中堂
　　教育部訓育委員會主任委員　羅虞村
　　教育部社教司司長　鄭石岩

主　　席　潘委員維剛

主席：出席委員已足法定人數，現在開會，進行報告事項。

報　告　事　項

一、宣讀本院秘書處函

主席：繼續進行討論事項。

討　論　事　項

審查本院委員潘維剛等三十七人擬具「家庭暴力防治法草案」一案

主席：本席先向委員會作個簡短報告，本會期因時間較緊湊，加上選舉休會二週，不過，大家所關心的法案，一定會優先安排，尤其刑事訴訟法、委員會一定會在預定時間內排出來，其他如范委員所關心的民法親屬篇有關財產的部分，也希望能盡快整理以便安排審查，司法委員會將重要的工作安排好了。

現在由本席進行提案說明，請張委員俊雄暫代主席位。

主席：（張委員俊雄代）請提案人潘委員維剛進行提案說明。

潘委員維剛：主席、各位列席官員、各位同仁。「家庭暴力防治法」主要的精神在於促進家庭和諧、防制家庭暴力、保護被害人權益。我們都知道，家，是社會國家最小的基礎，家庭和諧對國家社會的發展有很重大的影響，唯有家庭和方

能萬事興，唯有齊家方能治國平天下，因此，我們無不希望建構一個和諧的家庭，這是非常重要的宗旨目標。現在是否達此宗旨目標呢？很遺憾的，民國八十一年臺灣省社會處所作的調查，婦女遭家庭暴力侵襲的比例達三五％，福爾摩沙基金會也曾調查，有一七‧八的比例，現代婦女基金會所作大型的全國性調查，從七千多份有效問卷中，發現有十一‧七的婦女，曾遭受家庭暴力的經驗，由這些數據顯示，我們要痛心的指出，約三至五個家庭就有一件家庭暴力的發生，這是非常嚴重的問題，因此，制訂「家庭暴力防治法」是刻不容緩的。

如果發生家庭暴力，在法律上只有兩條途徑：一是離婚，另一是控告對方傷害。若選擇離婚，而民法親屬篇有關婚姻的規定尚未修訂，法院判決又採嚴格標準，除非是經常被打且取得證明，否則很難達不堪履行同居義務之離婚要件

家庭暴力防治法立法時之提案說明
《立法院公報》，86卷39期，頁300

75 美麗島事件

■ 薛化元

　　1978 年 12 月美國宣布即將不承認中華民國，政府根據「臨時條款」的規定，發佈緊急處分令，停止當年舉行的增額中央民意代表選舉。以《美麗島》雜誌與其他在野雜誌的成員為代表的反對派政治菁英，失去了選舉的舞臺，因而改採以群眾集會的方式，希望擴張其在政治的發言權，而與保守派之間的對立情勢更為緊張。

　　1979 年 12 月 10 日，黨外人士於高雄舉行世界人權紀念日大會，最後引發群眾與情治單位大規模的衝突，由於活動是由《美麗島》雜誌主辦，而事件發生在高雄，因此稱為美麗島事件或高雄事件。由於當日活動未獲許可，主辦單位照常舉行紀念活動，情治單位則以鎮暴部隊封鎖，終於引發嚴重的衝突。然而，此一衝突事件僅是導火線，從事後被逮捕的名單中，甚至連當時人在國外的許信良也在起訴名單之內，可見執政的國民黨當局有意藉此事件，打壓成長中的反對勢力。

　　由於涉案人士多為當時黨外運動的菁英，且被媒體塑造為暴徒，反對勢力在低沈的政治氣壓下暫告潛沈。但是，隨著 1980 年 3 月 18 日軍事審判公開舉行，媒體大幅報導審判過程中，被告與軍事檢察官的對話，使得高雄事件涉案人士的政治理想得以透過媒體對外傳達。不僅多少化解其原來被官方及其媒體醜化為暴力份子的形象，而且也有助於宣傳黨外的政治理念，使得美麗島事件以後，黨外運動得以重新出發，不至如 1960 年的新黨運動一樣，發生雷震事件便告消沈。

參考資料
美麗島事件口述編輯小組編，《珍藏美麗島（口述史）》（臺北：時報，1999年）。

警方查封美麗島雜誌社
中央社提供

美麗島大審
中央社提供

76 審檢分隸

■ 薛化元

　　1960 年在總統府臨時行政改革委員會提出正式改革建議後，行政院長與司法院長見面協商處理監察院提出有關高等法院及地方法院隸屬行政院，嚴重違反權力分立原則及中華民國憲法體制的聲請釋憲案，而由大法官會議做出釋字 86 號解釋。

　　雖然大法官會議認為高等法院及地方法院隸屬行政院違憲，但是由於蔣中正總統不支持，制度改革工作並未展開。直到 1980 年 5 月，在美國不再承認中華民國與美麗島事件的衝擊後，立法院分別於 5 月 27 日先通過「行政院組織法修正案」，將「司法行政部」改稱「法務部」；5 月 30 日，再通過「司法院組織法修正案」，使得高等以下法院自 7 月 1 日起正式改隸司法院，至於原有的檢察系統則隸屬於法務部之下。

　　此一司法體制的調整，距離 1960 年被大法官會議解釋違憲已二十年。因此，制度的調整固然有助於臺灣司法獨立或是權力分立制度的運作，但是拖延二十年才調整，卻表現了執政者對於大法官會議作成違憲解釋的制度漫不經心，甚至長期敷衍的心態。

參考資料
《中央日報》，1980年5月28日，第1版；司法院釋字第86號解釋，《司法院公報》，2：9，1960年9月11日，頁10；《立法院公報》，69：43，1980年5月28日，頁29-32；《立法院公報》，69：44，1980年5月31日，頁51-55。

行政院組織法修正，
司法行政部
改名法務部

【本報訊】行政院院會二度通過，修正
組織法第三條條文，即進行三讀，完成立
正案，昨日經立法院三讀程序，即咨請總
統公布施行。

本案修正的重點，將行政院原有八部二
會的組織加以調整，新增...
行司法行政部改名為法
務部...

（略）

行政組織法修正
《中央日報》，1980/5/28，第1版

77 制訂國家賠償法

■ 薛化元

　　原本在憲政體制下，針對國家權力損及人民權利，制訂賠償的法律依據，乃是對人權保障的重要一環。但是在強人威權體制下，國家權力往往侵害人民的基本人權，而輕忽國家賠償制度的建立。連國家機關明顯誤判，導致人民無辜失去自由幾乎沒有爭議的冤獄賠償，都一再延宕。縱使輿論再三要求，「冤獄賠償法」在1959年才完成立法，而且資格頗多限制，更遑論牽涉層面更廣的「國家賠償法」的立法。

　　1979年美國正式與中華人民共和國建交，不再承認中華民國，並以「臺灣關係法」規範與臺灣的往來。或許為了凸顯政府政治革新的形象，國民黨當局才推「國家賠償法」的立法工作，1980年6月20日，立法院完成三讀。本法實施後，針對國家機關或公務人員的過失，導致人民權益受損，人民便可依法求償，對於人民的權益較過去有更多的保障。

參考資料
《中央日報》，1980年6月21日，第1版；《中國時報》，1980年6月21日，第1版。

六期星　日一十二月六年九十

國家賠償法昨完成立法
人民自由權利受損
得依法律請求賠償
即請總統公布明年七月起施行

【本報訊】新訂制而為社會大眾矚目的「國家賠償法」，昨日經立法院第六十五會期第三十次會議三讀通過，完成立法程序，即將咨請總統公布，而於中華民國七十年七月一日起施行。本法共有十七條條文，立法精神是根據憲法第二十四條規定：「凡公務員違法侵害人民之自由或權利者，除依法律受懲戒外，附帶負刑事及民事責任。被害人民就其所受損害，並得依法律向國家請求賠償。」本法是國家賠償的基本法，有了本法，被害人民才能依法向國家請求賠償。本法規定國家於賠償後，對保障我國旅外僑民權益亦大有裨益，對保障我國人民權益更為周備。

益，因國家賠償法多採相互保證的互惠主義。

在賠償主體方面，本法是以國家為賠償義務的主體，此外，受委託行使公權力的團體或個人，其執行職務的人於行使公權力時，視為委託機關的公務員。

賠償責任上，本法規定，公務員於執行職務行使公權力時，因故意或過失不法侵害人民的自由或權利者，國家應負賠償責任。同時，立法院增列規定，對公務員消極的不執行職務，致人民自由或權利遭受損害者，仍應由國家負賠償責任。

第二條增列第一項規定：「本法所稱公務員者……」

損害賠償的方法以金錢賠償為原則，以回復原狀為例外。本法的賠償請求權及求償權時效期（二年）消滅時效……賠償經費，由各發生賠償事件……

由於本法公務員定義不明，……受害的人因重大過失或故意致損害發生時，……公務員求償，意或重大過失為限，故限制公務員賠償請求權……同時，本法亦規定，公務員於執行職務行使公權力時，有關國家賠償之規定，受委託行使公權力的團體或個人，其執行職務之人於行使公權力時，視同委託機關之公務員，所生損害賠償，……本法有關個人求償權的保障。

國家賠償法
《中央日報》，1980/6/21，第1版

78 勞動法制的建立

■ 王泰升、李燕俐

　　由於戰前日本的勞動法制並不健全，且幾乎未施行於日治下的臺灣，故臺灣社會具有現代意義的勞動法制，應始於國民黨政權將其原於 1930 年代的中國所制定的勞動三法，自 1945 年起施行於臺灣。在臺灣的國民黨政府於 1980 年代以前雖然增訂了勞工保險制度，並屢次修改工會法，但主要目的仍在強化政府對勞工及工會的控制。

　　直到 1984 年（民國 73 年）勞動基準法的頒行，中華民國勞動法制才有劃時代的發展。雖然國民黨政府長期與資方形成共生結構，但國內基層日漸升高的不滿挑戰了國民黨統治的正當性，社會運動相繼出現，還有來自美國的政經壓力，使得勞動基準法在該年於各方爭議中通過。該法提供了勞工更完整且明確的保障，並喚起勞工的權利意識，使得自組工會比例增加，勞資爭議案件也迅速成長。

　　由於陳舊的勞動法制已無法因應現時的勞資爭議與問題，且臺灣政經社環境已大幅變化，故自 1990 年代起，勞動法制有明顯的進展。諸如勞基法的修正、就業服務法的制定、勞動三法的修正草案、兩性工作平等法的制定等等，逐漸往形塑符合臺灣社會需求的勞動法制邁進。

參考資料
王泰升，《台灣日治時期的法律改革》；王泰升，《台灣法律史概論》。

立法院公報　第七十三卷　第五十八期　院會紀錄

彭委員善承等修正動議進行表決。

署，已經成立。現在就彭委員善承等三
十六人所提修正動議進行表決。

贊成彭委員善承等三十六人所提修正
動議者，請舉手。

（進行表決）

主席：報告表決結果：在場委員一百七
十三位，表決贊成人數一百四十三位，多
數，通過。

鄭委員余鎮：（在席位上）反表決。

主席：鄭委員提議對彭委員善承、牛委員
踐初等三十六人所提修正動議反表決。

反對彭委員善承等三十六人所提修正
動議者，請舉手。

（進行表決）

主席：報告表決結果：反對彭委員善承等
三十六人所提修正動議者六位，少數。

第八十四條照彭委員善承、牛委員踐初
等三十六人所提修正動議通過。

現在全部經過二讀，請問院會，
本案現在繼續進行三讀有無異議？（無
）無異議，現在進行三讀。宣讀。

勞動基準法案（三讀）

第一章　總　則

第一條　為規定勞動條件最低標準，保
障勞工權益，加強勞雇關係，促進社
會與經濟發展，特制定本法；本法未
規定者，適用其他法律之規定。

第二條　本法用辭定義如左：
一、勞工：謂受雇主僱用從事工作獲
致工資者。
二、雇主：謂僱用勞工之事業主、事
業經營之負責人或代表事業主處理
有關勞工事務之人。
三、工資：謂勞工因工作而獲得之報
酬。包括工資、薪金及按計時、計
日、計月、計件以現金或實物等方
式給付之獎金、津貼及其他任何名
義經常性給與均屬之。
四、平均工資：謂計算事由發生之當
日前六個月內所得工資總額除以該
期間之總日數所得之金額。工作未
滿六個月者，謂工作期間所得之工資
總額除以工作期間之總日數所得之

金額。工資按工作日數、時數或論
件計算者，其依上述方式計算之平
均工資，如少於該期內工資總額除
以實際工作日數所得金額百分之六
十者，以百分之六十計。
五、事業單位：謂適用本法各業僱用
勞工從事工作之機構。
六、勞動契約：謂約定勞雇關係之契
約。

第三條　本法於左列各業適用之：
一、農、林、漁、牧業。
二、礦業及土石採取業。
三、製造業。
四、營造業。
五、水電、煤氣業。
六、運輸、倉儲及通信業。
七、大眾傳播業。
八、其他經中央主管機關指定之事業
。

第四條　本法所稱主管機關：在中央為
內政部；在省（市）為省（市）政府
；在縣（市）為縣（市）政府。

第五條　雇主不得以強暴、脅迫、拘禁
或其他非法之方法，強制勞工從事勞
動。

四四

79 親屬法修正與婦運

■ 王泰升、郭威廷

　　1930 年在中國制定的中華民國民法親屬編，自 1945 年伴隨國民黨政權的接收而施行於臺灣，以戰後高壓統治為背景而長久停滯四十年之後，終於在 1985 年（民國 74 年）進行了第一次的修正。這次修正主要係出於司法實務界與法學界內部所進行的省思，不少流於文字鋪排的「平等」（「原則從夫……但可約定」）規定亦遭受批評，然而其仍具有許多積極改善的面向。例如，改變了實務上長期以來本於「登記在妻名下財產認定為夫所有」的見解，所構築之實質上趨近於傳統中國法下「家庭財產由夫（父）掌控」的法律圖像，轉而認為登記於妻名下即為妻所有。這項對於女性婚後獨立人格主體的肯認，若置於臺灣女性財產權的百年歷史脈絡中，更顯其意義。

　　接著，非純然由法律人組成的社會運動團體，強力參與親屬法的修正。於 1987 年解嚴後，如「婦女新知」等婦運團體，逐漸形成立法壓力團體，提出修法版本、進行造勢等，並循著「個案聲請釋憲→促使大法官解釋（釋字 365、410、452）→新法產生」的軌跡積極活動。1996 年（民國 85 年）所通過的子女監護權之指定、親權行使、以及夫妻財產制溯及既往等之規定，被視為婦女團體進行法律改革的里程碑，身分法領域中首次由臺灣婦運推動完成了立法改革。法律與本土社會在民主化的進程中展開互動，而婦運與法律改革之間的故事也才剛剛開始。

參考資料
陳昭如，〈權利、法律改革與本土婦運──以臺灣離婚權的發展為例〉；陳惠馨，《親屬法諸問題研究》；羅培毓，〈從法律的觀點論臺灣女性離婚決定之困境〉。

2000年推動新晴版夫妻財產制之「修法四月天」遊行上演行動劇
婦女新知基金會提供

80 動員戡亂時期檢肅流氓條例公布

■ 薛化元

　　1985 年 7 月 10 日，立法院完成「動員戡亂時期檢肅流氓條例」的三讀。在臺灣早已行之有年的檢肅流氓工作，從此才勉強合乎法律保留原則的要求。而使沿襲日治時期浮浪者取締的行政命令——「非常時期取締流氓辦法」，成為歷史。但是，由於本法對流氓的認定，傳喚到案以及裁定感訓處分的流程，比起一般司法程序寬鬆，對人權保障較為忽視，因此爭議始終不斷。值得注意的是，所謂的流氓根據本法的定義，其行為往往已經違反「刑法」及相關法律，因此本可依法審判處罰，但卻另闢處理途徑，使得檢肅流氓便宜行事的性質更為凸顯。

參考資料

《臺灣新生報》，1985年7月11日，第3版。

總統令　中華民國七十四年七月十九日

茲制定動員戡亂時期檢肅流氓條例，公布之。

總統　蔣經國
行政院院長　俞國華

動員戡亂時期檢肅流氓條例

中華民國七十四年七月十九日公布

第一條　動員戡亂時期，為防止流氓破壞社會秩序、危害人民，特制定本條例。

第二條　本條例所稱流氓，為年滿十八歲以上之人，有左列情形之一，足以破壞社會秩序者，由直轄市、縣（市）警察機關提出具體事證，會同其他有關治安單位審查後，報經地區最高治安機關認定之：
一、擅組、主持、操縱或參與破壞社會秩序、危害他人生命、身體、自由、財產之組織者。
二、非法製造、販賣、運輸、持有槍彈、爆裂物及其他兇器者。
三、霸佔地盤、敲詐勒索、強迫買賣、白吃白喝、要挾滋事、欺壓善良或為其幕後操縱者。
四、經營、操縱妨害風化、賭博、色情、販毒等非法獲利之處所或行業者。私設賭場、娼館、妓館或誘迫、媒介良家婦女為娼者。
五、品行惡劣或遊蕩無賴，而有破壞社會秩序或危害他人生命、身體、自由、財產之習慣者。

第三條　經認定為流氓者，由直轄市、縣（市）警察機關依左列規定處理：
一、書面告誡，並予列冊輔導。
二、經告誡後三年內無前條各款情形之一者，經認定機關核准後註銷列冊及停止輔導，並以書面通知之。

第四條　經認定為流氓受告誡者，如有不服，得於收受告誡書之翌日起五日內，向最高治安機關聲明異議。聲明異議，應以書面敘述理由，向原認定機關提出之。
原認定機關認為聲明異議有理由者，應即撤銷原認定；認為無理由者，應於收受聲明異議書之翌日起五日內，附卷移送最高治安機關，最高治安機關應於收受聲明異議書之翌日起十日內決定之。
對於前項決定，不得再聲明異議。

第五條　經認定為流氓，而其情節重大者，由直轄市、縣（市）警察機關於認定後不經告誡，逕行傳喚其到案。
經認定為流氓，而不服傳喚者，得強制其到案。

第六條　經認定為流氓於告誡後三年內，仍有第二條各款情形之一者，直轄市、縣（市）警察機關得傳喚之；不服傳喚者，得強制其到案。對正在實施中者，得不經傳喚強制其到案。

第七條　傳喚應用通知書，由直轄市、縣（市）警察機關主管長官簽發之。

第八條　依第五條、第六條規定到案者，直轄市、縣（市）警察機關應於二十四小時內，檢具事證移送當地法院審理。管轄法院於審理中，被移送裁定人或其法定代理人、配偶、直系血親等內親系血親或家長、家屬，得選任律師到庭陳述意見。管轄法院應於受理第一項案件之日起十日內裁定之。

第九條　經認定為流氓，年滿十八歲以上之人，正在實施第二條各款情形之一時，得逕行強制其到案，由直轄市、縣（市）警察機關檢具事證，送報地區最高治安機關審核之。經認定為流氓者，視其情節依第三條第一款或第八條之規定處理。

動員戡亂時期檢肅流氓條例
《總統府公報》，第4479號，1985/7/19，頁1-3

81 非常時期的解除

　　對戰後臺灣歷史而言，非常時期「凍結」民主憲政的體制，主要包括戒嚴體制與動員戡亂體制，而解嚴與終止動員戡亂時期，則是解除非常時期不可或缺的要件。

　　1987 年 7 月 15 日，臺灣結束了自 1949 年以來長達三十八年的戒嚴（金馬除外）。就「戒嚴法」而言，既然解嚴便應回復正常體制，但是臺灣長期的實定法體系不僅受「戒嚴法」的影響，而且亦受到動員戡亂時期（或非常時期）特別法體制的嚴重牽制，因此，戒嚴令的解除，只是解決戒嚴體制的牽絆，並不足以使臺灣的法律體系回歸民主憲政的常軌。就此而言，解嚴是臺灣脫離戒嚴體制，朝向自由化發展重要的一步，不過，自由化卻未因此而完成，而只是發端。另外，在長期的戒嚴體制下，使為數可觀的平民遭到軍事審判，其中冤、假、錯案固不在少數，政治案件亦牽扯甚多，這些本可因解嚴而得到平反的機會。因為「戒嚴法」制定之時，亦注意到戒嚴時期司法體制對人權的照顧不若平常，故「戒嚴法」規定戒嚴期間受軍法審判的平民，解嚴後可以申請再審，然而蔣經國總統主導的國民黨當局，卻因為特殊的考量，不願使戒嚴時期人權受害的國人有依法重審的機會，遂以立法院國民黨籍資深中央民意代表及增額立法委員的壓倒性優勢，透過「國安法」的制定，硬將上述「戒嚴法」的相關規定加以排除。如是，使得戒嚴時期人權受到損害者幾無合法管道可以尋求平反。另一方面，蔣經國總統在作成解嚴，使臺灣政治朝向自由化發展之時，亦透過國民黨在立法院的優勢以立法的方式，以所謂的「三條件」宣示自由化發展的限制：不得違背憲法或主張共產主義或主張分裂國土，作為終結戒嚴體制的代價。

　　雖然解嚴，但動員戡亂的體制則依然持續，國家的法律秩序仍然無法回歸憲政的常軌。1991 年 4 月間國民大會通過了「憲法增修條文」，5 月 1 日李登輝宣布終止動員戡亂時期，同時公布「憲法增修條文」，才結束憲政體制上的非常時期。在另一方面，隨著動員戡亂體制的結束，對中華民國政府而言，也是在法律上結束與中華人民共和國政府之間內戰的關係。

參考資料
《自立晚報》，1987年7月14日，第1版；《中國時報》，1987年7月15日，第1版；《中國時報》，1991年5月1日，第1版；司法院釋字第445號解釋，《司法院公報》，40：5，1998年3月，頁1-28。

解嚴
《總統府公報》第4794號，1987/7/14，頁1

解嚴
《總統府公報》第4795號，1987/7/15，頁1

總統令 中華民國七十六年七月十四日

准立法院中華民國七十六年七月八日（76）台院議字第一六四一號咨，宣告臺灣地區自七十六年七月十五日零時起解嚴。

總統　蔣經國
行政院院長　俞國華
國防部部長　鄭為元

國防部令 中華民國七十六年七月十五日

廢止戡亂時期台灣地區港口機場旅客入境出境查驗辦法、戡亂時期台灣地區各機關及人民申請進出海岸及重要軍事設施地區辦法、台灣地區戒嚴時期出版物管制辦法、戡亂時期台灣地區各港區漁船漁民進出港口檢查辦法、管制匪報書刊入口辦法、台灣地區沿海海水浴場軍事管制辦法、台北衛戌區人員車輛及危險物品進出檢查管制辦法、戡亂時期台灣地區查禁匪偽郵票貨泉辦法、戡亂時期台灣地區國際港口登輪管制辦法、台灣省區山地管制辦法、戒嚴時期台灣地區戒嚴通行證核發辦法。

部長　鄭為元

82 制定國安三法

■ 薛化元

　　國民黨當局主導國安法的立法，以不得違背憲法或主張共產主義或主張分裂國土等三條件限制人民的表現自由，固然引起在野人士的強烈反對，但是由於在國安法中並沒有相關的罰則，因此，時人有持此僅為宣示性條文，並無實質拘束力者。

　　不過，加上 1988 年「動員戡亂時期集會遊行法」、1989 年「動員戡亂時期人民團體法」等所謂「國安三法」，皆在國民黨當局挾立法院多數席次強力通過以後，已經對國內的臺獨主張，進行實質的限制。特別是在「懲治叛亂條例」廢除，「刑法100 條」修正之後，更成為限制言論自由的主要依據。由於「三條件」限制了人民言論自由的表達，因此雖然取得合法性的根據，卻仍不無違憲之嫌。其中，1992 年 7 月14 日通過的「集會遊行法」的修正案中，除了前述的規定外，也依然保留對集會遊行採取許可制的現制，使得警政機關得以行政裁量限制人民的集會、遊行自由，可能有不符比例原則的爭議。

　　而 1998 年大法官會議在釋字第 445 號解釋中，處理集遊法違憲爭議時宣布相關限制違憲，即是取消「三條件」的正當性、合法性基礎的重要開端。

參考資料
《中國時報》，1988年1月12日，第1版；《中央日報》，1989年1月21日，第1版；《中央日報》，1989年1月27日，第1版；司法院釋字第445號解釋，《司法院公報》，40：5，1998年3月，頁1-28。

總統令　中華民國七十六年七月一日

茲制定動員戡亂時期國家安全法，公布之。

動員戡亂時期國家安全法

中華民國七十六年七月一日公布

第一條

動員戡亂時期為確保國家安全，維護社會安定，特制定本法。

本法未規定者，適用其他有關法律之規定。

第二條

人民集會、結社，不得違背憲法或主張共產主義，或主張分裂國土。

前項集會、結社，另以法律定之。

第三條

人民入出境，應向內政部警政署入出境管理局申請許可。未經許可者，不得入出境。

人民申請入出境有左列情形之一者，得不予許可：

一、經判處有期徒刑以上之刑確定尚未執行或執行未畢，或因案通緝中，或因案被司法或軍法機關限制出境者。

二、有事實足認為有妨害國家安全或社會安定之重大嫌疑者。

三、依其他法律限制或禁止入出境者。

前項不予許可，應以書面敘明理由，通知申請人，並

總　　統　蔣經國
行政院院長　俞國華

國安法
《總統府公報》，第4788號，1987/7/1，頁1-2

行政院令　中華民國七十六年七月十四日

台七十六內字第一五六五一號

「動員戡亂時期國家安全法」定於七十六年七月十五日施行。

院　長　俞國華

國安法施行
《總統府公報》第4794號，1987/7/14，頁1

83 違警罰法被宣告違憲

■ 薛化元

　　1990 年 1 月 19 日，大法官會議通過釋字 251 號解釋，再度指出「違警罰法」違憲，並限定於 1991 年 7 月 1 日起失效，此一解釋令不僅宣告在臺灣行之有年，賦予行政機關未經合法的審判即剝奪人民自由的行徑乃是一種違憲的行為，更重要的是，由於宣告違憲之後，並未使此一法律立即失效，而給予一定的緩衝期，此舉對大法官會議而言，或有其不得已的苦衷。過去「違警罰法」及 1950 年代行政院下轄高等法院及地方法院被大法官會議宣告違憲以後，卻長期沒有進行合憲的調整，使得大法官的功能及其尊嚴受到相當程度的傷害。

　　而早在 1980 年大法官會議已經實質宣告「違警罰法」違憲，直到此時行政機關卻以「違警罰法」未被大法官會議宣布無效為由，繼續適用，這自然是一個相當嚴重的問題。因此大法官會議在此號解釋中以「警告性裁判」的方式，課以立法者必須訂新法來取代違憲法律的義務，這對於臺灣違憲體制的調整或有其正面的功能，且由於是警告性裁判也給了執政者過渡的時間，有利於法律的安定。

　　此後，此種宣告違憲並限令定期失效的解釋方式，就成為臺灣法制史上大法官會議處理違憲法律的一種重要模式。

參考資料
　《聯合報》，1990 年 1 月 20 日，第 1、2 版；司法院釋字第 166 號解釋，《司法院公報》，22：11，1980 年 11 月 15 日，頁 3-4；司法院釋字第 251 號解釋，《司法院公報》，32：3，1990 年 3 月，頁 3-5。

司法院令

中華民國六十九年十一月七日

茲將本院大法官會議議決釋字第一六六號解釋公布之

解釋文

違警罰法規定，由警察官署逕決之拘留、罰役，係關於人民身體自由所為之處罰，應迅改由法院依法定程序為之，以符憲法第八條第一項之本旨。

解釋理由書

按人民身體之自由，應予保障，除現行犯之逮捕由法律另定外，非經司法或警察機關依法定程序不得逮捕拘禁。憲法第八條第一項定有明文。是警察機關對於人民僅得依法定程序逮捕或拘禁，至若關於人民身體自由之處罰，則屬於司法權，違警罰法所定由警察官署裁決之拘留、罰役，既係關於人民身體自由所為之處罰，即屬法院依法定程序所為之。惟違警行為原非不應處罰，而違警罰法係在行憲前公布施行，行憲後為維護社會安全及防止危害，主管機關乃未即修改，迄今行憲三十餘年，情勢已有變更，為加強人民身體自由之保障，違警罰法有關拘留、罰役由警察官署裁決之規定，應迅改由法院依法定程序為之，以符憲法第八條第一項之本旨。

院 長 黃少谷

違警罰法釋憲
《司法院公報》22：11，1980/11/15，頁3-4

84 兩岸人民關係條例

■ 薛化元

　　1992年7月16日立法院三讀通過「臺灣地區與大陸地區人民關係條例」，來規範終止動員戡亂時期以後中國大陸人民與臺灣人民的相關權利。此一問題對中華民國政府而言，乃是因為動員戡亂時期既然結束，官方卻必須面對自己一方面宣稱主權及於中國大陸，而現實上卻不能使中國大陸人民享有中華民國憲法所賦予的各項權利所致。

　　此一「憲法領域」與「國家領域」嚴重衝突的狀況，由於中華民國政府並不願放棄所謂的「一個中國」宣示，而無法徹底解決，因此遂以此一「兩岸人民關係條」例尋求一定程度的化解。基於此一考量，國民黨當局在「憲法增修條文」中首先便賦予制定此條例的憲法依據，藉以使此一條例不致有違反中華民國憲法之虞，而具備規範中國大陸人民的合法性基礎。同時，雖然制定此一條例，多少可以在中華民國體制下，具有防止臺灣人民對中國大陸過度投資或「脫序」交流等問題。

　　不過，自從本法通過以後，中華民國政府對於落實本法似乎欠缺足夠的決心，對國人「脫法」與中國大陸發生關係，並未依法予以處罰，使國人違反本法規定，至中國大陸投資等相關事宜，等於沒有太多規範，而越演越烈。儘管當時李登輝總統對國人西進中國大陸投資，一再力主「戒急用忍」，但是此一政策性宣示，由於行政院各部會未能「自律律人」，依法而行，因此本法作為對中國大陸熱的起碼規範，有流於道德勸說的現象。

參考資料
《中國時報》，1992年7月17日，第1、2版。

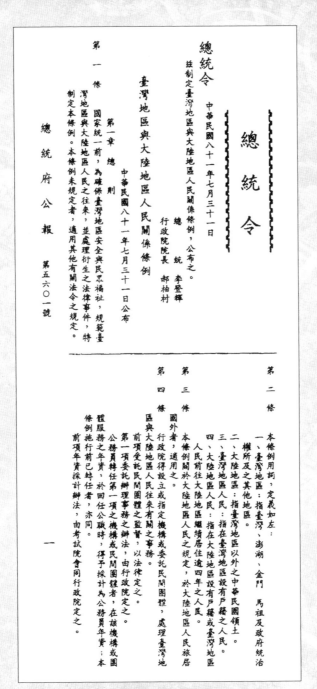

總統令

　　中華民國八十一年七月三十一日

茲制定臺灣地區與大陸地區人民關係條例，公布之。

　　　　　　總　　統　李登輝
　　　　　行政院院長　郝柏村

臺灣地區與大陸地區人民關係條例

　　　中華民國八十一年七月三十一日公布

第一章　總　則

第　一　條　國家統一前，為確保臺灣地區安全與民眾福祉，規範臺灣地區與大陸地區人民之往來，並處理衍生之法律事件，特制定本條例。本條例未規定者，適用其他有關法令之規定。

第　二　條　本條例用詞，定義如左：
一、臺灣地區：指臺灣、澎湖、金門、馬祖及政府統治權所及之其他地區。
二、大陸地區：指臺灣地區以外之中華民國領土。
三、臺灣地區人民：指在臺灣地區設有戶籍或臺灣地區人民往大陸地區繼續居住逾四年之人民。
四、大陸地區人民：指在大陸地區設有戶籍之人民。

第　三　條　本條例關於大陸地區人民之規定，於大陸地區人民旅居國外者，適用之。

第　四　條　行政院得設立或指定機構或委託民間團體，處理臺灣地區與大陸地區人民往來有關之事務。
前項受託民間團體之監督，以法律定之。
第一項委託辦理事務之辦法，由行政院定之。
公務員特任第一項之機構或民間團體者，在該機構或團體服務之年資，於回任公職時，得予採計為公務員年資；本條例施行前已特任者，亦同。
前項年資採計辦法，由考試院會同行政院定之。

總統公布臺灣地區與大陸地區人民關係條例
總統府公報，第五六〇一號

85 消費者保護法

■ 王泰升、陳宛妤

　　隨著臺灣經濟的起飛、科技的進步，大量生產、大量銷售以及大量消費的時代來臨，消費者與生產者呈現出人力、財力、資訊力等嚴重差距，消費者成為弱勢的一群。乃至於消費者爭議事件時有所聞，如最知名的含多氯聯苯米糠油事件，即因廠商脫產，而使廣大受害者求助無門。

　　有鑑於此，1982年（民國71年）行政院首次宣示保護消費者乃政府重要責任，並在各界的反應下，於1989年（民國78年）向立法院提出「消費者保護法」草案。1994年（民國83年）1月立法院終於通過了「消費者保護法」，這是臺灣第一個直接以保護消費者權益為主要目的的法律。

　　消費者保護法內含著許多「超前」的法律概念。例如，打破民法上向來以過失原則為中心的「無過失賠償責任」、引進英美法上的「懲罰性損害賠償」、增加「消費訴訟」、「不作為訴訟」等，並對企業經營者的經濟活動與責任範圍加以規定，實集合了公法與私法、實體法與程序法、社會政策與經濟政策於一身。不過，也由於這種超前性，且又立即生效實施，使得相關政府機關與工商業無法馬上適應，法律解釋上亦有許多疑義。行政院因而於本法公布施行的同年10月通過「消費者保護法施行細則」，此一細則已成為詮釋消保法最重要的法規。

　　消保法的實施，使臺灣進入以法律保護消費者權益的時代，同時也是私法學理論的一個巨大變革，進而促使之後民法債編的修正。

朱柏松，《消費者保護法論》；馮震宇等，《消費者保護法解讀》。

1988年消基會為消費者保護法催生簽名活動
消基會提供

86 環境保護法

■ 王泰升、劉恆妏

　　國民黨政府原以經濟開發主義為思維核心，尤其至 1960 年代為止，對臺灣自然資源的管理，都以供「反共復國大業」所用，而非以永續經營臺灣為目標。進入 1970 年代，除政府因外交潰敗而認真考慮札根臺灣之外，更因臺灣社會已嘗到長期工業化、都市化發展的苦果，公害糾紛與污染事件不斷，環保意識亦逐漸興起。

　　終至 1987 年（民國 76 年），行政院成立環境保護署，積極推動環境保護的全面法制化，從早期收拾殘局式、低規範密度與低度執法之公害防治環境體系，逐步轉向積極規劃保育、永續發展，兼顧民眾環境決策參與程序之環保法規體系。在環保法規方面，就在污染者付費、環境預防、科技強化、協商合作參與與資訊公開等原則下，訂定了環保憲法性質的「環境保護基本法」、公害防治性質的「土壤污染防治法」等、考量科技整合的「環境影響評估法」、解決糾紛的「公害糾紛處理法」，以及各級主管機關之組織法。

　　環境保護法的日益受到重視，除代表人們意識到環保已成為跨國跨世代公平永續發展之生存權重大課題外，更象徵本土人文關懷意識的覺醒，國際生態環境體系一分子的自覺，以及對經濟發展凌駕永續經營苦果的沈痛體認。

參考資料
葉俊榮，《環境政策與法律》；黃錦堂，《臺灣地區環境法之研究》；陳慈陽，《環境法總論》；國家環境保護計畫（行政院核定本）；王泰升，《臺灣法律史概論》。

總統令

中華民國七十六年七月三十一日

特派曾憲虹為七十六年特種考試外交領事人員暨國際新聞人員考試典試委員長。

總　　　統　蔣經國

行政院院長　俞國華

總統令

中華民國七十六年七月三十一日

茲頒給薩爾瓦多共和國外交部次長華金‧亞歷山德‧馬沙‧馬得義紫色大綬景星勳章。

總　　　統　蔣經國

行政院院長　俞國華

外交部部長　丁懋時

行政院令

中華民國七十六年八月三日

行政院環境保護署組織條例自中華民國七十六年八月三日起施行。

院　　長　俞國華

中央選舉委員會令

中華民國七十六年七月十七日（補登）
七六中選人字第二○三八二號

修正「中央選舉委員會辦事細則」。

附「中央選舉委員會辦事細則」一份。

主任委員　吳伯雄

行政院公布環境保護署組織條例
總統府公報，第四八○三號

87 競爭法制

■ 王泰升、劉恆妏

　　為配合社會經濟結構激變、經貿管制鬆綁、經濟建設朝向自由化及國際化的走向，以及因應美國新貿易法 301 條款與加入 WTO 世貿組織等外在壓力，如何在走出高度管制之後，重建公平合理之競爭秩序與交易環境，以維護市場運作，成為 1990 年代經濟交易秩序之重要課題。經濟部為此研議了六年，參酌美、德、日、韓等國立法例。最終於 1991 年（民國 80 年）2 月 4 日制定公布「公平交易法」，次年 2 月 4 日正式施行。公平交易委員會亦依法成立，由九位委員組成合議制機關，職司執行公平交易法之任務。

　　公平交易法較一般之競爭法涵蓋更多元，為一套以肯定市場機制為前提，針對獨占、結合、聯合、不公平競爭等人為障礙加以排除，以健全市場機制、營造公平自由競爭環境的「經濟憲法」。這種市場調整規範係為了進一步落實民法立基於平等主義預設的私法自治精神，以法律從結構與行為的角度進行市場力的「再管制」，防止徒具自治形式的市場運作規範對私法自治的實質扭曲。

　　公平交易法施行後，曾分別於 1999 年（民國 88 年）2 月、2000 年（民國 89 年）4 月及 2002 年（民國 91 年）1 月數度修正，修正重點除改採「先行政後司法原則」、加重處罰額度、配合精省為組織之調整外，亦因應行政程序法與企業併購法之變革，精緻化作業程序，並將結合管制從「申請許可制」改為「申報異議制」。立法院於 2010 年（民國 99 年）5 月和 2011 年（民國 100 年）11 月又為小幅度增修。在實務上，公平會則做成大小決議處分無數。

　　當市場經濟歷經半世紀高度管制，確定走向自由化之後，公平交易法取代了舊有的管制措施，象徵著因應國際經貿潮流之競爭政策時代來臨，其已成為保障消費者利益、匡正競爭秩序、引導事業從事效能競爭、屏障現行自由市場的關鍵法律。

參考資料
《立法院公報》，第75卷第76期，委員會紀錄；蘇永欽，〈私法自治與公平法的管制——公平法第二十四條的功能與濫用〉；廖義男，〈從行政法院裁判看公平交易法實務之發展〉；陳櫻琴，〈新修正公平交易法介紹——結合管制之重大變革〉；行政院公平交易委員會網頁。

行政院公平交易委員會處分書

(81)公處字第001號

被處分人　■■廣告事業有限公司　設台北市長春路一○○號十一樓

之十三　住新店市忠義街六三巷二號二樓

代表人　吳■■

主　文

右被處分人被申訴違法廣告事件，本會處分如左：

一、被處分人所為「"92超級汽、機車暨摩登用品展」之引人錯誤廣告應於八十一年二月十四日下午正一次展售會前為下列之改正：

一、廣告標題中明確表示日常用品之銷售。

二、於廣告中及售票處明顯標示所展示汽、機車及所銷售之商品內容。

事　實

一、茲據鄭■■、董■■、鄭■■等三人於民國八十一年二月七日向本會檢舉■■廣告事業有限公司（以下簡稱■公司）假外貿協會松山機場展覽館主辦展出「"92超級汽、機車暨摩登用品展」，其展出內容與廣告不符，有欺騙消費者之情事，要求本會立即制止此項展出。

二、本會接獲檢舉後，即派員前往展覽場實地瞭解，所見除展覽場外大型廣告看板標示為：「"92超級汽、機車暨摩登用品展」，售票處上方張貼有展覽內容海報外，並訂明票價：每人100元，身高120公分以下免費。

三、經查展覽場內部之實況如下：…

行政院公平交易委員會設立後所做的第一個處分：81公處字第001號
《行政院公平交易委員會公報》，第一期，民國81年（1992），頁3-4

行政院公平交易委員會舉行「言詞辯論會議」
《十年有成—公平交易委員會十周年紀念特刊》，鄭優總編輯，行政院公平交易委員會，民國90年（2001），頁12

88 1990年代的修憲

■ 薛化元

1990 年 12 月 26 日國民黨的中常會決定，採取所謂一機關二階段的修憲，來處理廢除臨時條款之後，憲政體制的調整問題。

就國民黨當時的憲改策略而言，首先是要解決中央民意代表全面改選的問題，因此在 1991 年 4 月 22 日通過了第一次「中華民國憲法增修條文」之中，整個的內涵主要便是以中央民意代表如何全面改選，並進行體制的過渡為核心，增修條文第 1 至 6 條由於合乎所謂民主化的要求，並無太大之爭議。有爭議的部分，乃是從增修條文第 7 條到第 10 條。其中 7、8、9 條的設計，是原有的動員戡亂體制在朝向民主化的過程中，無法直接回歸「中華民國憲法」本文，而產生的一種妥協方案，包括緊急權的問題、包括原有法律修正與廢除問題、包括國家安全會議及行政院人事行政局的問題，都有必要有一個過渡的設計。而此一過渡的設計，既然沒法直接解決原有的爭議，便只是提出一個落日條款。其中，為了解決國家領域的矛盾，採取的便是第十條的規定，對於在臺灣以及中國大陸的人民之間的問題，明白賦予得以法律為特別之規範的憲法依據。這是因為在中華民國憲法體制之下，視其主權所及之範圍及於中國大陸，因而無法對於中國大陸人民來臺乃至於其在臺灣的權利、義務予以特別限制，而在原有憲法規範下，有使其與臺灣人民完全等同的問題，如此對於臺灣本身的國家安全乃至於人民的利益，便有可能造成傷害。因此在「憲法增修條文」之中，賦予憲法的依據，來限制此一部分人民的權利與義務。

到了 1992 年 5 月 27 日第二屆國民大會通過的中華民國憲法增修條文之中，其所實際影響的範圍，則在於所謂整體條文進一步的處理。其中包括擴大國民大會的權力，將原有監察院的同意權，移轉到國民大會；同時使監察院失去民意代表機關的性質，成為監察委員由總統提名經由國民大會同意的準司法機關。另一方面對於「中華民國憲法」本文，原來賦予地方機關較大自治權力的設計，不僅行憲以來從來沒有實施過，而且基於單一國體制的考量，特別是中央政府與臺灣省政府所轄區域嚴重重疊的現實條件，也在此次「憲法增修條文」之中，予以修正，並賦予了省長民選及規範

地方自治權限新的憲法根據，這也是後來「省縣自治法」制定的張本，同時則一定程度修正了原來帶有「準聯邦制」色彩的地方自治體制。然而由於總統直選的問題沒有解決，使得一機關二階段修憲無法完成憲改工作，第三階段的修憲成為勢在必行。

　　而在第二階段與第三階段修憲期間，發生了總統與行政院長之間的職權衝突，其中最大的問題便在於行政院長面對立法院改選之後，可否拒絕卸任的憲法爭議。而以後在第三階段的修憲時，便針對總統直選以及縮小行政院長人事副署權，作為其整個修憲的一個主軸。然而國民大會代表對於其本身的職權亦十分在意，因此具有民意基礎的二屆國大，於 1994 年 7 月進行第三階段修憲時取得國民大會設議長的憲法依據，朝向國民大會議會化更邁進了一步。1997 年所進行的修憲，則針對政府體制進一步改造。對於總統與行政院長職權確立所謂的雙首長體制，取消立法院對行政院長人選的同意權。並以精簡行政層級，提高行政效率為由，一方面凍結省級選舉，一方面精簡省政府的組織及功能，某種程度化解臺灣省政府與中央政府嚴重重疊下，中央與省權限的潛在的制度性衝突。1999 年修憲過程中，國民大會對於本身定位產生重大轉折，朝向虛位化邁進，但因涉及國民大會代表延任的問題，大法官會議宣布違憲，埋下了再次修憲的伏筆；2000 年所進行的修憲中，國民大會確立為任務型議會，平常不選舉代表，唯有當立法院提出修憲案、領土變更案、總統與副總統彈劾案時，再依比例代表制選出國民大會代表。國民大會的同意權則移轉到立法院，實質確立單一國會體制。綜觀 1990 年代的修憲歷程，除了逐步確立民主的原則外，對於中華民國在臺灣所面對的諸多情境，則採取更為務實的修正。

參考資料
若林正丈著，洪金珠、許佩賢譯，吳密察審訂，《臺灣：分裂國家與民主化》，頁239。；呂明章，《中華民國憲法的中央政府體制》，頁312-313。；《中國時報》，1991年4月23日，第1版；《中國時報》，1992年5月28日，第1版；《中國時報》，1994年7月29日，第1版；《中國時報》，1997年7月19日，第1版；《中國時報》，2000年4月25日，第1版。

第一屆國民大會二次臨時會之會場一景
國史館提供

89 總統直選

■ 薛化元

由於國民大會代表企圖擴權的行為，在 1990 年演出了所謂的「山中傳奇」，當年 3 月 28 日，兩萬多名群眾聚中正紀念堂，抗議國大擴權，要求「解散國大，總統直選」，這是總統直選問題第一次與大規模的群眾集會發生緊密的關聯。同年 6 月底舉行的國是會議，朝野雙方各表述政治立場，結果達成的共同意見是「總統由全體公民選舉產生」。雖然如此，當時國民黨內部的意見傾向於「委任直選」，與日後的總統直選仍然有相當的差異。然而，總統選舉方式的改變已成為朝野的共識，總統直選的主張也日漸發酵。

1992 年 3 月 5 日，集思會、新國民黨連線立委、國代表明贊成總統直選，接受總統制。3 月 6 日臺灣各級議會議長、副議長聯誼會要求推動總統由公民直選，解散國民大會。在總統直選的氣氛更為濃厚的狀況下，3 月 8 日國民黨臨時中常會由主席李登輝裁示，將「公民直選」、「委任直選」兩案併呈三中全會。而民進黨為了替總統公民直選加溫，也於 4 月 19 日，舉辦「419 公民直選總統」遊行，總統直選的呼聲更為受重視。1994 年 4 月 24 日，雖然國民黨非主流派強力質疑，但國民黨臨時中全會仍表決通過包括總統直選案在內的「黨 7 條」修憲原則。1994 年 7 月 29 日，國大臨時會三讀通過修憲案，確立總統直選。1995 年第一次由選民直接投票的總統選舉正式展開。國民黨的候選人李登輝、連戰以超過百分之五十的得票率，領先了民進黨的彭明敏、謝長廷及自行參選的林洋港、郝伯村，陳履安及王清峰，臺灣正式走向人民直接選舉決定執政者的歷史時代。2000 年第二次總統直選，由民主進步黨籍陳水扁、呂秀蓮當選為正副總統，且促成中央行政部門的首度政黨輪替。

參考資料
《中國時報》，1990年3月19日，第1-5版；《中央日報》，1990年3月19日，第3版。；若林正丈，《臺灣》，頁238；《中國時報》，1992年3月6日，第2版；《自由時報》，1992年3月6日，第1版；《中國時報》，1992年3月7日，第1、2版；《中央日報》，1992年3月7日，第2版；《中國時報》，1992年3月9日，第1-4版；《中央日報》，1992年3月9日，第1-3版；《自由時報》，1992年4月25日，第1、2、3、5版；《中央日報》，1992年4月25日，第1版；《自由時報》，1992年4月25日，第1版；《中央日報》，1994年7月30日，第1-2版。

陳水扁總統向人民宣誓效忠
中央通訊社提供

總統直選山中傳奇
《聯合報》，1990/3/19

李總統檢閱三軍儀隊，以軍禮回禮
中央通訊社提供

90 精省

■ 薛化元

　　臺灣省政府於 1947 年 5 月 16 日正式成立，由魏道明擔任首任省主席。臺灣省政府形式上由合議機構的省政府委員會行使職權，但是實際上採取的是合議制、獨任制的混合制，省主席擁有實權。中央政府遷臺後轄區與臺灣省幾乎完全重疊，權限爭執不斷，常遭中央政府侵奪。1994 年「省縣自治法」通過，臺灣省正式成為自治團體。1997 年根據「憲法增修條文」，臺灣省政府應調整成為中央派出機關並進行精省。其法源為「憲法增修條文」第 9 條第 3 項，其步驟主要有三：第一，1998 年先凍結省級選舉。第二，其後根據立法院訂立的「臺灣省政府功能業務與組織調整暫行條例」，自 1998 年 12 月 21 日至 2000 年 12 月 31 日止，將原省政府隸屬的各單位、機關、學校之業務，除行政院核定交臺灣省政府辦理外，依事務的性質、地域範圍及興辦能力，分別調整移轉至中央相關機關或各縣市政府，至於省政府及其所屬機關或學校本身則依業務調整的情形，分別進行精簡、整併、改隸、改制、裁撤或移轉民營。第三，此一條例實施期滿後，臺灣省政府則依「地方制度法」運作。

　　1998 年於首任省長任期屆滿後，正式進行精省，作為行政院派出機關的臺灣省政府設置委員九人，功能大幅精簡，原有業務陸續移交中央或縣市，臺灣省政府也進入了新的階段。精省後取代省議會的機構，則為臺灣省諮議會的成立，係以 1997 年修正通過的「憲法增修條文」第 9 條第 1 項為依據。根據其第 2 款之內容，1998 年 12 月 20 日，原第十屆臺灣省議會議員任期屆滿，停止省議員之選舉，並由當時總統李登輝任命二十九位臺灣省諮議會議員，同年 12 月 29 日正式佈達。1999 年通過的「地方制度法」，進一步規範臺灣省政府與臺灣省諮議會的職權，省政府在行政院的指揮監督，監督縣（市）自治事項、執行省政府行政事務以及其他法令授權或行政院交辦事項，而省諮議會則對省政府業務提供諮詢及興革意見。至此「省政府」與「中央政府」轄區大幅重疊與職權嚴重扞格的問題遂告解決。

參考資料
《中國時報》，1997年7月19日，第1版；「臺灣省政府功能業務與組織調整暫行條例」，1998年10月28日公布，立法院法律系統；「地方制度法」，1999年1月25日公布，立法院法律系統。

總統令
中華民國八十七年十月二十八日
華總(一)義字第八七○○二二一三四○號

茲制定臺灣省政府功能業務與組織調整暫行條例，公布之。

總　　統　李登輝
行政院院長　蕭萬長
內政部部長　黃主文

臺灣省政府功能業務與組織調整暫行條例
中華民國八十七年十月二十八日公布

第一條　本條例依中華民國憲法增修條文第九條第三項制定之。

第二條　臺灣省(以下簡稱本省)為非地方自治團體。
　省政府受行政院指揮監督，辦理下列事項：
一、監督縣(市)自治事項。
二、執行省政府行政事務。
三、其他法令授權或行政院交辦事項。

第三條　省政府置委員九人，組成省政府委員會議行使職權，其中一人為主席，特任，綜理省政業務；一人為副主席，職務比照簡任第十四職等，襄助主席處理業務；其餘委員職務比照簡任第十三職等，襄理主席督導業務；均由行政院院長提請總統任命之。

省政府與其所屬機關(構)或學校原執行之職掌業務，依其事務性質、地域範圍及興辦能力，除由行政院核定，交由省政府辦理者外，其餘分別調整移轉中央相關機關或本省各縣(市)政府辦理。

第四條　省政府與其所屬機關(構)或學校，依其職權業務調整情形，予以精簡、整併、改隸、改制、裁撤或移轉民營。

本省省營事業及投資事業，改由中央目的事業主管機關管理，各該事業移轉民營前，其員工仍適用原省營事業之人事法令。

原省政府所屬機關主管之水資源業務，基於整體考量不宜分隸者，在行政院組織法及相關法律完成修正前，應由行政院指定部會統籌承辦其水資源之相關業務，不受其他相關法令之限制。

法律及中央法規有關本省之事項，於相關法規未修正前，由行政院依第一項職權事項，以命令調整之。

第五條　省政府暫行組織規程，由行政院定之，送立法院查照。

臺灣省政府功能業務與組織調整暫行條例
《總統府公報》，第6242號，1998/10/28，頁59-64

91 從「山胞」到「原住民族」

■ 王泰升、林佳陵

中華民國政府對於原住民族，自戰後接收臺灣時起，就認為其與漢族同為「中華民族」，而稱之為「山地同胞」（或「山胞」），且以居住於「山地」（原日治時期之蕃地）或「平地」，區分為山地山胞、平地山胞，而平埔族人若經登記亦被歸入平地山胞。在這項「同胞」的認知底下，國民黨政權統治初期即制定「臺灣省人民回復原有姓名辦法」，強制原住民改用漢姓、推行水田定耕農作、禁止打獵等政策。尤要者，除有特別規定外，原住民與一般漢人同樣適用中華民國包括憲法、民商法、刑法、民事訴訟法、刑事訴訟法、行政法的「六法」體系。繼受自西方的中華民國六法體系，與戰前日本六法體系相似，故對於日治時期原則上已適用日本六法的臺灣漢人，沒太大的適應問題，但對於那些在日治時期通常不適用日本六法的原住民族而言則不然。

不過，中華民國法上仍有某些對原住民族的特別規定。例如從 1948 年（民國 37 年）的「臺灣省各縣山地保留地管理辦法」開始，就在國有的日治時期蕃地上劃定「山地保留地」，禁止買賣抵押交換贈與該等土地。但 1960 年（民國 49 年）卻允許非原住民申請租用、使用保留地，大開漢人資本家進入保留地之門。又於 1966 年（民國 55 年）引進「個人所有權」制度，即原住民個人如符合相關規定，則有權取得原住民保留地之所有權，改變原住民族共同擁有土地的傳統規範。結果造成漢人或合法或以各種「脫法行為」，大量占用原住民族保留地。

經 1980 年代以來原住民社會運動的努力，終於在 1994 年（民國 83 年）憲法增修條文中，修改「山胞」為「原住民」，並於 1997 年（民國 86 年）憲法增修條文第 10 條第 12 項，訂定關於「原住民族」的保障條款。在中華民國法承認原住民族的特殊性之後，2001 年（民國 90 年）公布施行的「原住民身分法」，關於原住民的姓名，已不再受民法規定之拘束。2005 年（民國 94 年）公布施行「原住民族基本法」，2007 年（民國 94 年）又出現創設特殊權利的「原住民族傳統智慧創作保護條例」。原住民族在中華民國法上，已逐漸獲得其應有的地位。

參考資料
王泰升等，〈原住民保留地土地專屬法庭設置研究〉；林佳陵，〈論關於臺灣原住民土地之統治政策與法令〉。

第二屆國民大會第四次臨時會實錄

第十六條

增修條文第十五條第二項之規定，自提
名第二屆監察委員時施行。

第二屆監察委員於中華民國八十二年二
月一日就職，增修條文第十五條第一
項及第三項至第七項之規定，亦自同日施
行。

增修條文第十三條第一項及第十四條第
二項有關考試院、考試院人員任命之規
定，自中華民國八十二年二月一日施
行。中華民國八十一年三月三十一日前
提名，並由總統依同意任命，但現任人
員任期未滿前，無須重新提名任命。

第十七條

省、縣地方制度，應包含左列各款，以
法律定之，不受憲法第一百零八條第一
項第一款、第一百十二條至第一百十五
條及第一百二十二條之限制：

一、省設省議會，縣設縣議會，省議會
議員、縣議會議員分別由省民、縣
民選舉之。

二、屬於省、縣之立法權，由省議會、
縣議會分別行之。

三、省設省政府，置省長一人、縣設縣
政府，置縣長一人，省長、縣長分
民選舉之。

四、省與縣之關係。

五、省自治之監督機關為行政院，縣自
治之監督機關為省政府。

第八條

省、縣地方制度，應包含左列各款，以法律定
之，不受憲法第一百零八條第一項第一款、第
一百十二條至第一百十五條及第一百二十二條
之限制：

一、省設省議會，縣設縣議會，省議會議員、
縣議會議員分別由省民、縣民選舉之。

二、屬於省、縣之立法權，由省議會、縣議會
分別行之。

三、省設省政府，置省長一人、縣設縣政府，
置縣長一人，省長、縣長分別由省民、縣
民選舉之。

四、省與縣之關係。

五、省自治之監督機關為行政院，縣自治之監
督機關為省政府。

四七四

刪除。

第四章 中華民國憲法增修條文之修訂

第十八條

國家應獎勵科學技術發展及投資，促進
產業升級，推動農漁業現代化，重視水
資源之開發利用，加強國際經濟合作。

經濟及科學技術發展，應與環境及生態
保護兼籌並顧。

國家應推行全民健康保險，並促進現代
和傳統醫藥之研究發展。

國家對於婦女之保障與就醫，保障婦女
之人身安全，消除性別歧視，促進兩性
地位之實質平等。

國家對於殘障者之保險與就醫、教育訓
練與就業輔導、生活維護與救濟，並扶助
其自立與發展，應予保障。

國家對於自由地區山胞之地位及政治參
與，應予保障；對其教育文化、社會福
利及經濟事業，應予扶助並促其發展。
對於金門、馬祖地區人民亦同。

國家對於僑居國外國民之政治參與，應
予保障。

第九條

國家應獎勵科學技術發展及投資，促進產業升
級，推動農漁業現代化，重視水資源之開發利
用，加強國際經濟合作。

經濟及科學技術發展，應與環境及生態保護兼
籌並顧。

國家對於公營金融機構之管理，應本企業化經
營之原則；其管理、人事、預算、決算及審計，
得以法律為特別之規定。

國家應推行全民健康保險，並促進現代和傳統
醫藥之研究發展。

國家應維護婦女之人格尊嚴，保障婦女之人身
安全，消除性別歧視，促進兩性地位之實質平
等。

國家對於殘障者之保險與就醫、教育訓練與就
業輔導、生活維護與救濟，並扶助其自立與發
展，應予保障。

國家對於自由地區原住民之地位及政治參與，
應予保障；對其教育文化、社會福利及經濟事
業，應予扶助並促其發展，對於金門、馬祖地

第六項文字
修正。

第二條項更動並
增列第九條
第三項。

四七五

1994年修憲條文對照
《第二屆國民大會第四次臨時會
實錄》，國民大會秘書處，民國
83年（1994），頁475

還我語言權
宜蘭寒溪部落泰雅族發展出日語與泰雅語合併的獨特族語，不被官方認證，部落居民至
原民會抗議要求「還我語言權」，中央通訊社提供

92 行政法制漸趨完備

■ 王泰升、劉恆妏

曩昔因戰亂、長期戒嚴與威權體制，由於「刀劍之下無法律」，導致行政法制功能不彰。自解嚴、終止動員戡亂，回歸憲政運作之後，為求貫徹法治國依法行政原則，遂有大刀闊斧建制、革新憲政結構、調整行政法制之舉。

在行政組織法上，為一改過去實務上過度重視組織法保留之僵硬，1997 年（民國86 年）第四次修憲，於憲法增修條文第 3 條第 3、4 項中，以準則性法律與總員額法，排除中央法規標準法第 5 條第 1 款之適用，積極賦予政府組織更多的彈性空間。除組織法之鬆綁外，並希冀以地方制度法重構中央與地方關係，達成政府組織再造的功能。

在行政作用與程序法上，最重要的，莫過於 1999 年（民國 88 年）初通過公布，2001 年（民國 90 年）1 月 1 日施行，兼具實體法與程序法性質的「行政程序法」。該法追隨二次戰後德、瑞多國行政法發展之立法例，因應行政法本土化之需求，將行政法學的學說法理成文化，對行政作業行為鉅細靡遺地加以規範，為行政法法典化的經典之作，對臺灣行政法學理論與實務之發展，具有關鍵性意義。而 1998 年（民國 87 年）底修正通過公布，2001 年 1 月 1 日與行政程序法同步施行之「行政執行法」，大幅增修原 1932 年（民國 21 年）簡陋舊法之不足，配合專責機構法務部行政執行署之成立，力求貫徹行政權並加強人民權利之保護。

另 1998 年 10 月修正通過公布，2000 年（民國 89 年）7 月 1 日起施行之「訴願法」與「行政訴訟法」，增添訴訟類型與救濟途徑，使行政行為之司法監督更形嚴格，人民權益保障更上層樓，代表臺灣行政爭訟制度進入嶄新的一頁。

在新舊世紀之交，此四大行政法典之增修與施行，象徵臺灣行政法制漸趨完備，逐步朝法治國落實依法行政與保障人民權利的方向邁進。

參考資料
翁岳生，〈臺灣近年來行政法之發展〉；吳庚，《行政法之理論與實用》；吳庚，〈依法行政原則的實踐──回顧與展望〉。

238

1980年行政法院借用最高法院之法庭首次進行言詞辯論
《司法院史實記要》，司法院編

93 司法改革會議與改革的展開

■ 王泰升、郭威廷

　　1999 年（民國 88 年）7 月 6 日至 8 日，司法院召開「全國司法改革會議」。該會集結審、檢、辯相關機關代表及民間人士，於會前召開九次籌備會議及一次說明會，並於三天的開會期間，獲得三十二項重要結論。此項會議的召開，除了司法院的主導之外，主要推力尚有 1990 年代以來臺灣民間日益勃興的司法改革運動，其中 1997 年（民國 86 年）首次由律師們走上街頭的「1019 人民司法改革大遊行」，被認為與該會之召開密切相關。

　　全國司法改革會議的重要結論，包括司法院之最高審判機關化、強化辯護制度與法律扶助、引進國民參審制度、推行民事事件審理集中化及合意選擇法官、訴訟結構之金字塔化、增強刑事訴訟之當事人進行主義及其配套措施、強化檢察體系與檢警分工、法官與檢察官之人事改革與評鑑監督、律師制度之改革等，成為臺灣歷來規模最大且討論議題最為廣泛的司法改革會議。

　　然而改革的方向亦非毫無爭議。會議召開前法務部即發表理念相左之《檢察改革白皮書》，於會後民間司改會亦提出民間版的《司法改革藍圖》，部分學者亦發表反對該會決議之言論，足見司法改革仍有一定的討論空間。

　　本會議的舉辦促成其後民刑訴訟法的大幅修正，對於臺灣民刑訴訟制度之發展，具有相當深遠的影響。大法官並於 2001 年（民國 90 年）公布釋字第 530 號，其中對於審判獨立、司法自主性以及司法院審判機關化等均有規劃，顯示大法官贊同本次會議的結論，並為之建構司法改革的憲法層級依據。

參考資料
劉恆妏，〈日治以來臺灣司法改革史初探〉；司法院司法行政廳編，《全國司法改革會議實錄》。

1999年全國司法改革會議
《全國司法改革會議實錄》，司法院司法行政廳，司法院秘書處，民國88年（1999）

94 刑事訴訟法重大修正

■ 王泰升、郭威廷

現行刑事訴訟法典原制定於 1967 年（民國 56 年），當時仍沿襲過去在中國繼受近代歐陸法時所採用的刑事訴訟架構與審理原則。其後雖因 1982 年發生令長年存在的刑訊文化浮上檯面的「王迎先命案」，而增訂「偵查中得選任辯護人」之規定，然偵查中辯護人僅得於檢警訊問時「在場」爾，且同時又增列有關檢警「緊急拘提」之規定，可見對於提升一般人民在刑事訴訟程序上的地位，仍深具戒心。該法較大幅度的修改，須待威權統治已逝的 1990 年代。

刑事訴訟法在 1990 年代，幾乎年年修法，重要者如簡化訴訟程序、限制上訴等，以及 1997 年（民國 86 年）回應釋字第 392 號的羈押權回歸等，分別使法院的負擔得以減輕，以及將臺灣的檢察官自 1901 年（明治 34 年）以來所擁有的羈押權，歸還於法官。

而在 1999 年全國司法改革會議召開之後，整個刑事訴訟的修法，更朝「當事人進行主義」邁進。例如 2002 年（民國 91 年）及 2003 年（民國 92 年）的刑事訴訟法修正，除了限縮法院職權調查義務、確定檢察官之實質舉證責任、明定證據排除法則與傳聞法則外，尚增訂起訴審查制度、緩起訴制度以及交付審判制度，並限定緊急搜索要件、將自訴改為律師強制代理、增訂低收入戶之指定辯護以及簡式審判程序之規定，以及明定無罪推定原則與自白任意性之調查順序與舉證責任等規定。

刑事訴訟法另一項修法特色是，經常係針對臺灣刑事司法運作上實際發生的案例，例如因病交保者竟從事立委之競選、故意以不合法的自訴干擾檢察官偵辦犯罪等，提出因應之道，俾使本法更加契合臺灣社會之需，亦展現「中華民國法制臺灣化」的趨勢。

參考資料
陳運財，〈刑事訴訟之回顧與展望〉；王兆鵬，〈臺灣刑事訴訟法制之回顧與前瞻〉；王泰升，《台灣法律史概論》。

羈押權歸屬問題曾在憲法法庭引發激烈辯論
《世紀之辯：張俊雄與李登輝、馬英九的憲法法理之爭》，張俊雄國會辦公室，月旦出版社，民國86年（1997）

95 民事訴訟法重大修正

　　現行民事訴訟法典原制定於 1968 年（民國 57 年），當時仍大幅沿襲過去在中國繼受近代歐陸法時的民事訴訟程序。由於民事訴訟法學日益精進，在臺灣亦已累積了豐富的訴訟運作經驗，為求通盤檢討改進，司法院在 1983 年（民國 72 年）就已成立「民事訴訟法研究修正委員會」，經十七年的研議，終於完成修正草案。為顧及修正時效，分別於 1999 年（民國 88 年）、2000 年（民國 89 年）送請部分修法，其餘於 2003 年（民國 92 年）1 月彙送立院修正通過、於 2 月 7 日公布。此外，立院亦同時通過施行法等配套措施。

　　總合這三回的修改，可說是臺灣自 19 世紀末引進近代歐陸式民事訴訟法之後，最大幅度的一次變動，也是經一個世紀多的實踐以後，試圖找出屬於臺灣自己的民事訴訟制度。其修正重點，包括採「第三審上訴許可制」避免當事人動輒上訴，貫徹法律審功能。第一審新增「第三人撤銷訴訟程序」，確保人民權益。增列「團體訴訟」、「濫訴懲罰條款」、「飛躍上訴制」等，加速當事人權利實現、減輕民眾和法院勞頓、節約訴訟資源。另於第二審引進「嚴格續審制」，禁止在第二審提出新的攻擊及防禦方法，期能遏止實務上輕忽第一審程序的弊病，減少司法資源浪費。其他諸如裁判費的逐級遞減徵收、停止訴訟、和解制等的增修，亦旨在切合臺灣社會實際需求，加強保障當事人的訴訟權益。

　　上述民事訴訟法的大幅增修，也是中華民國法制臺灣化的一環。當中有多項制度係以程序主體權保護為主，力求平衡當事人實體利益與程序利益之追求，注意提高訴訟經濟效益之要求。期能健全民事訴訟程序、撙節司法資源、切合社會人民需求、符合世界潮流。此項攸關人民民事權益救濟程序基本大法之修訂，對於現行司法改革能否切中時弊，重獲人民對臺灣司法之信心，實具關鍵性意義。

参考資料
邱聯恭，〈程序利益保護原則（上）——闡釋其如何成為前導民事訴訟法修正走向之法理〉；許士宦，〈民事訴訟法修正內容概述〉；姜世明，〈新修正民事訴訟法重點評析〉；王泰升，《台灣法律史概論》。

高等法院民事庭開庭實況
《司法院史實紀要》，司法院編

96 民事財產法重大修正

中華民國民法總則編曾於 1982 年（民國 71 年）修正，但變動幅度有限。民法債編是保護個人私權、維持交易安全之基本規範，而隨著社會結構、政治環境、經濟形態及人民生活觀念的變遷，舊有的民法債編早已不敷所需，鑑於此，立法院於 1999 年（民國 88 年）通過了新的民法債編，共增刪修廢約佔全編三分之一的條文，並自 2000 年（民國 89 年）5 月 5 日施行。

觀民法債編修正內容，經常是以明文承認（有少數否認）最高法院判例、判決或決議以及學說理論，例如：加強人格權及身分法益的保護、締約上過失的規定、不完全給付的法律效果、定型化契約的效力等。這些判決判例等，都是反應出臺灣社會現實發生的民法上問題。新的民法債編又創設新的規定，以規範商品責任、一般危險責任、「混藏寄託」、旅遊契約、合會、人事保證等，無不是臺灣社會所常見，故有論者謂：「這是為『我們自己的社會』所量身修正的民法，希望能夠適應本土的民情。」另一方面，也是為了因應勞動基準法、公平交易法、消費者保護法等特別民法之立法衝擊，最明顯的是消保法對契約法與侵權行為法方面的修正。

此次有關民事財產法的大幅度修正，使許多向來的爭議問題獲得解決，並符合現實需求地保障了人民的財產權。這也是中華民國法體制臺灣化、法律是為了人民而存在的最佳佐證。

參考資料
王泰升，《台灣法律史概論》；王泰升，《台灣法的斷裂與連續》；詹森林，〈民法債編及民法債編施行法修正內容概述〉。

立法院公報　第八十八卷　第十三期　院會紀錄

（照案通過）

第七百零九條之一　稱合會者，謂由會首邀集二人以上為會員，互約交付會款及標取合會金之契約。其僅由會首與會員為約定者，亦成立合會。

前項合會金，係指會首及會員應交付之全部會款。會款得為金錢或其他代替物。

第七百零九條之一　稱合會者，謂由會首邀集二人以上為會員，互約交付會款及標取合會金之契約。其僅由會首與會員為約定者，亦成立合會。

前項合會金，係指會首及會員應交付之全部會款。會款得為金錢或其他代替物。

行政院、司法院草案條文說明

一、本條新增。

二、第一項規定合會之意義，查我國合會，習慣上係由會首出面邀集二人以上會員組織而成。合會既係以標取合會金為目的之契約，故會首與會員間及會員與會員間須互約交付會款及標取合會金者。爰將民間習慣明文化，俾資適用。但習慣上，亦有僅由會首與會員為約定而亦成立合會者，爰於第二項明定合會之定義，以示區別。

三、「合會金」與「會款」意義應有不同，惟民間習慣上，向未區別，概以會錢或會款稱之。為澄清觀念，避免混淆，爰於第二項明定合會金之定義，以示區別。

四、會款之種類，以金錢最為常見，惟間亦有給付稻穀或其他代替物者。為期周延，爰明定「會款得為金錢或其他代替物」為第三項。

四二二

合會制度納入民法債編中予以明文化
《立法院公報》，88卷13期，頁422

97 金融與企業組織法制的革新

■ 王泰升、陳宛妤

　　按早自 1980 年代起，為了促進金融市場競爭、提升金融機構綜合經營效率及申請加入 WTO，國民黨政府即宣示了金融自由化與國際化的政策，秉持監理與自律並重、整頓與穩定兼顧的原則，以建制完整的金融法制為優先。緣此，自 2000 年（民國 89 年）起，立法院通過了一連串金融與企業組織法規。

　　於 2000 年（民國 89 年）7 月公布「信託業法」，健全信託業的經營與發展，保障委託人及受益人；同年 11 月修正「銀行法」，放寬銀行業務範圍，要求銀行強化公司治理；同年 12 月公布「金融機構合併法」，提升金融機構經營效能及競爭力。

　　於 2001 年（民國 90 年）7 月公布「金融控股公司法」，發揮金融機構綜合經營效益；同年 11 月公布的「公司法」更是史無前例地大翻修，變動條文數目達 235 條之多，主要目的就是為了配合國內經濟發展，其中健全公司的營運、引進無實體交易及認股權、改進公司重整制度、引入公司分割及簡化合併、簡化工商登記等為主要修正要點。2005 年（民國 94 年）6 月公布的公司法修正，基本上延續上次修正時的立法政策。

　　並於 2002 年（民國 91 年）1 月修正「公平交易法」，建構事業結合法制，確保市場競爭效能；同年 2 月公布「企業併購法」，以利企業以併購手段進行組織調整，發揮企業之經營效率；「證券交易法」更是連續三年就修正了四次之多，建立公開收購有價證券法制及資訊公開原則。目前已有四家金融機構完成合併、十三家金融機構核准成立金融控制公司，臺灣金融市場的活躍可期。

　　不過，這一套體系複雜之企業組織再造法制如何去交互適用，以及經濟效益與公司投資大眾權益保護之如何權衡，似仍有待未來觀察。

王志誠，〈企業組織再造法制之適用與檢討〉；王志誠，〈企業組織再造彈性化之政策趨向與課題〉；曾國烈，〈我國金融改革及法規制定過程〉；翁文祺、黃錫和，〈我國近期金融改革措施簡介〉；林國全，〈二〇〇五年公司法修正條文解析〉。

公司法

公司法

民國十八年十二月二六日國民政府制定公布全文二三三條；並自民國二十年七月一日起施行。

民國三五年四月十二日國民政府修正公布全文三六一條。

民國五五年七月十九日總統令修正公布全文四四九條。

民國五七年三月二五日總統令修正公布第一○八、二一一條條文。

民國五八年九月十一日總統令修正公布第一三、一九、二一、二四、三一、三五、五五、六○、六六、八一、九○、一○二、一○六、一二○、一二四、一三一、一三五、一三九、二四一、三○六至三○八、三一五、三四○、三四九、三五九、三六二、四○二、四○四、四○六、四○八、四一一條條文。

民國五九年九月四日總統令修正公布第五、九、一三、一五、四五、五六、六六、八四、九一、一○○、一○三、一六一、一六二、一七七、一八一、一八九、二○五、二三七、二四八、二五九、二六七、二六九、二七○、二七四、二七六、二八八、二八九、三一三、三一五、三一六、三二○、四一九、四三七、四四○至四四二條條文。

民國六九年五月九日總統令增訂公布第二八五之一、三七一之一、四○一之一條條文；並修正第三○一、三四七條條文；刪除第三七一條條文。

第六章章名、條條文：並修正第一條、第六章第一節名稱、條文：並修正第四三五條條文。

民國七九年十一月十日總統令增訂公布第一七六之一、二三六之一、三六九之一至三六九之一條條文：並修正第四、九、二八七條條文。

民國八六年六月二五日總統令增訂公布第六章之一章名、第三六九之一至三六九之一條條文：並修正第四、九、一六七條條文；並刪除第三三七條條文。民國九十年一月一日司法院令第三七三、三八三條條文自民國九一年一月一日施行。

民國八九年十一月十五日總統令修正公布第五、七、條文。

民國九十年十一月十二日總統令增訂公布第二六條之一、一六一條之一、一六八條之一、一六八條之二、一七二條之一、一八五條之一、二四六條之一、二四七條之一、二六七條之一、二六八條之一、三一七條之一、三一七條之二、三一七條之三、三六九條之一至三六九條之一、條條文：並修正第一、二、四、五、六、七、八、九、一○、一一、一二、一三、一四、一六、一八、二一、二三、二四、二六、二七、二九、三○、三一、四一、四二、四三、四四、四五、四八、六六、七○、九○、一○一、一○六、一二八、一二九、一三○、一三一、一三五、一三八、一四○、一五六、一五七、一五九、一六一、一六二、一六三、一六五、一六七、一六八、一六九、一七○、一七二、一七三、一七四、一七五、一七七、一七八、一七九、一八○、一八一、一八三、一八四、一八五、一八六、一八九、一九二、一九三、一九五、一九六、一九七、一九八、一九九、二○○、二○一、二○二、二○三、二○四、二○五、二○六、二○八、二○九、二一○、二一一、二一二、二一三、二一四、二一六、二一七、二一八、二二○、二二一、二二二、二二三、二二八、二三○、二三二、二三五、二四○、二四一、二四五、二四六、二四七、二四八、二四九、二五○、二五二、二五三、二五七、二五八、二五九、二六二、二六三、二六六、二六七、二六八、二六九、二七○、二七三、二七四、二七六、二七八、二七九、二八三、二八五、二八六、二八七、二八九、二九一、二九二、三○四、三○六、三○七、三○八、三○九、三一五、三一六、三一七、三一八、三一九、三二○、三二六、三二九、三三一、三三二、三三四、三三五、三三七、三三八、三三九、三四○、三四五、三四六、三四七、三五四、三五六、三六九、三七一、三七三、三七八、四○二、四四九條條文；並刪除第二三七、二四一、二六八、二七四、二七九、二九二、三八三、四一九、四三七、四四○至四四二條條文。

民國九四年六月二二日總統令修正公布第一八、一二八、一五六、一七二、一七七、二四○、一七二條之一、條條文。

民國九五年一月十三日立法院三讀通過修正第二六七條之一條文。（公報初稿資料，正確條文以總統公布之條文為準）。

公司法大幅修正

98 智慧財產權法制

■ 王泰升、劉恆妏

　　智慧財產權係以人類運用精神智慧所發明或創作的產物或作品為標的之權利，其領域隨著科技日新月異、經貿交通發達而逐步擴張。臺灣過去並不注重國際公約與外國智財法之發展，重要的著作權伯恩公約、工業財產權巴黎公約等，均未參加。

　　自 1980 年代起，美國將智慧財產權視為求取國際貿易平衡之談判籌碼，動輒於臺美貿易談判中對我方施壓，要求加強與執行保護智財之相關法律。除美方壓力外，為求加入關稅暨貿易總協定（GATT）與世界貿易組織（WTO），臺灣亦積極依 TRIPS 之國際規範標準對智慧財產權進行法制調整。

　　為符合加入 WTO 的條件，行政院與立法院積極協商，採「系列立法」方式，於 1997 年（民國 86 年）起積極審議完成五十五項入會法案，以達成臺灣於入會談判中之各項承諾，符合國際規範。與智財有關之著作權法、商標法、專利法等，均於 2002 年（民國 91 年）1 月 1 日正式入會前多次大幅度修正。1999 年（民國 88 年）1 月改制成立之「智慧財產局」，成為負責專利權、商標專用權、著作權、積體電路布局權、營業秘密等智慧財產權登記、管理及保護工作之專責機構。

　　經數十年來不斷修法、宣導、重罰，除智慧財產權之相關法律相當程度已能與國際潮流接軌外，社會觀念亦形同經歷一場無形革命，逐步確立尊重他人智財之觀念。智慧財產權法制的變革，顯示了臺灣為確保國際貿易商業競爭力所做的努力，對文化創新與科技發展影響深遠，亦代表著臺灣的智財保護環境，已走向一個公平合理、平等保護的國際化新紀元。

參考資料
楊崇森，〈五十年來我國智慧財產法制之變遷〉；吳嘉生，《智慧財產權之理論與應用》；魏可銘，〈我國加入WTO立法準備工作之評論參考資料〉。

1989年台美智慧財產權談判
經濟部國貿局提供

99 臺灣加入WTO

■ 薛化元

　　1950 年 3 月 3 日，政府宣布退出國際關稅暨貿易總協定 GATT，並且發表聲明指出：退出 GATT 在使中共喪失關稅減讓互惠的權利。此種思考正反映了當時中華民國政府對於國際間可能由中華人民共和國繼承其統治權力的憂慮，另一方面也暴露出執政者對於當時現實政治發展的錯誤判斷，以致直到 1990 年代臺灣還必須為重回 GATT 及加入 WTO 而努力多年。1990 年 1 月 4 日，經濟部發言人王建火宣次長宣布，我國已正式以「臺灣、澎湖、金門、馬祖關稅領域」的名稱，申請加入 GATT（國際關稅暨貿易總協定）。1992 年 9 月 29 日我國申請加入 GATT 的案件正式受理，並成為 GATT 的觀察員，展開了臺灣加入 GATT 及 WTO 的努力歷程。

　　由於 GATT 的入會條件明訂可以「獨立關稅領域」申請，而不必一定以主權國家的身分入會。所以官方認為以獨立關稅領域加入 GATT，既可免除類似香港以附屬於英國的殖民地身分加入，而能保全我國自主的地位，又因為不涉及主權國家問題，不致與中華人民共和國發生嚴重衝突，加以臺灣的經貿地位日受重視，當較加入其他國際組織容易。但是，未以主權國家申請入會，在 GATT（或改組後的 WTO）的地位將與香港相類，無法受到主權國家的相同對待。同時，由於 GATT 的實際運作是採「合議決」，因此，目前只要香港或其他任何親中華人民共和國的國家延宕入會程序，臺灣便無法順利入會，也造成臺灣遲至 GATT 改組成為 WTO 時仍被排拒於門外。

　　1995 年 1 月 1 日世界 WTO（世界貿易組織）成立，臺灣於該年 12 月 1 日申請加入；2001 年 9 月 17 日中國完成加入 WTO 條件之談判，隔日我國順利完成入會文件的審議，同年 11 月 11 日經第四屆 WTO 部長會議通過臺灣入會案，並於 11 月 12 日完成簽署。經立法院 11 月 16 日審查通過，並於 11 月 20 日咨請總統完成批准程序。於 12 月 2 日致函 WTO 秘書長表示接受我國入會議定書，並函送 WTO 秘書處存放，並於 2002 年 1 月 1 日成為 WTO 正式會員。

參考資料
《中國時報》，1990年1月5日，第1版；《臺灣新生報》，1950年3月11日，第2版；《自由時報》，1992年9月29日，第3版；《自立晚報》，1992年9月30日，第2版；世界貿易組織新聞：http://www.trade.gov.tw/global_org/wto/wto_index.htm；我國WTO入會案之新聞背景資料：http://www.canada-taiwan.org/chinese/issues/wto/WTO-intro.html。

陳水扁總統簽署批准加入WTO條約暨批准書
中央通訊社提供

100 社會福利與社會保險立法

■ 薛化元

　　中華民國的社會保險體系，早年係以職業為區隔，採農保、勞保與公保等形式分立，而較優惠軍公教人員，直到 1990 年代，因既有的制度架構與財務負擔等問題加上欲打破此種區隔的不平等，故朝向以全民為對象提供一致的保險，於 1994 年（民國 83 年）8 月公布「全民健康保險法」，並於隔年 3 月開始施行，成為臺灣第一個強制性的全民保險。而 1993 年（民國 82 年）在縣市首長選舉被炒熱的老年年金議題，2007 年（民國 96 年）通過「國民年金法」，以社會保險的方式保障原本保險的民眾。

　　社會福利法制雖 1970、80 年代即已有之，但僅徒具形式。隨著社會變遷帶來的福利意識高漲，與因政黨角力而產生對社會福利政策的重視，特別在兒童及少年部分整個體系於 1990 年代以降的大規模法制翻修與制定中產生重大變化。以「兒童福利法」在 1993 年（民國 82 年）的修正為例，其明確昭示國家公權力扮演主導的角色，主管機關得基於保護兒童之必要給予適當安置或代行親權，而「少年福利法」也於 2002 年（民國 91 年）有相關修正。由於學界長期有不應因十二歲的界限而區分對兒童或少年保護方式的聲浪，故於 2003 年（民國 92 年）5 月通過並施行「兒童及少年福利法」。而近年來制定的「兒童及少年性交易防制條例」與「家庭暴力防治法」，亦展現了政府積極介入，致力於維護婦幼安全的態度。

　　針對失業保險的部分，2003 年 1 月將「勞工保險失業給付實施辦法」由命令提升到法律的位階，同時採取負面表列，擴大保障的適用對象，使勞工於失業時能獲得基本生活照顧。2008 年 9 月因為美國雷曼兄弟公司引爆全球金融風暴，就業環境更加惡化，政府乃大幅度修改就業保險法，2009 年 4 月將原本只適用本國籍的受僱勞工，

參考資料
二十一世紀基金會編，《兒童福利大體檢》；古允文，〈平等與凝聚：臺灣社會福利發展的思考〉；柯木興，〈社會保險政策的省思〉。

擴大適用到外籍配偶與中國、香港及澳門地區的配偶；同時增加育嬰留職停薪的津貼
給付。

　　而在退休給付部分，2004 年 6 月立院通過勞工退休金條例，明定 2005 年 7 月 1
日實施勞工退休金新制，採個人退休金專戶制為主、年金保險制為輔的機制，規定雇
主負擔之提撥率，不得低於勞工每月薪資的 6%，將退休金的計算年資由限定於同一
事業單位改變為可攜帶式，由確定給付改為確定提撥，由退休準備金改為退休金，以
保障勞工未來都有退休金可領。

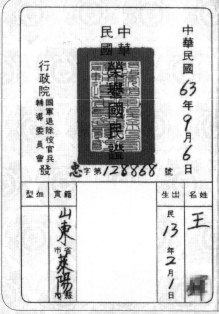

社會保險的變遷

行政院公報　第十卷　第二十六期

總統令

中華民國九十三年六月三十日
華總一義字第○九三○○一二一八二一號

茲制定勞工退休金條例，公布之。

總　　統　陳水扁
行政院院長　游錫堃

勞工退休金條例

第一章　總則

第一條　為增進勞工退休生活保障，加強勞雇關係，促進社會及經濟發展，特制定本條例。
勞工退休金事項，優先適用本條例。本條例未規定者，適用其他法律之規定。

第二條　本條例所稱主管機關：在中央為行政院勞工委員會；在直轄市為直轄市政府；在縣（市）為縣（市）政府。

第三條　本條例所稱勞工、雇主、事業單位、勞動契約、工資及平均工資之定義，依勞動基準法第二條規定。

第四條　中央主管機關為勞工退休基金之審議、監督、考核以及有關本條例年金保險之實施，應組成勞

工退休基金監理委員會（以下稱監理會）。
監理會應獨立行使職權，其組織、會議及其他相關事項，另以法律定之。
監理會成立後，勞動基準法第五十六條第二項規定勞工退休基金管理業務，歸入監理會統籌辦理。

第五條　勞工退休金之收支、保管、滯納金之加徵、罰鍰處分及其強制執行等業務，由中央主管機關委任勞工保險局（以下稱勞保局）辦理之。

第六條　雇主應為適用本條例之勞工，按月提繳退休金，儲存於勞保局設立之勞工退休金個人專戶。
除本條例另有規定者外，雇主不得以其他自訂之勞工退休金辦法，取代前項規定之勞工退休金制度。

第二章　制度之適用與銜接

第七條　本條例之適用對象為適用勞動基準法之本國籍勞工。但依私立學校法之規定提撥退休準備金者，不適用。
實際從事勞動之雇主及經雇主同意為其提繳退休金之不適用勞動基準法本國籍工作者或委任

八四

勞工退休制度的修正後，勞工因為公司倒閉或是主動轉業，仍可得到退休金

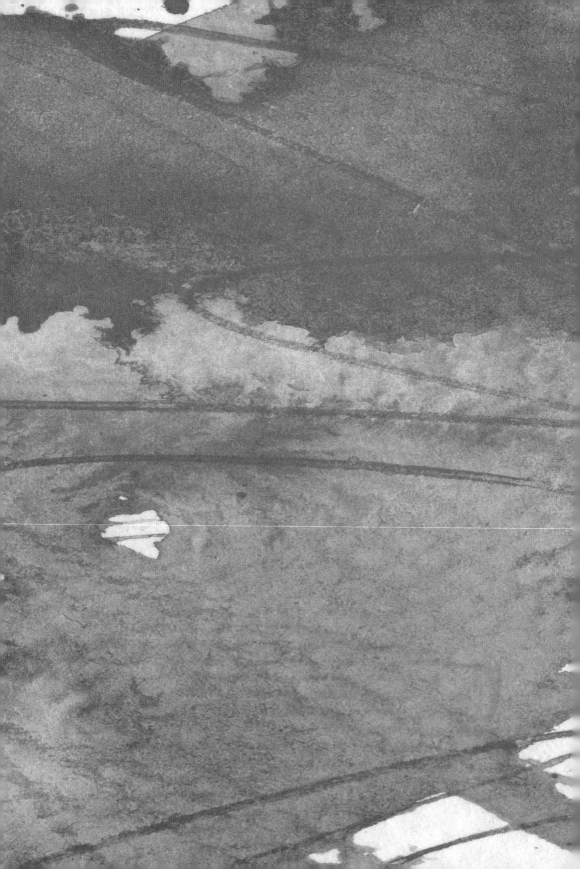

第
貳
部

法律史的研究方法

土地、人民、法律與歷史

■ 王泰升

一、一個新的研究領域與研究取徑

（一）寫作緣由

　　1993 年年初，筆者帶著剛取得的美國西雅圖華盛頓大學法學博士學位，回來家鄉，臺灣。當時的臺灣學術界只有「中國法制史」，於是開始撰文呼籲：應有「臺灣法律史的建立」。[1] 匆匆二十餘年已過，儘管在許多人的努力下，[2] 臺灣法律史在學術研討會上有不少曝光機會，但因為臺灣史在國家歷史教育中所佔比重一直不高，而法制史在法學界早已被貼上「不親切」、「不實用」等標籤，使得一般法界人士大概只模糊地知道：「現在有人在研究臺灣的法制史」，僅一部分人會好奇：為什麼有人想研究「臺灣」的法制史？或更細心地發現：為什麼在名稱上改用「法律史」？而真能了解臺灣法律史內涵者恐怕更少。當然在知識爆炸的今天，本難以期待每個人都能顧及各領域的發展，但其實對於某些基本態度或立場的反思，往往是在自身專業領域再突破的契機，而筆者也一直希望，法律史研究能對於法學各學科提供不同的視角與養分，因此不揣淺陋，再次撰文強調臺灣法律史研究的意義。[3]

　　在此所謂的「臺灣法律史」，就是以臺灣一地曾經存在過的法制，以及其上人民的法律生活經驗為探討對象，展開多角度的觀察，以解明今日臺灣法社會之所由來。在我們今天生存所賴的這塊土地上，曾經居住過具有不同文化血緣背景

---

[1] 參見王泰升，〈導論〉，載於同作者，《台灣法律史的建立》（臺北：作者自刊，1997），頁1-2。於2012年6月，全美第一個設立亞洲法課程的西雅圖華大法學院，為慶祝亞洲法課程設立五十週年，而從該課程五十年來的亞洲校友中選出五位，頒予終身成就獎。筆者有幸以學術方面「A legacy of scholarly excellence and innovation」，榮獲這個獎項；但更有意義的是，此表示筆者所提出的臺灣法律史研究，已獲得國際學術界一定的注意了。

[2] 由黃宗樂教授倡議而創立於1997年的「台灣法律史學會」，即持續地舉辦與臺灣法律史有關的研討會或演講。

[3] 之前曾提過者，在此盡量不再重述，請參見王泰升，《台灣法律史概論》（臺北：元照，四版，2012），頁3-13。

的人民，存在著多樣而紛雜的法律文明，而多少以某種不易察覺的姿態構成「現在」的部分，成為今之歷史遺留。現今住在臺灣的人們，仍延續或接觸著有幾千年傳承的原住民族法律觀，仍使用將近四百年前荷蘭人所制定的「甲」來表示土地面積，仍跟二、三百年前移居臺灣的漢人祖先們一樣自稱「業主」，仍以一百餘年前日本人所引進的「坪」計算房屋大小，仍依約七十年前來臺接收的中國政府一聲令下、以中國都市或國民黨要人之名字所命名的街道名稱介紹自己住家。[4]臺灣法律史應該做的，也是過去二十餘年筆者所做的，只不過是除去政治對學術的干擾，揭露在政治勢力「去臺灣化」教育文化政策底下被邊緣化、被掩蓋的事實，將歷史座標的原點重新設定，試圖發掘、檢視曾經發生在這塊土地上的種種。以下將舉兩例說明之。

（二）以「臺灣」為思考主軸

臺灣學術界論及憲法史，大多數是從中國「清末立憲運動」開始談起。法學界特別著重於清朝公布但未施行的 1907 年「憲法大綱」、1911 年「十九信條」，以及 1912 年施行的「中華民國臨時約法」、1914 年施行的「中華民國約法」、1924 年施行的憲法（俗稱「曹錕憲法」）、1931 年施行的「中華民國訓政時期約法」、1936 年公布但未施行的「中華民國憲法草案」（俗稱「五五憲草」），再到 1946 年制定、隔年施行的「中華民國憲法」，與 1948 年隨之而來的「臨時條款」，和嗣後歷次的修改臨時條款、訂定憲法增修條文，卻忽略了從該憲法大綱到 1945 年以前的訓政時期約法，都沒有公布或施行在臺灣這塊土地上。當時斯土所施行的日本明治憲法，才能夠影響 1945 年以前福佬、客家、原住民三個族群的憲法生活，方有其歷史遺緒可言。訓政時期約法及中華民國憲法經驗與文化，在二次大戰後，藉由政治與法律體系的橫向移植，對此三族群之人民的影響持續至今，然而那是 1945 年以後的事了。換言之，向來占多數的憲法史論述，是以「清末→中華民國→中華民國在臺灣」作為歷史軸線而進行的，對於外省族群或許感覺順理成章，對福佬、客家、原住民三族群卻有時空錯置之嫌。歷史應該是為所

---

[4]參見同上註，頁4、79；王泰升，〈台灣戰後初期的政權轉替與法律體系的承接（1945-1949）〉，載於同作者，《台灣法的斷裂與連續》（臺北：元照，2002），頁39-40。

有現在居住於臺灣的人民而存在，屬於臺灣的憲法史，當然包括日治時期臺灣憲法史以及民國時代（1911-1949）中國憲法史。所謂以臺灣為主體的法律史，並不是粗糙地「去中國化」，而是藉著描繪不同的法律經驗、文化在這個島嶼上的交會，建立更全面、有立體感的歷史圖像。[5]

　　臺灣現行的刑事訴訟法典，自二十世紀末以來有重大變革，修正後的新制度從 2003 年 9 月 1 日開始實施。因法規範已有不同，學界不免應景地「回顧」一番。於是絕大多數臺灣學者開始回溯到中國清末制定但未施行的 1906 年「刑事民事訴訟法草案」、1910 年「刑事訴訟律草案」，接著是部分施行於民國時代中國的 1921 年「刑事訴訟律」、1921 年「刑事訴訟條例」，以及施行於全中國的 1928 年、1935 年「中華民國刑事訴訟法」，最後才是 1967 年在臺灣公布施行的「刑事訴訟法」及嗣後的修正。[6]但是，受新法制所影響的是一般人民，人民對於刑事訴訟程序的認知，係來自既有的生活經驗，而從該刑事訴訟法草案到 1945年為止的中華民國刑事訴訟法，是福佬、客家、原住民三族群的生活經驗嗎？不是，當時其生活經驗來自日本戰前刑事訴訟法。[7]當然已有學者將兩種有關刑事訴訟法的回顧方式，回溯至清末中國，或者是日治臺灣，予以並列，[8]不過似乎未闡明何以有這兩種。

（三）以「法律史」標識特定的研究取徑

　　上揭祖述中國清末之憲法大綱或刑事訴訟法草案的方式，其實是單單就法律規範本身的淵源而言。由於臺灣現行的法律規範體系是創建於中國，其規範的由來當然是在中國。在這種僅以法律規範內容為對象的研究取徑下，不需考慮其是否施行或實際施行的時間和地域。所以根本不曾被施行的五五憲草依然被法學界熱烈討論，反而當時中國有效施行的訓政時期約法不太被理會。[9]其實依此取徑，還可上溯至德、瑞、法等歐陸國家或日本的法律規範，乃至溯及羅馬法。這也是

---

[5]參見王泰升，〈台灣憲法的故事：從「舊日本」與「舊中國」蛻變而成「新台灣」〉，《臺大法學論叢》，32卷1期（2003.1），頁2-4。
[6]例如參見張麗卿，〈刑事訴訟法百年回顧與前瞻〉，《月旦法學雜誌》，75期（2001.8），頁40-43。
[7]詳見王泰升，《台灣法律史概論》，頁252-255。
[8]參見王兆鵬，〈刑事訴訟法之回顧與前瞻〉，載於同作者，《當事人進行主義之刑事訴訟》（臺北：元照，2002），頁1-2。
[9]參見王泰升，〈台灣憲法的故事：從「舊日本」與「舊中國」蛻變而成「新台灣」〉，頁3。

臺灣法學界通常處理已失效、過去的法律規範方式，並以「法制史」稱之。

　　而第二種研究取徑，因探討的對象是人民的法律生活經驗，故較為關心實際上施行的法規範是什麼，其形塑出怎麼樣的法律觀念或法律生活形態。蓋舊的法規範縱令在旦夕之間被廢止，其已形塑出的法律文化或生活方式，不致於立刻消失殆盡，有些甚至遺留至數十、數百年後的今天。換言之，某項舊的法律規範內涵固然需要了解，但那只是研究的起點，還須探求它是在如何的思想、政經及社會條件下出現的，其施行況狀如何，因此使得當時的人民過著怎樣的法律生活，進而思考這些歷史經驗是否影響到當今社會。就像「女子不得分家產」的舊法規範，在形式上失效了，但實質上仍支配著我們身邊日常上演的分家（產）的劇碼。[10]

　　如果我們對於「法律」的歷史面研究的期待，並不只於規範本身系譜式的探尋，還希望能藉由回顧過去的法律實踐，幫助我們更有深度地了解現在，那麼所要探討的對象，即不僅止於前述「法制史」所設定之由法律規範所組成的「法律制度」（法秩序、法體制），而應包括所有的法律現象。因此，可稱呼依據這種研究取徑所進行的論述為「法律史」，或許可作為一般所謂「法律思想史」、「法律制度史」、「法律社會史」的總稱。亦有少數雖稱「法制史」，但係採第二種研究取徑的學者；[11]筆者的立場與之並無二致，但為了凸顯所採取的研究取徑，不同於向來（在臺灣）已被貼上特定標籤之（第一種研究取徑的）「法制史」，乃採用「法律史」之名稱，以作為一種學科發展上的行動策略，除了揭示對於研究對象的擴大外，也希望能藉此對社會學、政治學、經濟學、人類學、文學等等研究取徑，保持開放的姿態，以催生豐富多元的「法律－歷史」研究圖像。

　　從著重人民的「法律史」觀點，有關臺灣憲法史的討論，除前已述及者外，可加入原住民族，特別是漢族的固有觀念中，對於政府組織及其與人民之間關係的看法，蓋此係人民法律觀念的一部分。此外，還可注意到民國時代中國長時間施行訓政時期約法所形成的統治行為模式，已在 1945 年隨著來自中國的國民黨政

---

[10]關於「形成法律的原因」、「法律規範內容」、「法律的社會效應」等的互動關係，及舉例說明，詳見王泰升，《台灣法律史概論》，頁11-13。
[11]例如張偉仁教授，參見張偉仁，〈傳統觀念與現行法制──「為什麼要學中國法制史？」一解〉，《臺大法學論叢》，17卷1期（1987），頁5；張偉仁，《清代法制研究》（臺北：中研院歷史語言研究所，1983），輯一冊一，頁55-70。

權而移入臺灣，故臺灣於 1950 年代至 1980 年代，雖形式上施行中華民國憲法，但其施行實況卻深受此「訓政經驗」的制約。[12] 同樣地，有關刑事訴訟法變革的法律史回顧，應探討原住民族與漢族關於政治權威應如何認定犯罪行為的固有觀念，接著為顧及福佬、客家、原住民三個族群的歷史經驗，應觀察日治時期日本引進的近代歐陸式刑事訴訟法規對當時法律文化的影響，甚或省視從今之觀點其措施有何利弊得失，作為如今擬進一步採取美國式刑事訴訟程序的參考；並為顧及外省族群歷史經驗，應考察民國時代中國的情形。可見，1949 年原中華民國政府遷移至臺灣之前的中國法律史，尤其是福佬、客家、外省三族群共同擁有的傳統中國法文化，乃是臺灣法律史重要的一部分，但具有包容性的臺灣法律史，還涵蓋原住民族法律史、近代日本法律史與西方法律史。[13] 此由下述臺灣法律史內涵，可得到進一步的了解。

二、臺灣法律史的內涵

（一）概說

　　首先擬勾勒出整個臺灣法律發展的輪廓，及其內涵上的特色。將借用由筆者與數位臺大法研所博、碩士班學生，在數年前所共同選出的「臺灣法律事件百選」（以下於各事件文末所附數字即該「百選」的編號），[14] 串連出臺灣法律發展的軌跡。

　　依目前所知，最早出現在臺灣者，係屬於南島民族一支的「原住民族」的法律。奠基於部落生活的原住民法，遵從長者及習慣，對於不法行為人，或驅離或課以體刑、財產刑，極少處死，且有「神判」之舉（1）。原住民法一直未被外來的法律文明所威脅，直到 17 世紀才由荷蘭人打破這份寧靜，接著又遭傳統中國法、現代化的日本法、現代化的中華民國法逐步蠶食，如今其影響力已弱。

---

[12]參見王泰升，〈台灣憲法的故事：從「舊日本」與「舊中國」蛻變而成「新台灣」〉，頁20-24。
[13]關於原住民法、中國法、日本法、西方法在何時影響臺灣一地之人民，參見王泰升，《台灣法律史概論》，頁9，圖1-2。
[14]參見王泰升、薛化元，〈台灣法律事件百選〉，《月旦法學雜誌》，100期（2003.9），頁210-274。

荷蘭東印度公司受國家授權得代為行使主權，於 1624 年在今之安平古堡築城，展開統治，隔年向新港社原住民購買今赤崁樓一帶土地並築城（2）。荷蘭人自 1635 年起以武力征服不少原住民村社，迫其簽署條約將主權讓渡於荷蘭國（3），又於 1642 年擊敗原自 1626 年起以無主地先占為由統治北臺灣的西班牙人，荷西雙方簽署條約（4）。荷蘭人以其自身的荷蘭－羅馬法，在臺灣建構統治體制，曾頒行「臺灣告令集」，規範包括來臺漢人移民在內的城市居民（5）。因此荷蘭人設有西方式法院制度，其對漢人案件由荷人與漢人共同組成的委員會裁決，但原住民案件係另由原住民長老與荷人政務官裁決（6）。為統治分散各地的原住民村社，荷蘭當局建立具有中央與地方之關係的「地方集會」制度（7）。其在 1662 年屈服於鄭成功的武力，與鄭方依各自的法律觀，締結「和平條約」，退出臺灣（8）。

鄭成功於 1661 年攻下赤崁城後，即依傳統中國法律觀建立政府，但翌年即死亡，由其子鄭經繼位，在陳永華的推動下，更多的傳統中國法政制度被施行於臺灣（9）。依漢人法律觀，原向荷蘭東印度公司所為的交付租穀，被視為如同向「荷蘭王國」繳稅，故改向鄭氏政府繳交，其地稱為「王田」（10）。鄭氏政府係海上勢力，並無中原政權的朝貢制度，故較能以平等互惠原則進行國際貿易，1672 年鄭經曾以「臺灣國王」之名與英國東印度公司正式簽署兩國通商條約（11）。鄭氏政府與清朝政府一直本於傳統中國「天朝體制」的觀念，就雙方政治地位進行談判，1679 年清方擬同意視臺灣如同朝鮮、日本一般，且「朝貢」與否悉聽尊便，但鄭軍須完全退出中國大陸，然而鄭方仍堅持在大陸沿岸保有一海港，致談判破裂，清廷決定以武力滅鄭（12）。

1683 年清朝降服臺灣的鄭氏政權後，原擬仿明朝之例「棄臺留澎」，但顧及敵對勢力可能據臺威脅中國沿海安全，才在第二年首度將臺灣本島納入版圖，設一府三縣，並以「為防臺而治臺」政策制定相關的法律（13），例如渡臺禁令（14）等，壓制在臺漢人社會的成長。但大量漢人移民湧入臺灣，並本於原鄉的法律觀念，在臺灣開墾土地，發展出一田二主的大小租關係（15）。

清廷為保臺灣無事，於 1722 年即劃定「番界」，禁止漢人入墾，但無力貫徹執行；林爽文事件（20）後清廷調整在臺法令，於 1790 年再劃番界，承認漢人、熟番、生番的三層族群分布，且各成一個「法域」；至清治末期，已對熟番法域採

行與漢人法域相同的規範內容，而生番法域之範圍則漸縮（16）。此由張達京與岸裡社割地換水之有利於漢人（17）、理番同知的設置與裁撤（18）、新港文書漸消逝（19）可見一斑。

由於清朝政府對臺控制力不強，臺灣漢人社會經常發生械鬥與民變（21），且屬於民間領導人的「總理」，與官府存在著互利共生的關係（22）。在臺漢人是充滿活力、不太受儒教拘束的一群，清治下臺灣自 1860 年代向西方「開港通商」後，即再次進入世界貿易體系（23），在地豪族的霧峰林家也勇於利用「京控」對抗官僚體系（24），且如「淡新檔案」所示，在臺漢人為爭取己身利益，並不畏赴官府進行訴訟（29）。

1874 年「牡丹社事件」後（25），才讓清朝改採積極治臺的政策，且因而大幅修改在臺法律措施，包括增設臺北府（26）；又於 1884 年中法戰爭後，為鞏固帝國海防，在隔年宣布臺灣建省（27），而首任巡撫劉銘傳亦在臺灣展開若干新政（28）。然 1894 年清朝遭日本擊敗後，即欲以臺灣為犧牲品換取和平，在臺的清朝官員及某些臺灣士紳為了阻止日本領臺，曾於 1895 年成立「臺灣民主國」，但因欠缺思想層面及社會力的支持，終以失敗收場（30）。

中日馬關條約（日清下關條約）於 1895 年 5 月 8 日正式生效，依國際法臺灣主權自此移歸日本（31）。日本事實上係以軍力接收臺灣，故日治之初經一段「軍政時期」，但自 1896 年 4 月 1 日起即進入「民政時期」（32），此時臺灣總督依六三法擁有對臺灣地域的委任立法權（33），總督尚擁有在臺行政權、軍事權（至 1919 年為止）、司法行政監督權，但其仍受日本內地政府指揮監督（34）。值得注意的是，臺灣總督府法院不但是西式／現代式司法機關，且為臺灣所有民刑案件的最終審法院（35），並出現一群以內地人占多數的法律專業人員（36），但 1897 年的「高野孟矩事件」顯示殖民地司法獨立的有限性（39）。臺灣總督府亦建立現代的警察制度，監控社會（37），執行浮浪者取締（48），較特殊的是將有關原住民族的「蕃地」「蕃人」事務交給警察機關處理（38）。

日治前期雖已採現代型國家體制，但許多法律規範的內容遷就臺灣現狀或依從傳統中國法。例如採鴉片吸食特許制（40），並藉此類專賣制度在 1905 年達成臺灣財政獨立（41），以及制定嚴刑峻罰的匪徒刑罰令（42）、依臺灣舊慣處理臺

灣人民商事項（43）、恢復笞刑（49）等。但同時日本當局也引進不少近代西方式制度，例如進行土地調查（44）、實施現代的民刑事訴訟程序（45,46）、設置臺灣銀行（47）、廢止大租權且辦理土地登記（50）、確立戶口制度（51）、承認女性裁判離婚請求權（52）等。發生於1915年的余清芳主導的西來庵事件，是最後一次武裝抗日事件，也是匪徒刑罰令最後一次適用（53）。

　　從1919年至1937年中日戰爭爆發前，日治下的臺灣尚稱祥和。1919年的臺灣教育令，確立在臺各級教育系統（54）。1920年首度將總督府的部分權力下放至州廳地方層級，但到1935年才某程度實現地方自治，舉行地方層級的選舉（55,58）。1923年起日本民商法等許多西方式法典，直接施行於臺灣（56），但臺灣人之追求政治上權利則不順遂，臺灣議會設置請願運動遭總督府打壓，然法院對1923年「台灣議會事件」的被告，於一審判無罪，最終審僅幾位遭判刑，其最重也不過四個月徒刑（57）。日治的最後階段，則與戰爭期間相連結。1938年與日本內地同時施行國家總動員法，臺灣正式進入「戰時經濟統制法制」（59）。1944年日本在臺灣施行徵兵制，但僅實施一期日軍即戰敗投降（60）。

　　戰勝的同盟國委由中國政府接管臺灣，1945年10月25日中國政府派「臺灣省行政長官」接受日本所派「臺灣總督」的移轉統治權，並逕依中國法律認定臺灣自是日起成為中國一省，稱為「光復」（61）。兩年後即因原受日本統治之「本省人」對新來政權的不滿，引發「二二八事件」，中國政府派兵來臺鎮壓（62）。當時的中國恰好自1947年12月25日起施行中華民國憲法（63），但數個月後即公布「動員戡亂時期臨時條款」修改憲法內涵（64），甚至於1948年年底宣布中國大部分地區，包含金門馬祖，實施戒嚴，作為中國一省的臺灣（含澎湖）則自1949年5月20日起亦實施戒嚴（65），凍結人民在憲法上的基本權利。最大的驚奇是，這套為中國制定的憲政架構，只在中國施行約兩年就結束了，隨著1949年12月9日中華民國政府行政院在臺灣重新開張，這部憲法只在臺灣一地（臺澎金馬）發生實質規範效力，且持續了六十餘年（67）。

　　初到臺灣的中華民國中央政府，在蔣中正為首的國民黨執政下，採取多項法律措施，穩定在臺統治地位。為安撫農民，接續之前已進行的三七五減租，於1950年代初期再為公地放領與耕者有其田（66）。為安撫本省人政治菁英，1950年在臺舉行地方選舉（68）；但以「萬年國會」的方式（69），阻斷本省人菁英對

中央國政的發言權。再以懲治叛亂條例等苛法（70），封住外省人或本省人政治異議者之口。1951 至 1965 年的美國經濟援助也影響法制內容（72），例如制定了獎勵投資條例（73）、動產擔保交易法及證券交易法，使臺灣國家法中增添英美法色彩（74）。至於因應社會變遷的相關法律，在當時並不受重視，例如 1954 年即研擬少年法草案，1962 年公布少年事件處理法，但因欠缺配套措施以致長期未施行（71）。

　　退出聯合國使臺灣在國際法上作為國家的地位岌岌可危，國民黨政府乃對內有限度開放人民，特別是本省人知識菁英的參政。1978 年臺美斷交更是一大衝擊，1979 年發生「美麗島事件」，但隔年的公開審判與媒體報導，恰使政治異議者的想法得以傳播（75）。此一政局進而促成 1980 年實施「審檢分隸」（76），與制定國家賠償法（77）。法律制度的變革也漸增，1984 年制定勞動基準法（78），民法親屬編於 1985 年朝向兩性平等修改（79），1985 年亦將檢肅流氓制度的法源改為法律位階，且由司法機關審決（80）。

　　施行數十年的「非常法制」，終因 1987 年的解嚴而開始鬆動（81），但解嚴後仍藉國安法、集會遊行法、人民團體法、選舉罷免法等，相當程度地限制人民基本權利（82），其整個終結須待 1991 年的終止動員戡亂時期。1990 年代是國家憲政制度的改造期，發生一連串的修憲（88），造就了臺海兩岸政治實體重新定位與交往（84）、「總統直選」（89）、「精省」（90）以及改稱「原住民族」（91）。而在自由化、民主化的政治大環境底下，1990 年大法官已不再以委婉的語氣，而是明確地宣告違警罰法違憲、於一定期限後即失效（83）；1991 年立法院通過、隔年施行公平交易法（87）。因應臺灣社會經濟變遷的法律亦逐漸增多，1982 年行政院即宣示應強化的消費者保護，於 1994 年終於通過消費者保護法（85）；1987 行政院成立環境保護署之後，環保法制日趨完備（86）；各項社會福利與社會保險立法，於 1990 年代紛紛出籠（100）；已施行數十年的民法債編亦在 1999 年修正，變動全編約三分之一的條文（96）。同時，行政法制大舉修改，以加強對於人民權益的保障（92），且經由全國司法改革會議的凝聚共識（93），至本世紀初為止，已對刑事訴訟法及民事訴訟法，進行根本性的大改革（94, 95）。為因應加入 WTO 後的新情勢，2000 年之後，大幅革新金融與企業組織法制（97）、智慧財產權法制（98）；臺灣終於自 2002 年起，成為 WTO 會員（99）。

（二）依特定關心點而為「分期」

1. 依政權或國家的變動

　　按政治上統治者集團之不同，其所擁有的法律觀念、所採行的法律措施，可能極有異，故臺灣法律史可依此分為數個時期，或稱「時代」。亦即（A）原住民族自治時期、（B）荷蘭西班牙統治時期，簡稱「荷治時期」、（C）鄭氏王國統治時期，簡稱「鄭治時期」、（D）清朝統治時期，簡稱「清治時期」、（E）日本統治時期，簡稱「日治時期」、（F）國民黨統治時期，簡稱「國治時期」、（G）政黨輪替時期，亦可稱為「當代」。[15]

　　在此需做些補充性說明。就（A），原住民族的自治狀態，雖然在地域範圍上，於進入荷治時期以後即漸縮，但時間上一直延續至清治時期，於日治時期原住民族才全部被納入外來政權的控制下，此刻方是原住民族自治時期的結束。於（C）不稱「明鄭」，係因鄭成功於1661年在臺灣建立政府時，南明朝已被清朝所滅，南明永曆帝於1659年亡走緬甸（1662年歿），事實上未管轄鄭氏在臺政府。不過，鄭成功在臺未自立朝，而僅「開國立家」，且其與子孫三代皆沿襲南明朝的「延平郡王」封號，故稱為「王國」。在（D），宜注意中國史上的「清末」（清朝末年）係結束於1911年，故不等於臺灣的「清治末期」，按清朝之治臺結束於1895年，此後臺灣已進入日治時期。至於（E）不稱「日據」，乃因這項稱呼是國民黨政權有意忽視1895年依國際法上條約所為的主權讓渡，逕指日人「竊據」臺灣，且是立於宣稱五族共和的「中華民族」立場，對滿族治臺不稱「據」，而取得曾經由清朝統治之地，即稱「光復」。若從臺灣這塊土地及其上人民而言，外來的統治集團，從荷蘭東印度公司一直到國民黨政權，都可稱為「據」，且一直是「失」，哪來「復得」？直到1990年代國會全面改選及總統直選，臺灣人民身為主人的地位才「失而復得」，始可謂「光復」。故所謂「日據」、「光復」的稱呼在歷史上確實存在，就如同清朝政府以「偽鄭」稱呼鄭氏王國一樣，具有否定前政權正當性的意涵。但今之撰史者，不必盲從這些具政治意涵的用語，反而應秉持轉型正義的作法，跳脫過去那種以統治階層為中心的史觀，轉而按照現今從被統治的一般人民的視角出發，改用屬於中性的「治」，而

---

[15] 參見王泰升，《台灣法律史概論》，頁6，圖1-1。

非「據」，來表示「統治」的事實，且在描述歷史發展時，用「戰後」等不帶價值判斷的用語來取代「光復」。[16]

較複雜的是（F）與（G）。若與日本政權持續以「殖民地體制」統治臺灣五十年相比，國民黨政權以「一黨執政」統治臺灣五十五年，宜作為一個階段；而發生於2000年的政黨輪替，標誌著臺灣此後成為一個真正的民主憲政國家，當然有其法律史上分水嶺的意義。[17]再來即是正發展中的「當代」，此時期已有「民進黨政府」和「國民黨政府」，或者稱為「陳水扁政府」和「馬英九政府」。不過，若是以國家法律體制為準，則自1945年的10月25日起，臺灣從日本帝國法體制改為施行中華民國法體制，2000年亦在該法體制底下進行政黨輪替，故必要時可視為一個階段，而稱「中華民國（法）時期」。[18]如此將不至於絕對受到2000年政黨輪替的切割，例如就同在中華民國憲法底下，執政者是否傾向於認同「臺灣國族」（以台灣人民為一個「族」形成國家），即可分為蔣中正與蔣經國擔任總統的「兩蔣時期」（1949-1988），以及李登輝與陳水扁擔任總統的「李扁時期」（1988-2008），進而觀察馬英九政府的作為。

分期本來即為配合研究者的關心點而界定。臺灣的史學界或因受制於中華帝國向來的後朝修前朝史，習於那些從統治者觀點所寫的「斷代史」，將中國史分成「唐史」、「宋史」、「明史」、「清史」等。[19]上揭關於臺灣法律史的分期，亦不免被認為以統治者為中心；但是，果真統治者的更替能對一般人民生活秩序，產

[16]日本當時用「始政」來稱呼其之統治臺灣，難道今人也應延續此稱呼？今如中研院臺灣史研究所等學術機關，已採用「日治」，而非「日據」，但中華民國政府機關，例如各級法院，仍使用「日據」。又，「戰後」是指1945年的8月15日起，「光復」則是指該年的10月25日起，若要表達的是後者，可用「中華民國法施行後」、「國民黨統治之後」。

[17]參見王泰升，《台灣法律史概論》，頁123。

[18]例如，曾依論述上需要，分為「清朝中國統治時代」、「日本統治時代」、「中華民國統治時代」，並相應地分成「清治法時代」、「日治法時代」、「中華民國法時代」。參見王泰升，〈台灣民事財產法文化的變遷—以不動產買賣為例〉，《臺大法學論叢》，33卷2期（2004.3）頁3-22。

[19]目前許多傳統中國研究者，即依其研究需要而設定研究範圍，例如關心經濟秩序、社會文化與法律的岸本美緒，即以明清為整體，討論「賣妻典妻」習俗、契約秩序等等與法律相關之議題。參見岸本美緒，〈妻可賣否？—明清時代的賣妻、典妻習俗—〉，《契約文書與社會生活》（臺北：中央研究院臺灣史研究所籌備處，2001），頁225-264。此外其亦提及：從「中國史」來看，「清代」是綿延數千年的中國史的一部分，但從「滿族史」或「清朝史」來看，「所謂的『中國』則只不過是以清朝為中心的世界之一部分」，並從全球的觀點，將清朝定調為「十六世紀在（今中國，筆者註）東北興起的新興國家」。參見岸本美緒，〈後十六世紀問題與清朝〉講稿，中研院史語所「新史學講座」，2002年5月30日。

生一刀兩斷的效果嗎？若不知前朝所採措施，又焉能理解後朝之因襲或創新？因此，在某些事項上，實有必要跨越政治上的朝代來做整體觀察。就臺灣法律史而言，不知清治末，無從了解日治初，不知日治末，無從了解國治初，[20] 更何況對許多在社會生活秩序發揮甚於國家法的規範機制（例如商業行為、分家），國家政權的轉替時點並不一定具有實質上轉折性的變化（除非是要探討國家對民間秩序的介入），所以以政權或國家的變動來界定歷史轉折，只是分期的一個可能的選項。

2. 依法律文明的類型

若欲追溯宰制當今臺灣社會的兩大法律文明，亦即傳統中國法及近代西方法的來時路，則不必然須遭前述「斷代」所切割。傳統中國法實即漢族的固有法，漢族與原住民族居住的臺灣起初或有貿易往來，但較大規模的移居，始自荷蘭治臺之後為引進農業勞動人力，而自 1630 年代起從中國福建一帶輸入漢人農民，開啟至 1895 年日本領臺為止之「第一批漢人移民」的移居臺灣。[21] 傳統中國法律文明，即在此時伴隨著進入臺灣本島。鄭氏王國之由漢人創建，使傳統中國的法政體制也施行於臺灣。而滿族建立的清朝因採以漢法治漢人，故延續在臺的傳統中國法政體制及民間習慣，且因臺灣與中國大陸屬同一政權管轄，漢人移民日增，終至原住民族中的平埔族亦接受傳統中國法文化。接著在臺漢人（含漢化的平埔族）的法律觀，受到日本法以及中華民國法當中西方法要素，約一個世紀漸進且連續地修改，但 1945 年以後的「第二批漢人移民」再次帶入部分的傳統中國法要素。

近代西方法的引進臺灣，亦即法學界通稱的「繼受」西方法，應始自清治晚期臺灣向西方開港通商後，人民主動學習、運用某些西方人的法律制度（參見前述〈百選〉篇號 23）；日本治臺後是以「國家法」強而有力地推動近代西方式法

---

[20] 日治前期在許多法律領域採「依舊慣」的政策，國治之初雖廢除日治法制，但人民仍沿襲若干日治時期的法律生活經驗，例如稱「胎權」或安排「媳婦仔」婚姻。參見王泰升，《台灣法律史概論》，頁280-281、291-293、300-302。

[21] 從臺灣漢人（華人）移民史而言，今之福佬、客家族群為第一批自中國移居臺灣的漢人，故稱「第一批漢人移民」，今之外省族群，則為第二批自中國移入者，其絕大多數屬漢族或已被漢化者，為方便起見，稱為「第二批漢人移民」。這兩批華人移民的異同，參見王泰升，〈近代西方法對台灣華人的影響〉，載於同作者，《台灣法的斷裂與連續》（臺北：元照，2002），頁115-119。

律,但並非首創,中華民國法亦接踵為之而已。不過對日治後才遭到外族統治的高山族原住民族而言,雖於日治時期即零星的接觸近代西方式法律,但須至中華民國時期始全面的受其影響。且以上所述,乃是指第二次的接觸西方法律文明。臺灣史上第一次接觸,係來自西歐的荷蘭人攜入其尚屬「前近代」的西方法律,鄭氏王國與西方人維持了通商貿易關係,應繼續與西方法文明有所接觸,但清朝的治臺截斷了這次交流。

3. 依法律規範的內容或特性

例如,前述近代西方個人主義、自由主義的法律規範,雖被日本與中華民國兩個國家法秩序所採用,但也都在某期間內以所謂「非常法制」,凍結原有個人、自由主義法規範之效力,以致一般人民無從適用該等法規範。按日治時期,於 1937 年爆發中日戰爭之後已發布一些戰時管制措施,至遲到 1938 年施行日本國家總動員法之後,已正式進入戰時非常法制。雖因該場戰爭在 1945 年的結束而改行中華民國法,但臺灣仍處「軍事佔領」狀態。且中華民國法本身於 1947 年即宣示國家總動員法繼續生效,再於 1948 年進入「動員戡亂時期」,臺灣又自 1949 年起實施戒嚴,故與日治晚期同樣是施行戰時非常法制。人民的「非常法制經驗」,因此得到了延續而不受政權或國家轉替影響,一直到 1991 年中華民國法終止動員戡亂才告終。由這段歷史亦可了解,臺灣人民能夠接觸近代西方個人主義、自由主義的時間,其實不太長。

總之,研究者可依自己選定的法律主題或法律領域,考察其在臺灣的發展過程,時間點也可以做一定的限定;或者不以整個臺灣,而是以某縣市或特定區域為範圍,觀察人民法律生活的變遷;再依各別的歷史發展軌跡,訂出最貼切的分期。

三、結語

必須提醒讀者的是,本文無意對法史學方法論做出一個全面性的論述,而只想表達對於「臺灣法律史」研究的基本設定,以及一些反省與思考,冀能作為繼續深化研究的基礎。「歷史」或者說是「過去」,對於我們而言又何嘗不是如此

呢?法律史的研究,除了在法律實務工作上提供一定的助益外,更大的意義在於它一直試圖要提供法釋義學、法制史研究取徑中,難以窺見的豐富多元的法律圖像。藉由將目光移向過去、移向規範本身之外,希望能拉出時間的縱軸與法律生活或文化的橫軸,提供歷史的、在地的觀察法律視角,從而能更有脈絡地了解自身的過去與現在,以作為更有深度、更加開闊地思考未來走向時的資源與能量。

如何展開研究並搜尋參考資料

■ 王泰升

一、緒言

　　誠然「歷史」是被書寫出來的，但其須根據一定的「參考資料」，故不同於小說之創作。這些「史料」固然以文字記載為主，然其除了有「偽作」的問題外，更棘手的是「親作」，但內含某種文化偏見，或所敍述者與使用其他資料所可論證的「事實」相矛盾。還有一些歷史事實，並未以文字史料的方式被保存。不僅「史前史」是如此，在文字記述是由政治權威或某個社會階層所壟斷的情形下，一般人民或其他社會階層的歷史，就不易出現在文字史料中，或該等文字史料不一定反映「真實」。「口述歷史」也因此漸受重視。不過，首先仍須能夠找出所有相關的參考資料，方能進行比對與檢討。

　　採取臺灣法律史研究取徑，而準備動手書寫歷史時，不論是以法律史研究為專業者，或本於其他法律專業欲就其學科或議題為歷史回顧者，搜尋相關史料都是一項嚴峻的考驗。困難的由來，當然是因臺灣法律史乃新興學科，既有論著及所發掘的史料都不夠多。但另一方面，也因臺灣法律史本身的複雜性，牽涉了原住民族史、中國史、西洋史、日本史，使得研究者須參考的文獻數量龐大，蓋學界中已累積相當研究成果之有關傳統中國法、西方法律發展史、近代日本法律史的論著，都有可能成為臺灣法律史需借重的參考資料。此一複雜性，亦引發語言能力的問題。臺灣法律史的文字史料，至少有以古荷蘭文、傳統的漢文或日文等三種文字書寫者，熟悉現代華文的研究者不一定皆能閱讀，從這個角度，其研究難度比中國法律史高。筆者雖自我期許為臺灣法律史專業研究者，卻不通古荷蘭文，僅能期待古荷蘭文史料能出現華、日、英語的譯文。目前臺灣的研究者，對傳統的漢文稍加訓練即可進入狀況（然字跡潦草者較難辨識），但對戰前日文則須下較大工夫才能掌握。欲成為臺灣法律史專業研究者，恐怕日文閱讀能力是必備的。不過，非此專業的研究者，仍可進行一定的研究，例如可考慮以日治時期

統計資料作為主要資料來源，由於當時日文使用很多漢字，經一段適應期後應可閱讀，但對於法律條文或法釋義內容，則需仰賴他人協助或其他語言的譯文。亦可考慮將主題設定於不需使用日文原始資料的清治或國治（或中華民國）時期，而就日治時期的相關部分使用他人既有論著即可。臺灣法律史需要更多人點點滴滴地努力，才能累積出可觀的內涵。對臺灣法律史研究而言，相較之下，「有心」還是比「有能力」更重要。

以下擬以個人的研究經驗，提供給「有心」之人參考，野人獻曝耳，請不吝指正。且是針對臺灣法律史上某個較大的時期，敘述一般而言在研究上可得參考之資料，不一定符合某些特定研究主題之需。曾做過某特定主題之研究者，對該主題參考資料之熟悉度必定在筆者之上，若亦對該主題有興趣，宜向其請教。

二、清朝治臺之前的階段（複數法律文明並存期）

在此將以原住民族自治時期、荷蘭西班牙統治時期、鄭氏王國統治時期的法律史研究，作為討論對象，因有多種法律文明並存於島上，[1] 參考資料也呈現多元性格。

（一）原住民族自治時期

於今欲了解原住民族處於自治狀態時，亦即尚未受外來法律影響前之原住民族法律是什麼，將遭遇到原住民族僅以口傳、不以文字記載歷史的困境，故不得不仰賴某些對原住民族而言，屬於「他族記載」的文字史料。首先是漢人於目擊原住民族生活後，可能留下的文字敘述。例如，1603 年漢人陳第依來臺所見撰寫的〈東番記〉，就載有：「無酋長，子女多者眾雄之，聽其號令」，「婦始往婿家迎婿」，「生女喜倍男，為女可繼嗣」，[2] 顯示原住民族的統治法制以及依母系傳

---

[1] 參見王泰升，《台灣法律史概論》（臺北：元照，四版，2010），頁19-31，亦即該書「第二章」。宜注意的是，在臺灣某些地域，原住民自治時代一直延續到清治時期。

[2] 見《閩海贈言》（臺北：臺灣銀行，臺灣文獻叢刊五六），卷二，頁24-25。此資料可上網至中研院「漢籍電子文獻」中的「臺灣文獻」瀏覽之（http://www.sinica.edu.tw/ ftms-bin/ftmsw3）。

承的親屬繼承法。1624 年荷蘭治臺後接觸原住民族，W. M. Campbell 依當時荷蘭牧師所留文件編成的 Formosa under the Dutch（古荷蘭文書寫的文件已被譯為英文）一書記載：「這些村莊沒有共同的頭目來統治他們，……任何村莊都沒有頭目統治，但有個由十二位聲譽卓著的長老所組成之可稱評議會者（在此再轉譯為華文，筆者註）」。[3] 此外，1684 年清朝設官治理後不久即來臺的漢人郁永河，亦觀察到原住民族「婚姻無媒妁，……女擇所愛者乃與挽手」，「不重生男重生女，家園原不與兒郎」，[4] 乃今日所稱「母系社會」。甚至已進入 20 世紀的日治後期，日本人增田福太郎觀察之前未遭外族統治的高山族原住民族（相對於原住民族中的平埔族而言）之所得，與前揭三史料所描述的 17 世紀時原住民族法律觀，大致相符。[5]

總之，可盡量蒐集當時曾接觸原住民族的漢人、西方人、日本人所書寫的史料，[6] 但須注意，各個作者皆以其自己所屬民族的法律觀念，來想像與描述原住民族的法律生活。於今能否使用原住民族的口傳歷史，或是考古所發現的物品，描述其過去的「法律」生活呢？這是一個值得深思的問題。

（二）荷治時期

關於荷治時期政治、經濟、社會等各方面的一般性歷史論述，近年來有不少作品，只要至較大圖書館的目錄系統，以「荷據」、「荷蘭時代」等詞搜尋即可，從中或可看到當時法制及法律生活的片斷。較以法制及司法運作作為研究對象者，有鄭維中寫的《荷蘭時代的台灣社會》及〈略論荷蘭時代法制史與社會秩序〉。[7] 從檔案史料，例如經郭輝等譯為華文的《巴達維亞城日記》、經江樹生譯為華文的《熱蘭遮城日誌》等等，或可窺得當時法律施行情形。

---

[3] W. M. Campbell ed., Formosa under the Dutch（Taipei: Ch'eng-wen Publishing Company, 1967），p. 15。
[4] 見郁永河，《裨海記遊》（臺北：臺灣銀行，臺灣文獻叢刊四四），頁34。有人謂臺灣福佬話之以「牽手」稱呼妻子，係來自平埔族此項「挽手」習慣。
[5] 參見增田福太郎，《未開社會における法の成立》（京都：三和書房，1964）。其書中與此相關之內容，可參見王泰升，《台灣法律史概論》，頁21-23。
[6] 例如註2所述網站上資料可供參考。
[7] 參見鄭維中，《荷蘭時代的台灣社會》（臺北：前衛，2004）；鄭維中，〈略論荷蘭時代台灣法制史與社會秩序〉，《臺灣風物》52卷1期（2002.3），頁11-40。

　　當時荷蘭人的法律觀念與制度，須從整個歐陸法律史的脈絡來了解。其在臺灣的政府組織，並非依照荷蘭及歐陸後來才發展出的近代西方式權力分立體制而設置的。臺灣政務由譯成「長官」者以及「評議會」者共同負責，該會議由長官以及數位各自監督特定事務的高階官員組成，但長官對表決事項具否決權。[8] 即令當時有「司法機關」，亦不全然與今之法院相同，被譯成「檢察官」的官員，[9] 並不等於今日源自 1789 年法國大革命之後的檢察官。首先須釐清這些法制的內涵，始能進而探究其對原住民族或漢人移民法律生活的影響，甚至追問這段三百多年前的歷史對今日臺灣的意義，例如確有其遺緒嗎？對不同法律文明的衝突與調適，提示了某些可能的作法嗎？

（三）鄭治時期

　　關於此時期一般人民法律生活，僅能從通史類作品，例如前臺灣省文獻委員會所編「臺灣史」，[10] 或清治之後時人談論鄭治舊事的文章，[11] 知其概況。至今似無以鄭治時期法律制度之內容作為主題的作品，[12] 以致法制由來、法制的社會效應等議題皆難以討論。鄭氏降服後，既然將完整的戶口兵馬冊籍移交清朝政府，其中應包括官府施政檔案。然清朝本陸權國無以師法鄭之治臺政策，得臺之初尚有棄守之議，後雖勉強納入版圖，實非為理臺而治臺，乃防臺而治臺，[13] 故鄭氏王國的檔案，對清朝政府而言參考價值有限，可能即因此佚失。鄭治時期成為臺灣史上，唯一沒有留存政府檔案的時期。

---

[8] 參見王泰升，《台灣法律史概論》，頁24。似不宜使用今日藉以稱呼民意機關或立法機關的「議會」，來翻譯此處所謂的「評議會」。

[9] 參見鄭維中，《荷蘭時代的台灣社會》，頁48、51；鄭維中，〈略論荷蘭時代台灣法制史與社會秩序〉，頁19-21。

[10] 參見盛清沂等編，《臺灣史》（臺中：臺灣省文獻委員會，1977），頁154-206。

[11] 亦可上網至中研院「漢籍電子文獻」中之「臺灣文獻」搜尋之。見前引註2。

[12] 先驅學者戴炎輝，於撰寫臺灣省通志時，以不到一整頁的篇幅敘述鄭治時期司法。參見戴炎輝撰，《臺灣省通志稿卷三政事志司法篇》（臺北：臺灣省文獻委員會，1955），第一冊，頁5-6。

[13] 參見黃典權，〈鄭延平臺灣世業〉，載於黃富三、曹永和編，《臺灣史論叢，第一輯》（臺北：眾文，1980），頁123；張世賢，〈清代治臺政策的發展〉，載於黃富三、曹永和編，《臺灣史論叢，第一輯》（臺北：眾文，1980），頁223。

三、清治時期

　　臺灣清治時期的法律，係整個清朝法律體制的一部分，屬於傳統中國法系。為分析之便，對於傳統中國法，可從規範存在的形式著眼，謂其包括了官府規定（皇帝及其官員所發布施行的一整套成文規定）、民間習慣，以及情理。[14] 今之歷史研究者應盡量本於該法系自身的，而非以現今慣用之源自近代西方的法律概念與理念，來了解清朝及其治下臺灣的法律規範之內涵。滋賀秀三曾以日文介紹性質上屬於官府規定的清律及其附例（「大清律例」）、清會典及其事例、六部則例、省例等，以及時人編纂的各種法律書籍，[15] 頗適合入門者閱讀，不諳日文者則可閱讀類似的華文書籍。[16] 就上揭數種官府規定的實質上規範內容，似乎尚欠缺全面且有體系地整理並加以分析的著作，如戴炎輝所著《中國法制史》這類作品，因係針對「中國」，而非「清朝」，故夾雜中國其他朝代的法律。不過，就大清律例中相當於今之「司法審判程序」之規定，張偉仁及那思陸皆著有專書。[17] 雖有《臺案彙錄》、《清會典臺灣事例》等既有文獻收錄清朝特別針對臺灣所頒行之法令，[18] 但欲確知整個清治時期官府規定的內容，仍須自己動手查閱那些彙編大清律例等的作品，且引用條文時宜揭示其位於何律何門何條乃至哪一則附例。[19]

---

[14] 在此，有與現代法學上所謂「法源」，亦即可作為裁判依據之法規範種類，相比擬之意。依筆者之見，官府規定、民間習慣以及情理，此三者沒有絕對的適用上優先次序，係協同地一併成為具體個案中的評價基準，以達到和諧的社會秩序為最終目標，而就該案做成一項應然命令。參見王泰升，《台灣法律史概論》，頁44-49。

[15] 參見滋賀秀三，〈清朝の法制〉，載於坂野正高等編，《近代中國研究入門》（東京：東京大學出版會，1974），頁281-318。

[16] 若欲閱讀華文文獻，可參見戴炎輝撰，《臺灣省通志稿卷三政事志司法篇》，第一冊，頁6-13；瓊斯（William Jones），蘇亦工譯，〈大清律例研究〉，載於高道蘊等編，《美國學者論中國法律傳統》（北京：中國政法大學出版社，1994），頁353-390。

[17] 參見張偉仁，《清代法制研究》（臺北：中央研究院歷史語言研究所，1983），第一冊，頁82-96、146-416；那思陸，《清代州縣衙門審判制度》（臺北：文史哲，1982）；那思陸，《清代中央司法審判制度》（臺北：文史哲，1992）。

[18] 可上網至中研院「漢籍電子文獻」中之「臺灣檔案」搜尋之。見前引註2。

[19] 有哪些版本，參見張偉仁，《清代法制研究》，第一冊，頁417-426。姚雨薌原纂、胡仰山增輯的《大清律例會通新纂》，類似今之私人出版的簡易《六法全書》，但可能不夠準確。黃靜嘉編校、薛允升撰述的《讀例存疑》相當可靠，但不宜引用該書中經編校者添加的條號，因為其他版本並無該等條號，讀者將不易知悉究竟是引用何條。張偉仁於書中係引用「官方版」，亦即《光緒會典事例》。

上揭官府規定中的「例」，原是針對個案而為，但經有關部門整理後頒行，即可一般性地援用於規範其他案件。同樣的，匯集各省向清朝中央呈報司法案件的「刑科題本」，或各種收集清朝「判語」之書籍中所載的「司法裁判」；縱令其所處理的案件係發生於中國內地，除非是屬於對蒙古人或西藏人的特例，否則官員仍可能參考之以裁決發生在臺灣的案件。當臺灣隸屬福建省時，福建省例可直接拘束在臺地方官。此外，收藏清朝內閣各種文書的「內閣大庫檔案」，[20] 尤其是那些直接針對臺灣而為者，也是探求清治時期法規範的重要資料。

因此，臺灣清治時期法律史之研究，宜善用「中國法制史」中有關「清代」的研究成果，若能兼顧華、日、英文作品尤佳。不過曾有某些非清朝當時的學者，運用現代法學概念描述清朝法律制度，例如織田萬所著《清國行政法》，對此類著作宜注意：那些繼受自近代西方的法學概念並不存在於清治時期。[21]

關於清治臺灣民間習慣規範之內容，因習慣具地域性、時間性，故不宜直接依據以「傳統中國習慣」為探討對象之書籍上所載，來認定清治時期臺灣某地區之習慣。習慣規範係不成文，故難以明確地被記載下來，後人或許可從清治時期地方志、契字或文書（參見中央研究院古文契書的資料庫），[22] 歸結出當時習慣規範之內容。日治初期日本官方的「舊慣調查事業」即在進行此事，所成就之稱為「臺灣私法」的研究報告，[23] 相當能呈現清治末期臺灣各地民間習慣規範，但其使用的西方法學概念同樣不存在於清治時期。

在進行個案裁決時，具有一定影響力的「情理」，即傳統中國以儒家為主的價值觀。論者應具體交代其究竟是從哪些史料，看出存在何種價值觀，且被據以做成裁斷。

---

[20] 中研院史語所收藏，可上網閱讀全文（http://www.sinica.edu.tw/ ％7Emct/）。

[21] 參見黃丞儀，〈臺灣近代行政法之生成──以『替現』與『揭露』的書寫策略為核心，1885-1901〉，臺大法研所碩士論文，2002年，頁157-177。

[22] 這類資料如何搜尋，請參閱有關臺灣史研究之參考書或論著。

[23] 參見臨時臺灣舊慣調查會，《臺灣私法》（臺北：自刊，1910-1911；臺北南天書局有復刊本），第一至三卷，計六冊，同時有《臺灣私法附錄參考書》，計七冊；陳金田譯，《臺灣私法》（南投：臺灣省文獻委員會，1990、1993），第一至三卷，計三冊。但此華文譯本有部分脫漏。

為何出現這個樣子的法律規範內容呢？此問題通常須追溯至古典中原文化及其形成的政經與社會條件，撰文時或許可先寫這部分、後寫法律規範內容。就法規範的由來，國際學術界中關於「中國法律思想史」或「華人法律傳統」（Chinese legal traditions）的論著，都是可能的參考對象，請逐閱介紹該等學科基本史料及研究成果的參考書或相關論著。若能具備多種語文的閱讀能力，視野將較為開闊。中國清代法制史和中國法律思想史等，可算是臺灣法律史的「輔助學科」（較基本的論著可參見筆者在臺大法律學院「華人法律傳統」課程所列書目），其研究成果越多越精緻，對臺灣法律史研究越有幫助。不過，清治下臺灣的法律規範內容，有時係由清朝對臺灣較特別的統治政策，則已非前述資料所能解明，須回到對於臺灣史相關論著的搜尋。

　　清治下一般人民的法律生活或法律文化，是法律史最關心的議題。記載著人民到地方衙門尋求處罰犯罪人、或解決利益糾葛的「淡新檔案」（其簡介參見臺大圖書館網站），雖亦有助於研究法律規範內容，但更重要的意義在於，藉以探求當時「北臺灣」一般人民的法律生活或文化。而例如「刑科題本」中所述發生於中國內地的司法案例，則因人、地不符，不能持以論證臺灣人民的法律生活實況。對此，須仰仗前述臺灣清治時期的地方志和各種契字，藉以探求居住該地之人民事實上存在的法律觀念與生活方式。進行這類法律社會史研究，所需參考資料量大且多樣，法律史研究者應多多向其他臺灣史研究者請益，相互提攜和交流。且除了盡量如實描繪出當時的法律生活或文化觀念，還可從法學角度，思考「法與社會」的關係，提出法律發展的理論，使法學成為一門社會科學。

四、日治時期

　　臺灣日治時期的法律，也是整個日本帝國法律體制的一部分，但已改成屬於近代歐陸法系，故對於同樣學習歐陸法概念的現在臺灣法律人而言，除了需克服日語能力外，頗能適應（但仍須留意某些法學概念可能因時與地之不同而有異），而對於非法律人的研究者就有法學及語文雙重障礙。

　　這個時期的法規範，因此須從近代西方式憲政架構開始談起，形式上有憲

法、法律、命令之別以及上下位階關係，此可參閱筆者所撰〈日治時期台灣特別法域之形成與內涵—台、日的「一國兩制」〉。[24] 但法規範的實質內容是什麼，則較為複雜。日本帝國憲法雖有在臺灣施行與否的爭議，但查憲法典即知其規範內容。然關於某特定事項的法規範內容，須先看帝國議會對該事項所制定的法律是否施行於臺灣，[25] 若已施行，除了閱讀其條文外，須再檢視有無依敕令針對臺灣做成的特別規定，[26] 若未施行，還須查閱臺灣總督有無制定相關的律令、有什麼樣內容的規定。[27] 亦可利用 1941 年出版的《內外地法令對照表》，[28] 查出在臺灣有效施行法令的件名，再去找它的內容。至於純屬命令層級的府令、州令、廳令等，以及國家機關內部的訓令等之內容，除非已被收入當時類似《六法全書》的出版品，[29] 或行政機關曾將與其職掌相關之命令彙集後出版，[30] 否則僅能逐年逐期地查閱日治時期各級政府公報。原係日治時期「臺灣總督府圖書館」的國立臺灣圖書館（原名為「中央圖書館臺灣分館」），以及原「臺北帝國大學」的臺灣大學之圖書館（尤其是法社分館），皆有收藏這類公報。此外，日本內閣官報局以《法令全書》為名，出版各年度國家所頒行的全部法令，包括上述法律、敕令、律令、府令，故倘若僅知法令名稱、不知其內容，可查閱其發布年度的《法令全書》。[31]

後人以華文敘述日治時期法令內容的著作，戴炎輝首開其端，[32] 但較詳細者為蔡章麟、洪遜欣、陳世榮等在《臺灣省通志》，對於日治時期司法組織、民事訴訟程序、強執破產程序、拍賣提存公證登記司法保護等制度、以及刑事訴訟程序

---

[24] 參見王泰升，〈日治時期台灣特別法域之形成與內涵──台、日的「一國兩制」〉，《台灣法律史的建立》，頁103-130。

[25] 包括以敕令將「法律」施行於臺灣，其件名可查閱條約局，《日本統治下五十年の台灣（「外地法制誌」第三部の三）》（東京：自刊，1964；重刊版，東京：文生書院，1990），頁91-105；另有當然施行之「法律」，參見王泰升，同上註，頁120-122。再依件名，查各時期的六法全書或官方的《法令全書》，以知其內容。

[26] 所有基於法三號制定之特例敕令的內容，見條約局，《台灣の委任立法制度（「外地法制誌」第三部の一）》（東京：自刊，1960；重刊版，東京：文生書院，1990）。

[27] 所有曾發布的「律令」及其內容，見條約局，《律令總覽（「外地法制誌」第三部の二）》（東京：自刊，1960；重刊版，東京：文生書院，1990）。

[28] 拓務大臣官房文書課，《內外地法令對照表》（東京，出版者不詳，1941）。

[29] 例如《臺灣法令輯覽》（三冊）、《臺灣六法》，臺大圖書館等均有收藏。

[30] 例如，臺灣總督府警務局，《臺灣總督府警察沿革誌第二編：領臺以後的治安狀況（下卷）》（臺北：自刊，1942）。

[31] 在臺灣的研究者，欲查《法令全書》，可至收藏原「臺灣總督府高等法院」圖書的臺灣高等法院圖書室閱覽，但此處只收藏到昭和9（1934）年度。參見王泰升編，《臺灣高等法院舊藏法律資料圖書目錄》（臺北：臺灣高等法院，1999），頁73-81。亦可至日本國會圖書館網站查閱：http://kindai.ndl.go.jp/。

[32] 參見戴炎輝，〈五十年來的臺灣法制〉《臺灣文化》，5卷1期（1949，重刊於《近代中國》，19期，1974，頁79-86）。

與監獄制度所做的介紹與法條翻譯。[33] 另黃靜嘉之專論,亦引用不少日治時期司法、特別是行政方面的法令。[34]

上述由國家所頒行之對不特定人所為的法律規範,應做如何的「法律解釋」,始能適用於具體個案呢?這是法釋義論的問題,而當時有哪些法律解釋?則是客觀存在的歷史事實,須依據當時各種法學教科書或論著來回答。法規範史(法制史)所關心的,並不是依據現在的價值觀,當時的法規範「應」如何解釋,因為這個「應然」的解釋內容在當時並不存在;其實當時的法規範如今已失效,根本不能再適用,何必爭議其應如何解釋。不過,某種解釋是否為當時的行政或司法機關採納而屬「有權解釋」,則是一項重要的歷史事實,涉及到當時國家法的規範內容「是」什麼。

究竟有哪些日治時期法學文獻可參考?可先查閱幾本重要的文獻目錄。(1)國立臺灣圖書館的《中央圖書館臺灣分館日文臺灣資料》,依主題別找到「法律學」,當中所列者,是研究日治法之最基本、最好用的法學論著。該目錄或因限定於所謂「臺灣資料」,故未收錄以「日本」法律為論述對象者。但其實日本法律,尤其是在日治後期,已廣泛施行於臺灣,就此即須閱讀那些以日本法律為對象的論著,此類論著可在《中央圖書館臺灣分館日文舊籍目錄》的「法律學」項下找到。(2)關於臺大藏書,學生們曾自發地編一本《國立臺灣大學法學院舊藏日文臺灣資料目錄》,在「法律學」分類下列有很多重要而核心的參考資料。但此未包含臺大其他學院所收藏者,故需再查閱《臺灣大學舊藏日文臺灣資料目錄》,然這本目錄只能依作者名或書名,不能依主題來檢索。最大的寶庫是原法社分館地下室的日治時期藏書(今置於社會科學院圖書館地下一樓),在此不但有針對臺灣,還有純以日本法律、或以當時各國法學及法律為對象的書籍,包括日、英、德文,這批藏書本身尚無出版完整的目錄,但可善用前揭兩份目錄。(3)原臺灣總督府高等法院的藏書,戰後由臺灣高等法院接收,十幾年前經筆者等十

---

[33] 參見蔡章麟撰,《臺灣省通志稿卷三政事志司法篇》(臺北:臺灣省文獻委員會,1955),第一冊,頁141-314;洪遜欣、陳世榮撰,《臺灣省通志稿卷三政事志司法篇》(臺北:臺灣省文獻委員會,1960),第二冊。

[34] 參見黃靜嘉,《春帆樓下晚濤急:日本對臺灣殖民統治及其影響》,(臺北:臺灣商務,2002)。

餘人整編後做成《臺灣高等法院舊藏法律資料圖書目錄》，[35] 其藏書除專對臺灣或以整個日本為對象的法律書籍外，還有當時各式各樣法學論著。相關的文獻目錄當然不止於此，[36] 欲深入研究者可再查閱之，但所查出的參考資料可能收藏於日本或美國等地圖書館。

單單依賴被編入「臺灣資料」者，可能對有關日治法律具重要參考價值的文獻失之交臂。舉一例說明之，當我們欲追問臺灣社會一般人是否具有智慧財產權的觀念或有什麼樣的使用經驗時，須注意於 19 世紀末的 1899 年，日本已將其仿行西制的特許法、意匠法、商標法、著作權法等施行於臺灣，[37] 但政府如何施行、人民如何利用這些法制，都是探究當時人民智慧財產權觀念所不可不知者。筆者曾在被列為「臺灣資料」的臺灣總督府法院判決集裡，找到涉及這些法律的司法案件，但擬查閱登載相關權利的（日本內地）政府公報時，卻不知臺灣何處有收藏該等資料，一度打算至日本尋之。豈知在「為伊消得人憔悴」之後，竟「驀然回首，那人卻在燈火闌珊處」，意外地在原臺大圖書館法社分館二樓官書室對面的藏書處（今置於社會科學院圖書館地下一樓），發現了日本政府發行的《商標公報》、《特許公報》等（但年度不齊全）。該館資料從既有目錄上可得而知僅限於所謂的「臺灣資料」，而整編者似乎不認為這些公報與臺灣有關，故未列入，但其實還是跟日治臺灣法律生活具有關連性。

為了解自己所研究的議題，在當時的臺灣法律界有何看法，可查閱重要法律期刊的目錄。其一為由司法部門支持的《臺灣慣習記事》（1901-1907），國史館臺灣文獻館（原臺灣省文獻委員會）曾刊行華文譯本。其二為當時法律界最具影響力的《臺法月報》（起初稱《法院月報》，1907-1943），宜檢視各期當中有無相關者，今已有《總目錄》刊行，而所有文章的內容可查詢數位化資料庫，[38] 或

---

35 整編經過及使用須知，參見王泰升，〈重現台灣第一座法學專業圖書館：臺灣高等法院舊藏法律資料簡介〉，載於同作者，《台灣法的斷裂與連續》（臺北：元照，2002），頁293-304。

36 其他包括收藏於日本、美國等地圖書館之文獻的目錄，參見王泰升，〈台灣法律史研究方法及資料蒐集〉，載於李鴻禧等，《台灣法律史研究的方法》（臺北：學林，台灣法律史叢書1，2000），頁72。

37 相關的施行敕令，見王泰升，〈從日本公文書館史料探究日治台灣立法權運作實況〉，載於同作者，《台灣法的斷裂與連續》（臺北：元照，2002），頁276，註32。

38 中島利郎、宋宜靜編，《『臺法月報』總目錄》，（東京：綠蔭書房，1999）。「臺法月報資料庫」係由漢珍數位化圖書股份有限公司出版。

至臺大圖書館借閱紙本，若有缺期可到國立臺灣圖書館找。經由閱覽《臺法月報》，讀者將彷彿置身於日治時期台灣社會，特別是法律界當中。此外，還有臺灣人政治異議者發行的《臺灣青年》（1920-1924，後期改稱《臺灣》）、臺灣辯護士協會發行的《法政公論》（1935-1936）、臺北帝大文政學部發行的《政學科研究年報》（1934-1945）。

　　在諸多法律見解中，何者為當時國家法所採取？就民刑事項，須查閱有關臺灣總督府法院判決或決議的彙編。就此，日本文生書院匯合每二、三年由總督府法院出版的判例集，加上其他刊物所載判決，在 1996 年所出版了《高等‧覆審法院判例全集》。[39] 其收集 1896-1940 年高等或覆審法院所為部分判決，但 1896-1918 年者只有判例要旨，沒有全文。筆者整編、經臺大圖書館製成數位化資料庫的「日治法院檔案」，係由日治時期臺北、新竹、臺中、嘉義等地方法院的各類司法文書所構成，包括民刑事判決原本、民刑事案件登記簿、非訟事件以及強制執行事件等卷宗、公證書原本、有關法人等的各種登記簿、行政卷宗等。當中以民事判決原本、刑事判決原本與公證書等三類占多數，所涉時間始自 1895 年，迄於 1945 年，故相當完整地紀錄日治時期司法實務上的見解。[40] 宜注意的是，日本帝國最終審法院，即大審院對臺灣司法案件無管轄權，故其判決並非當時臺灣國家法的一部分，然其是否及如何影響在臺灣的法院？仍值得研究。

　　表現於立法、司法乃至行政上的這些法規範內容，係因何而產生的，可從多角度、不同的參考資料來探究。可能是出於統治階層（日本人）的傳統觀念或歷史經驗，尤其是明治維新後的法制革新經驗。可能是為便於統治，而基於被統治者（臺灣漢人或原住民）的傳統觀念或歷史經驗。可能是仿效自當時西方殖民主義，及其殖民地法制。可能是臺灣本地政經或社會狀況，已有所改變所致。因此須查閱近代日本法史、傳統中國法或原住民史、殖民地統治之研究以及日治時期臺灣史的相關論著。由於日本曾治臺五十年，近代日本法史是臺灣法律史的重要

---

[39] 關於日治時期已出版之法院判決集，請參見王泰升，《台灣日治時期的法律改革》（臺北：聯經，1999），頁15。
[40] 該檔案的詳細內容及可能的研究方向，參見王泰升，〈日治法院檔案的整編與研究〉，載於王泰升編，《跨界的日治法院檔案研究》，（臺北：元照，2009），頁1-36。

輔助學科之一。為了在眾多可能性中，確認其主因，可查閱擁有立法及行政大權之臺灣總督府所遺留的檔案。使用者或先至中研院近史所圖書館或在南投的國史館臺灣文獻館，查「現藏臺灣總督府檔案總目錄」，尋找與法規相關之件名，或直接上網利用中研院臺史所與國史館臺灣文獻館共同製作的「臺灣總督府公文類纂目錄查詢系統」，以關鍵字搜尋所需之件的名稱。[41] 絕大部分原件內容即將可在網上閱覽，其餘則須至國史館臺灣文獻館閱覽。若想再追問日本內地政府對臺灣法令的態度，可利用日本國立公文書館所藏之內閣檔案。[42]

若從法律社會史的觀點，欲知各項法規範的實際適用情況或社會實效，以及當時一般人民法律生活等等，則可使用的參考資料更多，需要花費更多的時間與人力。例如從臺灣總督府檔案，可看出所謂「總督律令權」的實際運作過程，且檔案內文書經常有官僚對於法律實際上適用狀況的報告。而日治法院檔案，不僅可從判決所載案件事實了解人民法律生活，還可從各種登記簿、公證書等等知悉人民利用法院的實況。例如，結合《林獻堂日記》中所載之與法院往來、或公證人前來做「遺言公證」等，[43] 可深入了解臺灣人對西式法制的調適；公證書類結合蒐集自民間的契約書，亦可知悉日治時期盛行的法律交易方式。還有許多日本官方對法律施行狀況的統計資料，例如《臺灣總督府統計書》（1899-1944）、《臺灣總督府犯罪統計》（1911-1944）、特別適於與同時期日本朝鮮比較的《日本帝國統計年鑑》（發行至1940年，但在臺灣似不齊全且閱覽上不太方便）、戰後行政長官公署所編的《臺灣省五十一年來統計提要》等。亦可從當時的報紙等刊物，貼近當時人們的想法，理解其各種法律活動，例如閱讀上述《臺灣青年》《臺法月報》，以及一般性的如《臺灣日日新報》、《臺灣民報》等等。而時人所撰的日記，乃至文學作品，皆一定程度代表作者所屬的族群或社會階級。口述歷史的作品對於日治後期歷史，特別具有補充作用。在此均舉出數例說明爾，詳情請逕閱有關臺灣史文獻的參考書。

---

[41] 從中央研究院臺灣史研究所或國史館臺灣文獻館之網站，皆可找到有關「臺灣總督府公文類纂」的介紹及查詢系統。
[42] 參見王泰升，〈從日本公文書館史料探究日治台灣立法權運作實況〉，頁261-291。
[43] 例如，參見許雪姬等編，《灌園先生日記（六）一九三三年》（臺北：中研院臺灣史研究所籌備處，2003），頁378、440、479。中央研究院臺灣史研究所已蒐集許多曾親身經歷日治時期之記主的日記，並建構了「臺灣日記知識庫」。

五、戰後時期或中華民國時期

　　國民黨統治臺灣後所引進的中華民國法制，與日治法制同屬近代歐陸法系，故法規範的形式相同。且因中華民國法制為臺灣的現行法，當今法律人對其法規範的實質內容相當熟悉，到何處、依據何等資料，探尋立法、司法及行政部門所為的法規範內容，亦與其他法律學科幾乎沒什麼兩樣，只需特別留意「在不同時點可能有不同的規範內容」即可，於茲省略。

　　不過，關於中華民國法規範及法律文化之由來，則需要某些法史學方面的專業知識。按中華民國法體制原係國民黨在中國執政（至1949年結束）時所制定的，故這些法規範的起源，須求諸於民國時代中國（1911-1949）的法制史，其因此成為臺灣法律史研究之輔助學科。例如，為了探究臺灣在「戰後」的法律史，筆者先完成〈清末及民國時代中國與西式法院的初次接觸——以法院制度及其設置為中心〉、〈國民黨在中國的「黨治」經驗——民主憲政的助力或阻力？〉兩文，以理解民國時代中國關於憲政及司法的法規範內容，以及實際上所形塑的法律文化。按那些法規範在戰後即成為臺灣的國家實證法，且戰後在臺威權統治近四十年的兩蔣及新來的外省族群，均沿襲民國時代中國的法律文化。誠如在〈四個世代形塑而成的戰後臺灣法學〉一文所指出，戰後台灣第一代法學者大多數屬外省族群，其承繼了中國從清末至民國的法學發展遺緒。[44]

　　有不少檔案可用於研究民國時代中國的法律史，前揭〈國民黨在中國的「黨治」經驗〉一文，即是閱覽國史館所藏「國民政府檔案」後之作品。由黃源盛整編、政治大學法學院收藏的「大理院檔案」，亦已生產出不少法史學論文。此外，由司法院會同筆者所發現、仍整理及數位化中的「最高法院遷臺舊檔」，係中華民國最高法院於1949年遷台時，所攜來之發生於中國大陸、在1940年代或更早之時繫屬於法院而上訴至最高法院的民刑事案件審判卷宗，故可藉以探究繼受自西方的法律如何在當時的中國社會中運作。在性質上相類似的，還有國史

---

44 參見王泰升，〈清末及民國時代中國與西式法院的初次接觸——以法院制度及其設置為中心〉，《中研院法學期刊》，1期（2007.9），頁105-162；王泰升，〈國民黨在中國的「黨治」經驗——民主憲政的助力或阻力？〉，《中研院法學期刊》，5期（2009.9），頁69-228；王泰升，〈四個世代形塑而成的戰後臺灣法學〉，《臺大法學論叢》，40卷特刊（2011.10），頁1367-1428。

館收藏的司法院在民國時代中國，對各地所呈報具法律疑義之案件做成解釋文的檔案。由於當時中國處於以黨治國，故國民黨黨史會的「國防最高委員會檔案」（1939-1947），也是了解中國訓政時期法律經驗的重要史料。

　　臺灣於 1945 年開啟了戰後或中華民國時期，但從 1949 年年底中華民國中央政府遷臺起，臺灣迄今一直作為一個事實上國家而存在，使得臺灣的法律史與中華民國法的歷史兩者合一，中華民國法制的規範內涵及運作實況，亦隨著臺灣政經、社會的演變而變遷。因此欲探究戰後台灣的法律史，即有必要參考政治、經濟、社會、歷史等領域的學者對戰後台灣的研究成果，以理解法律發展的外部動因或效應。且除了考量前述從社會科學觀點所提出的因果詮釋外，還須檢視政府機關乃至執政黨在施政過程中留下來的檔案，以探求當時制法者的心意或企圖。按 2000 年政黨輪替，改由民進黨中央執政八年，使國民黨執政時期的政府檔案，得以向公眾及研究者為更充分的公開，讓立法緣由等的探討可奠基於更堅實的史料上。今之研究者可向檔案管理局，申請閱覽該局已徵集的若干政府機關檔案，此被稱為「國家檔案」；但大多數政府機關的檔案仍由原做成機關保管，故研究者須向各個機關申請閱覽其「機關檔案」。戰後臺灣在「國民黨一黨專政時期」，法律的制定當然與國民黨的決策密切相關，目前國民黨黨史會已將其一定年限之前的檔案向大眾公開，雖是否業經篩選不得而知，但總是法律史研究者的福音。

　　在此僅以數例，闡述檔案研究對理解戰後臺灣法律史的重要性。按國史館編的《雷震案史料彙編》當中的政府檔案，就清楚地呈現 1960 年「雷震案」之「未審先判」。[45] 從較早的「二二八事件」或「白色恐怖」案件相關的政府檔案，亦可檢視當時是否依法進行刑事訴追。此外，筆者在參與檔案管理局「國家安全檔案」徵集過程中，曾發現某一「普通件」記載著，1952 年由總統召開並做成「裁示」的「國防會議」裡，竟列有「行政院對行政機關權責、組織、法令、人事及制度檢討改進措施辦理情形報告案」。據此可推論出當時整個行政部門的最高裁決者是總統，而非行政院長，故憲法上的條文並不能拘束已習於「訓政經驗」的強人總統。

---

[45] 參見陳世宏等編，《雷震案史料彙編：國防部檔案選輯》（臺北縣新店：國史館，2002），頁331-332。

與日治時期一樣,統計資料、報章雜誌、文學作品、民間契約書等等,皆可用來了解一般人民的法律生活。然相對於日治時期之距今較為久遠,在中華民國時期親身經歷各事件的重要人物經常仍健在,故口述歷史經嚴謹查證後,常可揭露出政府史料所未記載的歷史事實。例如筆者在參與受司法院委託而對退休大法官及高階法官進行口述歷史的訪談時,即發現許多政府出版品中從未提及的司法運作實況。當臺灣法律史之研究,在觀察的時間上已逼近當下,且係從「法與社會」的視角提出因果詮釋,則與法律社會學之研究似已所差無幾,或可稱之為「在地化的法律社會學」吧。

法律史在學術論述
與法律實務上的運用

■ 王泰升

　　在前面兩講，曾大概地交代臺灣法律史的研究方法，以及如何搜尋研究所需之素材。在此，將以筆者的實際操作經驗為例，具體說明臺灣法律史在學術論述上，或者法律實務上，可呈現出什麼樣的研究成果，或發揮什麼樣的效用？其實以下所述，僅僅是野人獻曝耳，距離在第一講「結語」所提出的法律史研究目標：「更有脈絡地了解自身的過去與現在，以作為更有深度、更加開闊地思考未來走向時的資源與能量」，恐怕還有一大段尚待努力的空間。

一、對法律歷史發展過程之詮釋：以臺灣憲政史為例

（一）研究議題及思考上的切入點

　　出於對臺灣政治現實的關心，筆者曾發表〈自由民主憲政在臺灣的法律規範與政治實踐〉一文，[1] 此處擬交代的是，整個論述為何用那樣的方式來鋪陳，至於實質的論點和所引用的資料將不再詳述。該文所設定的問題是：「今之臺灣人民為什麼能夠擁有自由民主的憲政生活？」針對這般具有「歷史」性格的提問，首先須決定的是，將回溯至多久以前的「過去」。按當今所謂「自由民主憲政體制」，係在 19 世紀末，方隨著日本統治而首度出現於臺灣。故倘若執此來定義「憲政」一詞，則至多僅能回溯至 19 世紀末。為了將回溯的時間拉長，以納入更多的歷史因素，乃將「憲政」觀念與制度，定義為：「在人類社會中，對相當於臺灣現行法上所謂「憲政事項」的這些事務，曾經抱持的態度及形成的制度」。

---

[1] 參見王泰升，〈自由民主憲政在台灣的實現：一個歷史的巧合〉，《臺灣史研究》，11卷1期（2004.6），頁167-224。

上述定義亦意謂著：在不同時代或地域的人類社會，可能存在著不同於今所謂「自由民主」的憲政生活方式。那麼，究竟以在哪個地域上的人類社會（或稱「共同體」，community），作為考察的對象呢？臺灣法律史即是以今統稱「臺灣」的臺澎金馬，作為「地域」的範圍，觀察居住於其上的人類社會。臺灣作為一個共同體，若從較大的視野來觀察，係處於「東亞法律文化圈」之內，原與居住於今之中國（中華人民共和國）、日本、南北韓等地域的人們，共同籠罩在東亞傳統的憲法文化中，一起面臨近代西方立憲主義的衝擊。這個觀察視角之所以必要，實因臺灣本島雖原來僅僅居住著和古中原文明沒淵源關係的南島民族，但嗣後即與東亞其他地域上人民發生緊密的關連。自 17 世紀起，臺灣本島大量接受來自中國大陸的漢人（或稱「華人」）移民，進而成為清代中國一部分，大約於 20 世紀前半期又曾是戰前日本帝國一部分，和朝鮮同處於日本法制底下，再於戰後施行、繼而概括承受民國時代中國的法制。[2] 臺灣共同體係「東亞社會一員」的認知，使得我們在談論臺灣憲政發展時，須從較大的歷史框架，亦即該項「自由民主」憲政體制乃源自非東亞的西方世界開始談起，藉以觀察這項體制影響臺灣的路徑。[3]

（二）傳統東亞憲政生活方式

今之臺灣共同體，在 17 世紀時，曾與西方自由主義憲政思潮擦身而過。屬西方文明圈的荷蘭，曾於 1624 至 1662 年間，統治以原住民族為主兼有某些漢人移民的臺灣本島（不含澎湖金馬）。但不僅當時荷蘭仍是寡頭統治、欠缺個人自由的國家，且亦無在臺灣殖民地實施與母國同一制度之意。西方之開始發展其近代立憲主義，追求個人的自由與民主，大概起於 17 世紀晚期的英國，此時的臺灣已由清代中國統治，斷絕了與西方的關係。

由於近代西方在當時所逐漸發展出的立憲主義，將在兩個世紀之後影響到臺灣，故仍有必要了解其形成的歷史動因。簡言之，由英國 1689 年權利法案、美國

---

[2] 此一過程，詳見王泰升，《台灣法律史概論》（臺北：元照，2001），頁5-6、23-25、31、35、55、109、112-113、118。
[3] 當然也可將臺灣與其他東亞諸國進行比較研究，以增進彼此相互的了解，或整合出整個東亞社會的發展史，不過這些並不是該文所設定的研究目的。

1776 年獨立宣言及 1791 年人權法案、法國 1789 年人權與公民權利宣言等等，漸次形成的自由主義立憲體制，除了需要思想上的啟蒙及傳播外，還須有特定政經或社會條件的配合。該等憲法規範乃諸多相對立之力量所折衝出來的，故其之被執行，有一定的社會實力作為後盾。

　　於同一時期，在臺灣的人們仍置身於傳統東亞憲政文化中。就「統治權威的作為是否受到一定的限制？」此一後設性的問題，[4] 在原住民族文化中，只有由長老傳頌的祖訓或習慣。在漢族文化中，也只有抽象地存在的「天」，足以拘束統治權威的作為。換言之，在現今臺灣人民的固有憲政文化裡，並無透過政府機構間之相互制衡，以保障個人不受國家侵犯的觀念或制度。

（三）日治時期憲政發展：明治憲法及其在「外地」的實踐

　　在臺灣本島，首度出現「立憲主義國家」之外觀的是臺灣民主國。因此須先說明這是當時某些對西方立憲制度具備皮毛認識的知識菁英，擬以之在變局中爭取其政治利益而建構出來的，但終不能阻止日本帝國之領有臺灣。也因此，才必須緊接著談論原本和（清治下）臺灣無關的日本明治憲法規範，以及日本明治政府的憲政經驗。按日本明治時代統治階層只不過是引進西方立憲體制之形式，以瓜分政治權力，包裝其對人民的威權統治，故對於作為自由主義立憲制核心的人民基本權利之保障，係以天皇恩賜說，取代西方的天賦人權說；但在野的政治勢力，卻因而可利用立憲制所肯認的「政治權威應受到一定限制」，制衡在朝政治勢力。

　　日本的憲法規範及憲政經驗到了臺灣地域（指臺澎），終究與在日本本土（稱「內地」）有所不同。以六三法等，賦予臺灣總督一般的委任立法權，就是雖形式上施行明治憲法，實質上卻不採行立憲制基本原則（如權力分立）的一個最明顯的例子。且來自西方的憲法知識，於日治前期一直是由日本人所壟斷，當時在臺灣的漢人或原住民則根本欠缺今稱為「現代」的憲政觀念。不過，明治憲法

---

[4] 這個問題，不一定是當時人們所意識到、所在乎的，毋寧是後來的我們，基於現在的生活經驗所感興趣者，然而在回答此問題時，必須提醒自己：欲考察的是過去那個時空所存在的事實，不宜用現在才有的觀念去想像他們當時的種種作為。

在臺灣的形式上存在，使日治初期某些在野的在臺日本人，得藉以批評在臺執政當局（臺灣總督府）的作為，尤其是日治中期某些在野的臺灣人知識菁英，依憲法有關「自由」的規定對抗統治權威，更針對由日本人「少數族群統治」的不公，援引憲法肯認的「民主」原則，鼓吹以臺灣作為一個政治單元的議會體制。雖日治晚期因戰爭之故，立憲政治停滯或甚至倒退，但近代西方的立憲主義思想及某些經驗，業已部分存在於日治臺灣社會中的知識階層，此與清治或日治前期大不相同；亦在此情形下，中國的國民黨政權來到了臺灣（臺澎）。

（四）國民黨統治後的憲政發展：
中華民國憲法及其在「復興基地」的實踐

跟日治時期一樣，戰後的統治階層係來自臺灣共同體之外，故在談國民黨統治後的憲政史，須先交代原本（1945 年之前）和臺灣共同體（金馬人民為例外）無關的民國時代中國的憲法規範以及憲政經驗。民國時代中國雖已將西方立憲主義傳入知識界，但一般民眾對之仍相當陌生，固然曾制定或施行過幾部憲法典，但施行時間最長者卻是明示不採立憲制的「中華民國訓政時期約法」，此亦於1945 年 10 月 25 日之後施行於臺灣。中國於 1946 年制定、隔年施行具有自由憲政主義精神的「中華民國憲法」，但 1948 年 5 月即頒行「動員戡亂時期臨時條款」，實質修憲，並於 1949 年 5 月在臺灣（臺澎）實施戒嚴，凍結基本人權之規定。自 1949 年年底後，這部憲法典已不為中國人民所遵行，反而由來臺灣重組中央政府的國民黨採用為臺灣這個「事實上國家」的憲法。此後這部憲法在臺灣的施行狀況，又跟國民黨政府之視臺灣為「戰時」的「復興基地」有關。

由於戰後臺灣的統治階層，係由甫來自中國內地的「外省」族群，取代戰前的日本內地人，加上 1947 年二二八事件中「外省人」軍隊的屠殺，故曾受日本統治、占臺灣多數人口的「本省人」（內分福佬、客家、原住民等三個族群），易於認為「少數族群統治」之狀況依舊。而來自中國的國民黨政府，一方面對於在實際所控制的人口中占多數、曾有「反外省人」（例如二二八事件）紀錄的本省人族群，心存戒心；另一方面認為包括中國大陸在內的這個「國家」，正遭遇重大危難。在中華民國憲法形式上有效的情況下，於 1950 年代及 60 年代，蔣中正總統依其最熟悉的以黨治國的訓政經驗，將國家統治權力集中至行政部門、黨部和其個人。中央民意機構的不改選，不但使該等民意機關失去了實質的政治影

響力，也阻斷本省人菁英之參與中央立法活動；以外省人為主的國家司法部門，則沿襲在中國即有之遵從行政機關的傳統。猶受傳統中國帝王觀支配、處於武力鎮壓陰影下的本省人，以及期待重返中國、受情治機關嚴密監視的外省人，本難以反對蔣家國民黨的施政，亦少有自由民主立憲主義的「代言人」可鼓動人民起而抗衡。雖有外省族群政治異議者，持憲法之規定爭取自由權，然終未能蔚為風潮。按憲法規範不能自動賦予人民反抗暴政的力量，須待有一定力量者引用了它，才能發揮規範效力。

（五）突破傳統東亞憲政的成因及其成果

1970 年代以後，臺灣的憲政情勢開始有了轉變，終於有 1990 年代的收成期。促成自由民主憲政的動因，首先是曾受西方自由民主憲政思想洗禮的知識菁英漸多，包括（但不限於）原本政治上弱勢的本省人族群菁英。其次，中央民意機關從有限、少數的定期改選，直到 1990 年代初期的全面改選，使自由民主理念得以透過選舉活動而散播於眾。國民黨為因應選舉而培育本省人菁英，並一直在全臺獲得多數的選票，亦使國民黨不再由外省菁英壟斷決策，尤其是拜選舉之賜，以本省人菁英為主力的在野政治團體，因而出現並漸次茁壯。至此，先前反對自由民主的某些國民黨外省菁英，於漸失掌控國政的地位後，即援引憲法中包括基本人權在內的規定，抗衡以國民黨本省人菁英居多的新的在朝者。至 1990 年代，民意已要求總統應由人民直接選出，最後竟造成中央行政部門改由原係在野政治團體的民進黨執政；而執政五十五年的國民黨，則變成亟需自由民主來當護身符的在野黨。且於 2008 年，以外省菁英為首的國民黨重返中央執政。另一方面，在沒有政治強人的情形下，司法部門成為政治爭議的仲裁者，1990 年代以後的大法官經常成為制衡行政、立法部門的人權捍衛者；而一黨獨大的消逝，亦有助於司法之獨立。

（六）從本土經驗提出應然的方向

法律史的研究，原本就像其他社會科學一樣，只須對整個憲政發展過程，提出詮釋性的理論即可。但作為法學研究的一部分，常被期待對於現在或未來，提出實踐上的應然主張。筆者認為，研究者「量力而為」地藉由本土發展經驗，正當化某種應然上的主張，是值得嘗試的。

經由臺灣憲政史的考察得知，國民黨透過一黨專政，長期致力於宣揚中國國族主義及偏向服從專制權威的思想。不過一個世紀以來，特別是 1970 年代以後，西方立憲主義思想已從單純的理論傳入，逐漸進展到具有「民主選舉」的實踐活動，並使得先天的族群背景，與後天的國族認同或自由民主信仰，雖有相當強的關聯性，但沒有必然的連結。目前所謂「國家認同」問題，應跳脫向來從種族文化立論的窠臼，改從個人主義國家觀與憲政觀出發，建構一個每個個人，不論屬於哪個族群或主張哪種國族主義，都能享有實質平等的自由民主憲政秩序。就以這樣的憲政認同，作為國家認同的內涵。

二、探求法律現象「病因」之所在

以下擬另外提供一個只談「病理」，不敢言及應該服用何種「處方」的法律史研究。近來學界常言「科際整合」，但似乎較少意識到同是法律學門內，不同研究專長者之間也需要整合，以更妥適地解決法律運作上的問題。

首先設定當今法院之受理刑事案件，已發生「過多」的問題，[5] 亦即法官對案件量不勝負荷，亟需改善，故欲追究其形成的原因。按日本在臺統治當局，同樣是面對臺灣社會，同樣設置了近代歐陸式刑事法院，當時究竟是如何減少刑事案件數量，以避免「案件過多」，應該是一個值得了解的歷史經驗。按以往由於繼受自外國的這些制度之在地運作經驗不足，故發生運作上問題時，時常求助於繼受母國的法制及運作經驗，惟外國立法例或判例學說本是因應外國之社會基礎而產生者，不一定適合臺灣本地的社會需求。如今，外來的法制在臺灣的運作已逾一個世紀，已可嘗試從臺灣在地的實踐經驗中汲取教訓，來解決問題。[6]

（一）日治時期刑事案件處理流程

於日治時期，刑事案件在進入刑事法院系統之前，會先經過警察機關依「犯

---

[5] 是否「過多」，是相對的，也帶有一定的主觀。
[6] 參見王泰升，《台灣法律史概論》，頁321-322。

罪即決程序」處理，以剔除社會中占多數的輕微犯罪事件。簡言之，基層警察對於（1）以違警罪為主的「該當拘留或科料（較小額的罰金，筆者註）之刑之罪」、（2）應科以有期徒刑三個月以下之賭博罪（此罪為日治時期最常見之罪）或應科以拘留或科料之暴行未至傷害罪（當時常見之犯罪形態）、（3）應科以有期徒刑三個月以下或罰金一百元以下之違反行政諸規則之罪，係移送給中高階警察官於訊問後即為裁決，受即決人雖可請求法院為正式裁判，但極少為之，且通常就在警察機關裡為刑之執行；依此即決程序者，占當時警察機關刑事案件的大多數。對於具有犯罪潛在危險者，則由地方警官提報為「浮浪者」，經總督許可，送至警察機關所設收容所強制勞。[7]

　　占少數之移送法院的刑案，再經檢察官或預審判官處理掉大部分的案件。日治時期檢察官對於所受理案件，以罪證不足或罪行尚屬輕微為由給予不起訴處分的比率，除日治初期外，一直是超過五成，日治中期則約為七成。凡進入預審程序之案件，亦可能得到免訴判決，在日治前期此可能平均有四成，日治中後期則比率甚低。故大體而言，警察移送至法院之刑案，只剩下約三成需由判官進行複雜的公判庭刑事訴訟程序。[8]

　　這些進入公判程序之為數相當少的刑案，又經層層篩選，極少數的重案或疑案才由最終審法院為定讞。以二次大戰發生前的 1934 年臺北地方法院為例，對於地方法院單獨部判決的第二審上訴率為 8%，但對於處理較重罪行之地方法院合議部判決的第二審上訴率達 30%，至於該年第三審上訴率則約為 17%，因此經下級審法院審理過的刑案，僅大概約兩成須由最終審法院仔細審究案情。整個刑案處理模式，從基層警察所舉發的刑案，到最終審法院審理的刑案，呈現一個金字塔型。[9]

（二）國治時期刑事案件處理流程

　　與日治時期相比，於國民黨一黨專政統治時期（1945-2000，以下稱「國治

---

7 參見同上註，頁213-215、265-266。
8 參見同上註，頁268。
9 參見同上註，頁268-269。

時期」），警察機關僅能依違警罰法之規定，處理較少量的「輕微犯罪」，[10] 其餘「刑案」皆須移送法院系統。違警罰法於 1991 年被社會秩序維護法取代後，相當於原「違警」的「違反社會秩序」行為，僅允許警察機關就其中最輕微又明確的案件逕行處分，且經異議即由法院為最終裁決，其他案件則自始即移由法院裁定。日治時期的浮浪者取締制度，則為國民黨政府所長期延襲，亦由警察機關提報流氓，經警備總部核定後為管訓處分，但 1985 年之後，管訓處分已改由法院為之。[11] 總之，已有更多的不法行為係由法院系統處理。

屬法院系統的檢察官因而需處理數量較日治時期為多的刑事案件，包括原由犯罪即決程序吸收掉的「輕微犯罪」。雖國治時期檢察官所受理的案件，包含較多的輕微案件，但其以罪證不足或罪行尚屬輕微為由給予不起訴處分的比率，卻比日治時期檢察官低很多。以臺北地區地方法院檢察署（處）為例，於國治時期平均的不起訴處分率，僅約二、三成。[12] 與日治時期相比，此時的檢察官所受理的案件量原本就較多，又大概有七、八成遭起訴（按日治時期僅約三成），成為必須適用複雜的審理程序，也就是法官（推事）需承辦的案件。

中華民國法院藉由審級制度，篩選出重案或疑案的能力，並不比臺灣總督府法院遜色。按國治時期，在相當低的不起訴處分率底下，法院宣判無罪的比率滿高的，以 1988 年以後數年為例，平均約有 7%，但人民須多經歷一次冗長的審理程序，法院系統須多支出該次程序所需的人力物力。而第一審終結後，依推算於國治初期平均約一成半，後來約略超過二成的法院刑事案件，曾經歷「上訴」階段，與日治時期頗相似。[13]

不過，因為自檢察部門湧入刑事法院的案件數量十分龐大，故經審審阻隔，仍有許多案件最後上訴至最高法院。以致整個刑案處理模式呈現的是「梯型」狀，而非金字塔型，上面幾層的案件量皆相當大。

---

[10] 中華民國法不認為對「違警行為」所科處的制裁是「刑罰」，故該等行為並不構成犯罪，但在此為了與承認「違警罪」的日治時期相比較，仍稱違警行為係「輕微犯罪」。
[11] 參見王泰升，《台灣法律史概論》，頁215。
[12] 詳細的數據，請參見同上註，頁269。
[13] 詳細的數據，請參見同上註，頁269-270。

（三）供改革時參考

日本在臺統治當局為達成「減少刑事法院案源」的目標，曾採取「由警察機關逕為裁決」的手段，[14] 並經由檢察官的不起訴處分，再次「過濾」刑案，讓法院能集中資源，以較複雜的程序審決證據強度較高、案情較重大的刑案。按由警察即決，係出於殖民統治上「以最低成本維持社會秩序」的考量，高於「人權之保障」而為，[15] 於今若不同意這項價值選擇，當然就不應採取，因此而加重法院系統的負擔，乃是為追求「保障人權」的價值，國家應投入更多的司法資源。

但是，司法資源仍須被合理分配，此時日治時期由屬於法律專業人員的檢察官所為的相當高的不起訴率，即值得學習。故有必要從司法文化及制度面，檢討國治時期的檢察官何以不起訴處分率那麼低？按此係延襲自民國時代中國司法實務，[16] 而其制度上的因素，就是「檢察官先起訴就對了，反正在審理階段還有法官依職權調查證據」，甚至實務上檢察官於法院審理時通常也不蒞庭，彷彿起訴後就沒檢察官的事了。針對此點，若制度上要求檢察官必須在審理庭上善盡控訴者（當事人）的舉證責任，可能就可促使檢察官在偵查階段慎選應起訴之案件，而在資源有限的考慮下，增多不起訴處分。其結果，將減輕刑事法院承受的案件量，讓法院得以將資源集中於最應該由其處理的案件。[17]

按整個刑事訴訟程序的設計十分複雜，需相互配套之處頗多，到底有哪些（外國的）訴訟模式？會產生哪些作用？凡此有關「藥方」的知識，須由專攻刑事訴訟法學的研究者提供，法律史專攻者已力有未逮。不過，訴訟模式的採用，經常是一種對於相衝突之價值或利益的選擇，在民主國家，負責「開藥方」的刑事訴訟法學者們，仍應善盡「告知」義務，好讓將承受改制效果的一般人民於了解後為最終的決定。[18]

---

[14] 同時帶有強化警察權威的目的。參見王泰升，《台灣日治時期的法律改革》（臺北：聯經，1999），頁217-221。
[15] 戰前日本內地的警察官亦有權即決違警罪，但在臺灣殖民地的警察官可即決的範圍較此為大。參見同上註，頁98-99，註108。
[16] 詳細情形，請參見同上註，頁393-394。
[17] 按國治時期為減少刑事法院的案件量，經常採取簡化刑事訴訟程序、限制上訴等對策；究竟應縮減「審理」之程序，還是應強化「偵查」階段的篩選作用，讓流至「審理」階段的案件量減少，容有討論空間。參見王泰升，《台灣法律史概論》，頁210-212。
[18] 近年來，由刑事訴訟法學者所主導的刑事訴訟法修改，究竟涉及什麼樣的價值或利益的重新抉擇，應該要讓一般人民知悉並做成決定。

三、提供個案事實認定及法律適用之參考

（一）確認舊國家法時代既有的法律效果「是」什麼

　　當今臺灣的法院於審理民事事件，或例如行政機關於發放土地徵收補償金時，若當事人主張某地係其祖父於 1935 年向他人購得並已取得所有權，或者主張其祖母於 1935 年時為某地所有人收養為養女，則司法或行政機關必須先確認一項「當時實存的事實」，亦即依當時國家權威所施行的「法律規範」，其祖父是否為新的「所有人」，或其祖母是否為某人的「養女」。

　　自國際法的觀點，包括在此例示的 1935 年在內，從清日馬關（下關）條約生效的 1895 年 5 月 8 日起，至日本依 1952 年生效的舊金山合約放棄臺灣主權為止，臺灣的主權屬於日本。對於臺灣現行的中華民國法體制而言，依實際上統治權行使狀況而為分期的日治時期（1895-1945）的法律，乃是「另一個國家的法律」，係臺灣的「舊國家法」，而當時的（臺灣總督府）法院判決性質上屬於「外國法院判決」。[19]

　　就日治時期已發生的民事身分法上關係，今有戰後中華民國政府接管的「戶口調查簿」，可資參考。欲看懂這份戶口調查簿，必須知悉日治時期民事身分法的規範內容，又因其大幅採納了清治時期在臺漢人習慣規範，故亦須對清治時期法律（此對日治時期國家法而言也是「舊國家法」）有所理解。而這些法律規範的內容，剛好是從事臺灣法律史研究時，第一步應先掌握的資訊，所以可附帶地為司法或行政上這類事實認定，或後述的法律適用等問題，提供必要的協助。雖然如此，法律史研究的本務，仍在於論述法律發展的歷程，不只規範面，更及於文化層次，並不僅僅以法律實務上的運用作為此學科存在之理由。

　　日治戶口調查簿上記載，例如「養子緣組」一詞，可能指涉當時民事法上的多種關係，包括螟蛉子（養子）、養女、媳婦仔（童養媳）、婝媒嫺（女婢）。因

---

[19] 參見王泰升，〈論台灣法律史在司法實務上的運用〉，載於同作者，《台灣法的斷裂與連續》（臺北：元照，2002），頁220-221。

而須知當時的臺灣總督府法院（有權解釋機關）對於各類關係的相關判決內容，例如有關女婢之習慣，已被該法院認為違反公序良俗而無效，此所以一般人於申報戶口時，偽稱為係「養女」，故被記載為「養子緣組」。又例如「招夫」，即指被招入、成為寡婦之夫。若有「分戶」之記載，則可注意是否該「分戶」之「房」，已因「分家」而帶走其「房份」，不應再受（在「戶主」名下）剩餘「家產」之分配。[20]

中華民國法院曾對日治時期既已發生的法律效果，認識有誤。例如，最高法院 68 年臺上字第 1337 號判例，針對「某臺灣人於 1916 年做成鬮書、由其四個兒子分別依拈鬮所分得之土地為占有使用收益」之事實，認定當時法律上係發生「贈與」關係；但是，依當時有效的「臺灣民事令」，此應「依舊慣」定其民事關係，若有民事特別法（例如「臺灣土地登記規則」），則優先適用之，而依當時法院判決對「舊慣」所為的認定，上揭情事乃民事上的「鬮分」行為，視同「繼承」。該案歷經許多位律師、法官，卻似乎沒人指出 1916 年當時係依「臺灣民事令」等法律規範確定其法律效果。[21]

該案判決被選為「判例要旨」的部分是：「日據時期贈與不動產，於臺灣光復後，仍登記為贈與人之名義者，僅贈與人對於受贈人負有移轉所有權之義務而已，並非不法侵害受贈人之權利，雖受贈人於臺灣光復後，得請求贈與人就受贈之不動產為所有權移轉登記，如請求塗銷贈與人光復後之所有權之登記者，則為法所不許。」按現行司法實務上對於判例要旨的引用，是不理會原判例的案件事實的，本項要旨以「日據時期」起頭，似乎指的是整個日治五十年，但日治時期關於不動產物權得喪變更之規定，可用 1905 年 7 月 1 日起施行臺灣土地登記規則、1923 年 1 月 1 日起施行日本民法為分界，分成三個法規範內容相異的階段，該判例要旨竟一概而論，顯有誤會。若案件事實係發生於最接近戰後的第三個階段，亦即適用日本民法的時期，則因不動產物權之得喪變更，係以雙方意思合致即已生效，登記僅是對抗要件，所以受贈人很可能已與贈與人達成所有權移轉之意思合致，只是未為所有權移轉登記耳（故戰後原贈與人易於藉原登記來聲請辦理土

---

20 參見王泰升，《台灣法律史概論》，頁299-301。亦參見後揭註36。
21 參見王泰升，〈論台灣法律史在司法實務上的運用〉，頁224-225、230-232。

地總登記); 換言之, 在日治時期, 受贈人很可能已取得所有人之地位, 贈與人也已履行完畢其「就受贈之不動產為所有權移轉」之義務。從該判例要旨看起來, 最高法院似乎不知道當時很可能已發生這些民事法上的效果。[22]

　　對於這些依過去施行於臺灣的「外國法」(即日治時期國家法) 已產生的法律效果, 訴訟當事人或許不知道, 法院依現行民事訴訟法第 283 條但書之規定, 係「得依職權調查之」, 不受當事人所為主張之拘束。[23] 所以今之法官應主動查明舊國家法的內容, 以保障人民在舊時代既有之權益; 就算依今日價值觀, 不擬接受過去的國家權威所做的法律判斷〔詳見下述 (三)〕, 亦應先知悉過去的法律判斷究竟「是」什麼。

(二) 現行法已明定應準據舊國家法上效果

　　中華民國法體制對於「應如何看待依日治時期屬於另一個國家法所既已發生的法律效果?」容有個別性的規定, 但並無制定一般性的規範, 只有表示自 1945 年 10 月 25 日起, 原則上應以中華民國法律, 而非日治時期法律, 適用於社會生活事實。[24] 雖曾有「臺灣法院接收民事事件處理條例」「臺灣法院接收刑事案件處理條例」, 但其僅處理已繫屬於法院的民刑事件, 且業於 1968 年廢止。[25] 在此情形下, 中華民國法就法令上所謂「山地同胞」或「原住民」之身分, 明白規定應依照日治時期法令的認定結果, 顯得特別突出。

　　自戰後初期起, 即是依照日本國家統治當局所製作的「戶口調查簿」, 認定中華民國法上所謂「山胞」, 按 1954 年臺灣省政府令規定:「凡原籍在山地行政區域內, 而其本人或父系直系尊親屬 (父為入贅之平地人者從其母) 在光復前日據時代戶籍簿種族欄登載為高山族 (或各族名稱) 者, 稱為山地同胞」。這可能

---

[22] 這裡又牽涉到日治時期真正所有人, 若戰後未依中華民國法辦理1947的土地總登記, 是否即喪失民法上所有人地位的問題, 因為已不屬「對日治時期法律效果認識有誤」的範疇, 故在此不予討論。參見同上註, 頁225-228、230-234。
[23] 參見同上註, 頁229。
[24] 詳細的情形, 請參見王泰升,〈台灣戰後初期的政權轉替與法律體系的承接 (1945-1949)〉, 載於同作者,《台灣法的斷裂與連續》(臺北: 元照, 2002), 頁20-32。
[25] 參見同上註, 頁24-25; 國史館中華民國史法律志編纂委員會編,《中華民國史法律志 (初稿)》(新店: 國史館, 1994), 頁637。

是沿襲自最早的長官公署時代，但此點仍待查證。後來於 1965 年制定的「臺灣省山地保留地管理辦法」，亦沿用同樣的規定。1956 年再以臺灣省政府令規定：「凡日據時代居住平地行政區域內，其原戶口調查簿記載為「高山族」者，為平地山胞。……平地山胞與山地山胞或平地人結婚所生子女之身分，從父系，其係入贅所生子女之身分，則從母系」，於隔年年初補充規定：「日據時代居住平地行政區域內，而戶籍簿種族欄登載為『熟』，於光復後繼續居住平地行政區域者，應依『平地山胞認定標準』之規定，經聲請登記後，可准予登記為『平地山胞』」。至 1980 年，整併為「臺灣省山胞身分認定標準」，亦即認定為「山地山胞」或「平地山胞」，主要係根據是其本身、或其父系的直系血親尊親屬在「本省光復前」原籍在「山地行政區」或「平地行政區」，且「戶口登記簿」上已載明為「山胞各族名稱者」，但認定為「平地山胞」還須多一項要件：「經當地鄉鎮縣轄市區公所聲請登記為平地山胞有案者」。上述「認定標準」一直為爾後的法令所採取，在 2001 年公布生效的「原住民身分法」亦沿用之，只不過將原本限於「父系」的直系血親尊親屬，改為父系或母系皆可。[26] 換言之，現行法上「原住民」之身分，除了「平地原住民」的部分須曾於戰後「辦理登記」外，取決於過去依日本國家之認定而在戶口調查簿上所做的「生」、「蕃」、「阿眉」、「高山族」、「高砂族」、「熟」、「熟番」等記載。[27]

現行法既已明示遵從舊國家法上法律效果（載於戶口調查簿），若有人民主張日治時期國家機關所為的認定有誤，以致戶口調查簿上記載不實，例如當時應記載為「生」，卻記載為「熟」（以致其因「戰後未曾辦理登記」而不能獲得原住民身分），則今之國家機關應如何處理？首先，須找出日治時期法令上的認定基準，再以此做實質的審查，判斷當時在戶口調查簿上的記載「是否正確」；不過，這個認定的「程序」在日治時期原已完成，形成了一定的身分秩序，為顧及法的安定性，今之國家機關再次進行審查時，在追求法之妥當性的目標下，固可（依當時的標準）變更認定之結果，但務須慎重，不宜輕易變更。

---

26 詳細的法令名稱及內容，參見王泰升、楊志航、林佳陵，《原住民保留地土地專屬法庭設置研究》（臺北：行政院原住民族委員會，2003），頁9-15；行政院原住民族委員會編，《原住民身分法解釋彙編》（臺北：編者自刊，2003），頁1-3。
27 參見行政院原住民族委員會編，《原住民身分法解釋彙編》，頁1-3至1-8。原民會認為，日治時期戶口調查簿上雖註記為「熟」，但未曾辦理登記者，仍未取得原住民身分（92.5.30原民企字第0920018134號函）。

於茲另舉一例，說明之。依日治時期戶口調查簿，某人之祖父註記為「福」，其祖母註記為「生」，且其祖父在「與戶主之親屬關係」欄內記載為「招婿」，在「事由」欄內載明係昭和 3 年 2 月間「婚姻入戶」，並於昭和 4 年 8 月間偕同其祖母及所生之子一起「分戶」，則該某人依今之法律應否取得原住民身分？[28] 就本例，應先探究的是其父，依日治時期戶口法令是否具有「高砂族」身分。按日治當時登載為「福」的福佬人，在日治法律上屬於「本島人」。依當時的戶口事務辦理要點，「入高砂族家之本島人男子與其家女所生之子女，其種族為高砂族」；[29] 據此，本例中「被招入」之某人的祖父與其祖母所生之子，似應認定為係「高砂族」。但值得注意的是，其祖父於結婚一年半之後即攜（屬高砂族之）妻及所生之子，離去該高砂族之家而「分戶」，且分戶以前（尚處於同一戶之時）和分戶以後所生之子（即某人之父），皆命以漢人之姓與名，並於戶口調查簿「種族」欄上記載為「福」，而非「生」，此項登載是否不實呢？按上揭戶口事務辦理要點僅表示，若有「招婿」等登載，依「舊習慣」來辦理，並提及「阿美族的招夫、招婿不同於本島人」，但未規定對於跨族婚姻應準據哪一族的習慣。[30] 本例中，「招婿」居住於高砂族之「招家」的時間相當短，且所生之子皆採漢人之姓與名，故可能於締結婚姻之時，已約定僅在招家從事勞務一段時間後，就可依漢族的「出舍」習慣，攜妻及子離去；正因有此預期，所生之子即依漢族習慣，從父系之姓氏，故戶口簿上的種族類別也依從父系，註記為福佬人。換言之，這項記載很可能是適用當時戶口法令的結果。由於該某人之父於日治時期並未具備「高砂族」身分，其無從依現行「原住民身分法」第 2 條，以「戶口調查簿登記其直系血親尊親屬屬於原住民」為由取得原住民身分。

---

[28] 參見行政院原民會92.5.30原民企字第09200181272號函，載於行政院原住民族委員會編，《原住民身分法解釋彙編》，頁1-5；臺東縣太麻里鄉戶政事務所92.2.27東麻鄉戶字第240號函所附戶籍資料。

[29] 參見洪汝茂編，《日治時期戶籍登記法律及用語編譯》（豐原：臺中縣政府，2001），頁164、180。

[30] 參見同上註，頁179-180。或許還有其他筆者尚不知悉的相關規定。

（三）適用現行法評價發生於舊國家法時代之行為

　　當今國家機關當然應適用現行有效的法律，來做成法律判斷，但如前所述，法律對於應如何看待依日治時期法律所發生的法律效果，並無一般性規定，故除有個別性的特別規定外，[31] 應依現行民法第 1 條，以「法律所未規定」、且「無習慣」，而依法律不溯及既往、保障既得權益等「法理」，就發生於日治時期的法律關係，適用日治當時法令定其法律效果。[32] 此並非適用民法第 1 條之「習慣」所致，[33] 按民法第 1 條所指的是「現在」的習慣，而不是日治時期的習慣。[34] 縱令兩者所導引出來的結果是一樣的，也僅因剛好某一民事事項「適用日治時期法律」的結果，恰是「依（當時）習慣」，但其未必如此，日治後期的財產法事項即應依日本民法，而非依習慣。

　　惟現今的法院，能否對舊國家法上「應有」的內容，採取與當時法院不同的見解呢？較易發生此疑義的情形是，當日治時期法律規定為「依習慣」時，現今的臺灣法院能否就當時「習慣」的內涵，做不同於當時法院的認定？若依國際私法之原理，既然準據他國法，則對他國法的解釋應依從該國法院的見解，但今日以臺灣人所組成的法院，關於什麼是日治當時臺灣人的習慣，竟須完全聽從大多由日本人判官組成的總督府法院的認定，實在有點奇怪，故應容許之法院從臺灣人自己的觀察，為不同之認定。然如此做，終究是對於曾存在的國家法秩序的挑戰，故應有充分的理由與證據。[35] 例如，日治時期法院於 1920 年代曾以「分家即表示業已分得家產」作為前提，判認若子於父仍生存時，已依協議別籍異財而新創一家（亦即「分家」），此子嗣後即不得「繼承」原來的家產及父之其他權利

---

31 此類特別規定，例如1946年的「臺灣省公司登記實施辦法」，規定日治時期既有的「會社」，必須再聲請依中華民國法為公司之登記，且中華民國法院認為日治時期既有之會社，若未重新依法登記，即不具法人資格，僅能視為「合夥」。其結果，等於否定人民在日治時期的既得權益。參見王泰升，〈台灣戰後初期的政權轉替與法律體系的承接（1945-1949）〉，頁25。

32 參見王泰升，〈論台灣法律史在司法實務上的運用〉，頁222。

33 同說參見陳榮傳，〈最高法院裁判對於祭祀公業法制現代化的影響〉，發表於「法律史與民事司法實務研討會」，最高法院等主辦，臺北：最高法院，2003年8月22日，頁28-29。

34 在司法實務上經常被引用的前司法行政部編，《臺灣民事習慣調查報告》，其實就臺灣習慣，有區分成三個時代而為論述；不過該書對於日治時期「習慣」的內容，未細分日治當時由法院對「習慣法」所為的「有權解釋」，與由學者（含《臺灣私法》一書）所為的「無權解釋」，且對於同樣是日治時期但法院見解有改變者，也少有特別註明。

35 參見王泰升，〈論台灣法律史在司法實務上的運用〉，頁249。

義務。[36] 但是 1930 年某判決不採取分家者必已分割家產的立場，而認為直系卑親屬之男子雖未參與家產的鬮分，但如已得到「被繼承人」（即戶主）的同意而分戶，且在經濟上另立獨立之生計，即已構成「分家」。在此情形下，該已「分家」之直系卑親屬，若依前述法院見解而判為「不得繼承原來的家產及父之其他權利義務」，即屬不公，蓋依臺灣人的習慣，其尚未分得家產也。[37] 故今之臺灣法院對此情形，應修正日治法院該項「不得繼承」之見解。

還有另一種情況，即日治時期法院對於臺灣人當時的習慣，認定無誤，但是該習慣之內涵與現今之價值觀格格不入，例如當時女子原則上不得「繼承」家產的習慣法上規定，[38] 即嚴重牴觸今日兩性平權的理念。依國際私法一般理論，若適用應準據之外國法的結果將違反法庭地國之公序良俗，則可拒絕適用之。按中華民國法體制中的「涉外民事法律適用法」，原本並非針對因為國家統治權移轉所生之新舊國家法的適用問題而制定（故如前所述，中華民國法中欠缺一般性規定），但其性質上同為處理「應否準據外國法」之規定，故可類推適用該法第 25 條，[39] 關於若準據外國法將有悖於法庭地國公序良俗時應不予適用之規定，就日治時期所發生的「家產繼承」，拒絕適用日治時期「依習慣」，亦即「原則上女子不得繼承」之舊國家法上規範。不過，現行民法第 1146 條，尚有關於繼承回復請求權之時效問題，須一併考量。[40] 當然，今之法院若依上述論證而否認日治國家法上效力，亦屬對「法之安定性」的破壞，故在價值衡量上，必須是出於「法之妥當性」考量，為了追求至高的價值所不得不然。

---

[36] 按日治初期法院曾判認「家產」係「各房全體之共有財產」，不過，整個日治法制已繼受歐陸民事法律概念，而「房」並非歐陸個人主義民法上的權利義務主體，只有「個人」才能成為那些家產的權利歸屬者。由於臺灣人習慣上是由「家長」管理家產，故在國家法上，有可能就將家產歸於家長個人所有（也不排除可能將屬於家產之不動產直接登記於諸子、這些「個人」所有）。又1920年時某法院判決認為在臺灣的「戶主」，即是「稱為家長或家主且主宰一家之人」，故日治後期法院已將「家產」解釋為係「戶主所有之財產」。當戶主死亡時，原屬戶主此一個人之財產，實即臺灣人所稱之「家產」，須進行「繼承」，所以已因分家而取走其「房份」者，不應再「繼承」（實即臺灣人所謂的「鬮分」）。參見王泰升，《台灣法律史概論》，頁299、301。
[37] 參見同上註，頁299。
[38] 日治法院就此「習慣」所為的認定是，家產（不含「私產」）原則上由諸子均分，但無男子時，若「被繼承人之親族無異議」，女兒亦得繼承；其實，就「在親族無異議下可由女兒承受家產」這點而言，恐怕也不是清治時期臺灣漢人的習慣內涵。參見同上註，頁301。
[39] 陳榮傳教授認為應直接適用，而非類推適用涉外民事法律適用法。參見王泰升，〈論台灣法律史在司法實務上的運用〉，頁251，註44。
[40] 較詳細的論證，請參見同上註，頁251。

國家圖書館出版品預行編目資料

追尋臺灣法律的足跡：事件百選與法律史研究／
王泰升、薛化元、黃世杰編著.--三版.--臺北
市：五南,2016.03
　　面；公分.
　ISBN 978-957-11-8443-2（平裝）
　1.法制史 2.臺灣
　580.933　　　　　　　　　　104026810

1QP1

追尋臺灣法律的足跡
——事件百選與法律史研究

編 著 者 — 王泰升（15.4）　薛化元　黃世杰

發 行 人 — 楊榮川

總 經 理 — 楊士清

總 編 輯 — 楊秀麗

副總編輯 — 劉靜芬

責任編輯 — 吳肇恩

封面設計 — P.Design視覺企劃

出 版 者 — 五南圖書出版股份有限公司

地　　址：106台北市大安區和平東路二段339號4樓

電　　話：(02)2705-5066　傳　真：(02)2706-6100

網　　址：http://www.wunan.com.tw

電子郵件：wunan@wunan.com.tw

劃撥帳號：01068953

戶　　名：五南圖書出版股份有限公司

法律顧問　林勝安律師事務所　林勝安律師

出版日期　2006年 7月初版一刷
　　　　　2014年11月二版一刷
　　　　　2016年 3月三版一刷
　　　　　2020年 6月三版二刷

定　　價　新臺幣420元